大展好書　好書大展
品嘗好書　冠群可期

大展好書　好書大展
品嘗好書　冠群可期

鄭子太極系列之一

鄭子太極拳三十七式示範教材

謝昭隆　撰著

大展出版社有限公司

作者謝昭隆晉見前總統李登輝先生合照

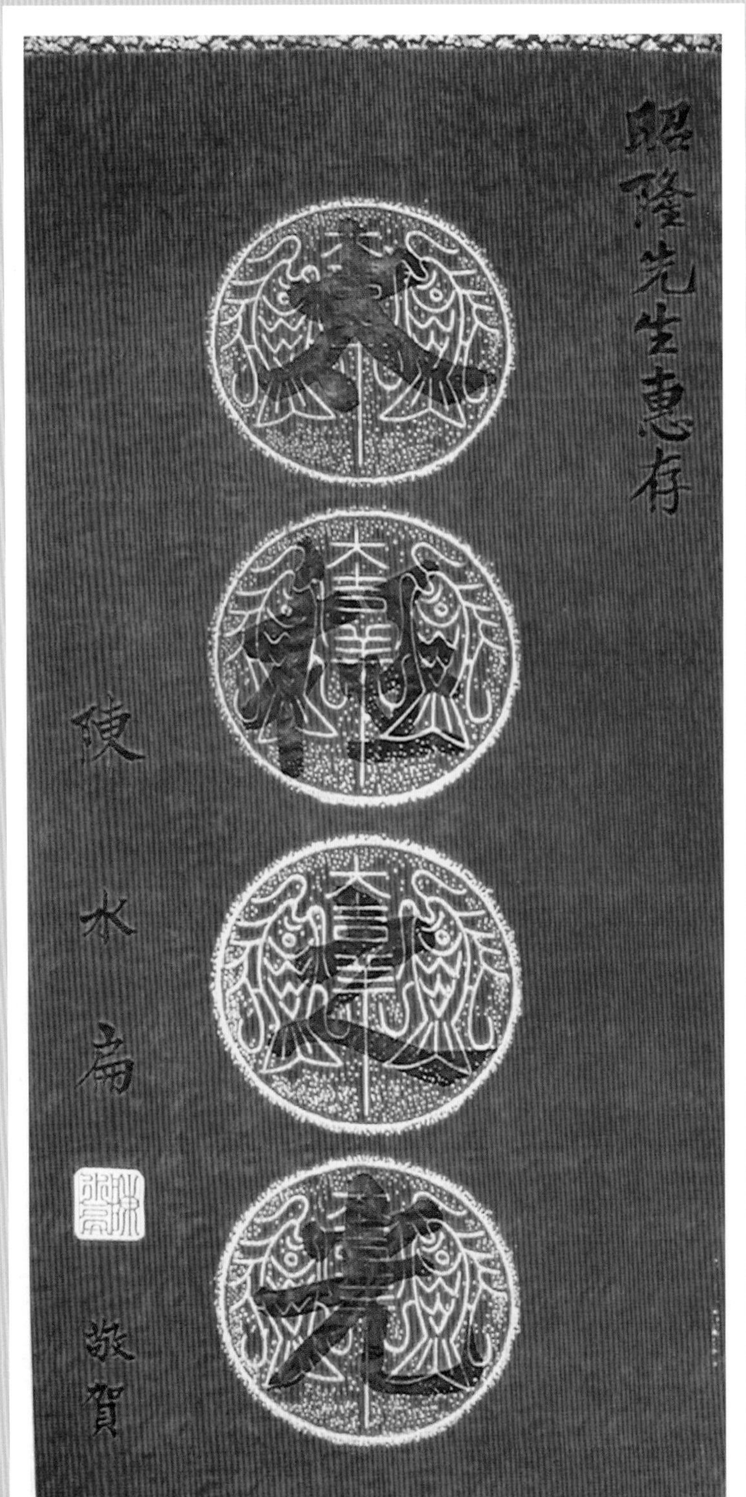

前總統陳水扁先生題詞

作者謝昭隆與恩師干嘯洲先生合影

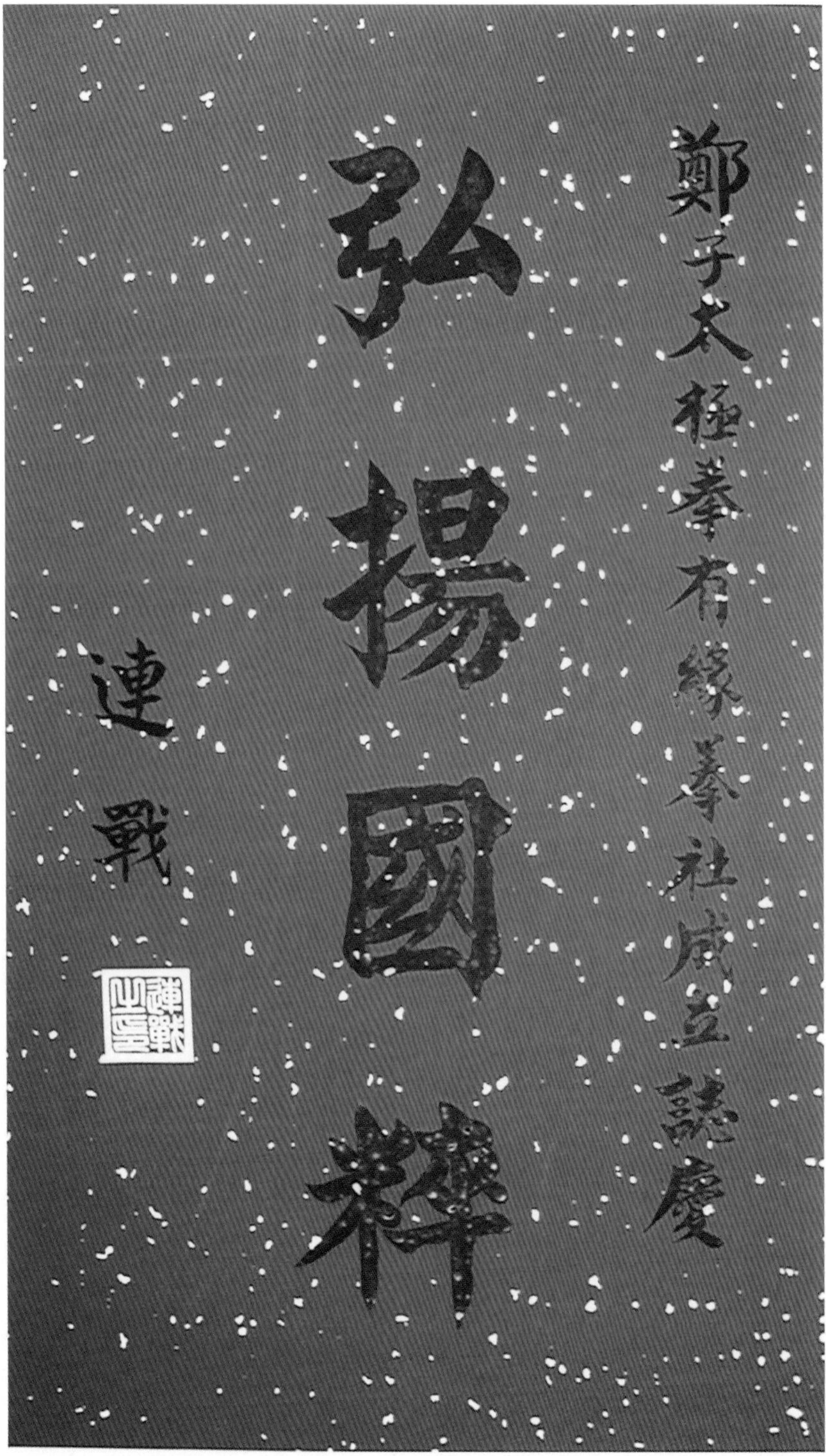

連戰先生題詞

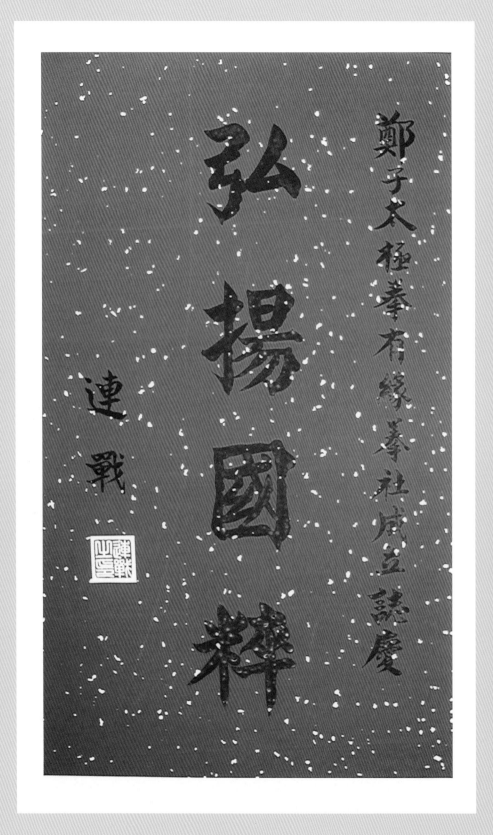

宋楚瑜先生題詞

賀昭隆先生著作「鄭子太極拳示範教材」完成出版

神清氣騰

總統府資政
吳伯雄 敬題

吳伯雄先生賀詞

王金平先生題詞

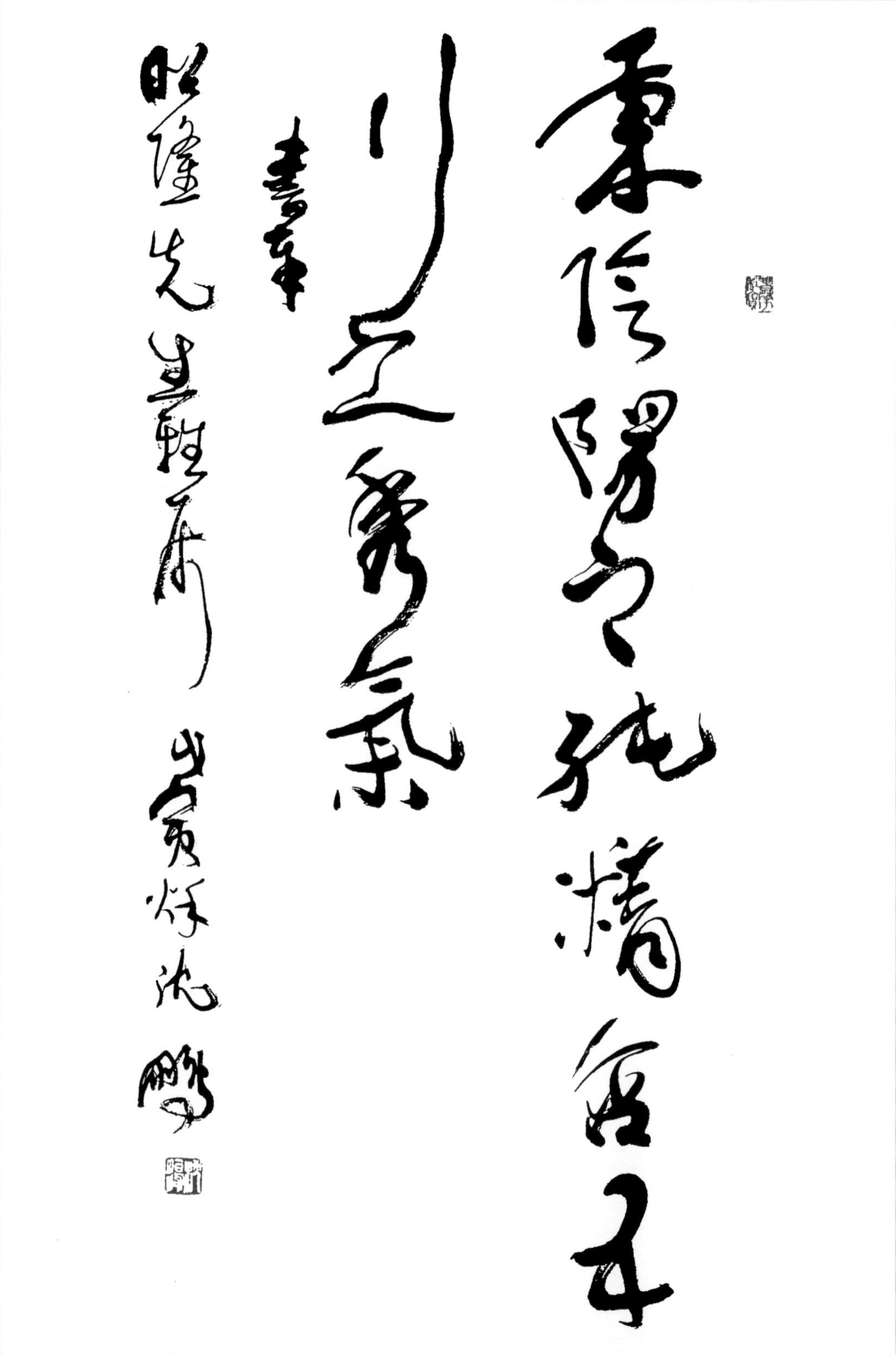

中國書法家協會榮譽主席沈鵬先生題詞

與拜師見證貴賓時任內政部長之吳伯雄先生合照

前排左起：徐師姊端、吳伯雄先生、恩師干嘯洲先生
劉師兄弘白
後排左起：作者謝昭隆、林志鴻將軍、黃師兄鴻湖

同期拜師弟子與恩師干嘯洲先生合照

後排左起：李天任博士、丁立平博士、張子林先生
作者謝昭隆、楊乃彥博士、洪孟啓博士
黃穗生將軍、謝興華先生

同期拜師弟子與恩師及觀禮師兄、姊合照

前排左起：李師兄文雄、林志鴻將軍、恩師干嘯洲先生
徐師姊端、黃師兄鴻湖、陳師兄碧輝

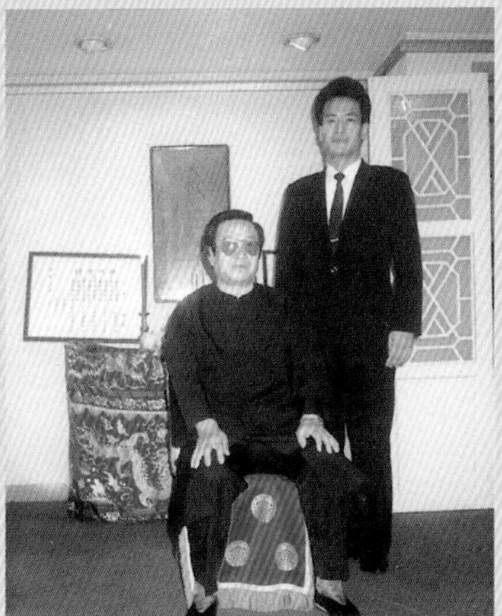

作者謝昭隆拜干嘯洲先生為師合照

作者謝昭隆與首屆入室弟子合照

後排左起：吳國傑、李文恭、胡世芳、唐榮國、黃耀一、劉成謨
劉尚斌、陳欣泰、曾立志、呂善仕、吳奕民

作者謝昭隆與第二屆入室弟子合照

後排左起：蕭慶華、柳健昌

作者謝昭隆與第三屆入室弟子合照之一

後排左起：徐懿君、賀中美、陳惠滿、程鐘蘭、呂玉英
沈蓮君、張　蕾、王啓英、何慧珠、蔡璧霞

作者謝昭隆與第三屆入室弟子合照之二

後排左起：董仙俤、謝炳正、涂寶村、冷家宇、蔡碧龍
林信政、林振智

88 年 7 月 4 日作者收徒與觀禮師兄弟、貴賓及弟子合照

前排左起：呂師兄芳原、陳師兄金寶、張師兄志銘、陳師兄碧輝
作者謝昭隆、黃師兄鴻湖、張師兄燦、楊師兄宗吉
後排左起：唐榮國、吳國傑、曾立志、李文恭、劉成謨、劉尚斌、吳奕民
胡世芳、黃耀一、陳欣泰、呂善仕、邱師兄明來、陸師兄關祥
李師兄劍秋、郭師兄曉華、吳師兄文玖

89 年 5 月 4 日作者收徒與觀禮師兄弟、貴賓及弟子合照

前排左起：林教授天送、呂師兄芳原、郭師兄曉華、黃師兄鴻湖
作者謝昭隆、李議員新、劉師兄嘉樑、陳欣泰
後排左起：吳國傑、曾立志、劉尚斌、唐榮國、劉成謨
黃耀一、李文恭、柳健昌、蕭慶華

91年4月8日作者收徒與觀禮師兄弟、貴賓合照之一

前排左起：陳師兄耀宗、陳師兄金寶、楊師兄乃彥、MR. ANDERSEN
張師兄燦、黃師兄鴻湖、楊師兄紀華、陳師兄碧輝、洪師兄孟啓
後排左起：楊師兄森吉、林師兄財賢、呂師兄也行、李師兄劍秋
作者謝昭隆、高師兄文利、郭師兄曉華、方師兄強、洪師兄聰明

91年4月8日作者收徒與觀禮師兄弟、貴賓合照之二

後排左起：劉師兄嘉樑、李師兄良生、吳師兄文玫、王師兄海南、閻師兄崇楠
作者謝昭隆、張師兄子明、邱師兄明來、張師兄冠中、李師兄天任
丁師兄立平、陳師兄日興

楊露禪先生
(楊派太極拳師祖 1799-1872)

楊健侯先生
(楊露禪先生之子 1839-1917)

楊澄甫先生
(楊健侯先生之子 1883-1936)

鄭曼青先生
(鄭子太極拳創始人 1902-1975)

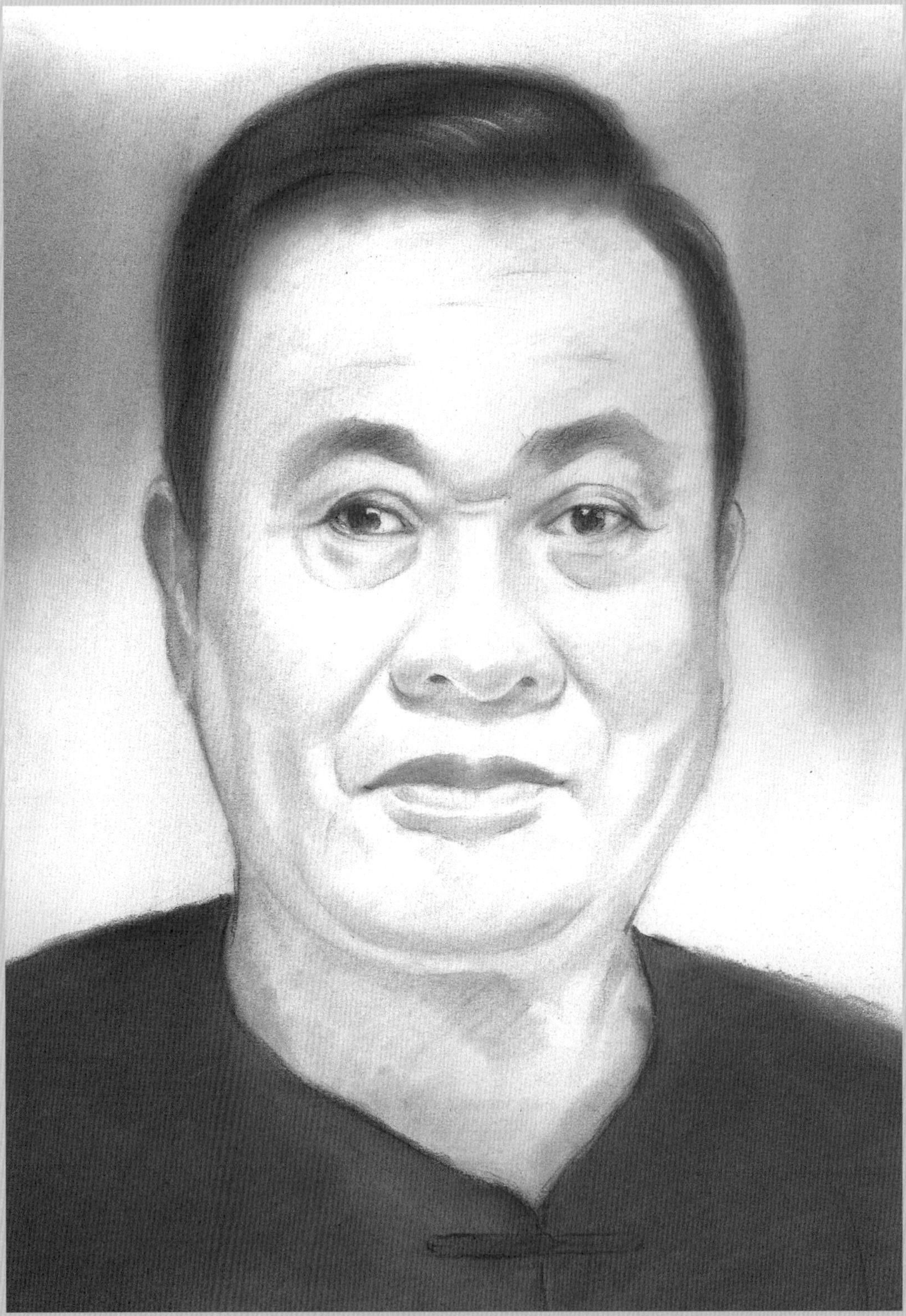

干嘯洲先生
(作者恩師 1920-1997)

慈濟醫院張副院長子明先生序

古人云：「人生七十古來稀」，而今人說：「人生七十才開始」；人類世代間對生命的認知，隨著人們對自己身體重視的程度，而有了顯著的差距。

人們對於健康重視迥異，有的人早在一、二十或三、四十歲就已開始注意，而有些人到了六、七十歲才予正視；事實上，年齡不甚重要，重要的是「開始，並持之以恆」。我平日的工作可算繁重的，很早就已對自己的健康感到憂慮；雖然從事外科醫學工作多年，但對長期性有計畫的身體保養工作卻屬外行；每回在電視、電影中看見功夫效果，固然覺得有許多科學論點的存疑，但卻也是滿心的羨慕。

六年前，在同學的親戚邱師兄明來引薦之下，拜入鄭子太極拳名師干嘯洲先生門下，當時是跟著劉弘白與謝昭隆二位師兄習拳；而太極拳的基礎也幾乎在昭隆師兄不厭其煩，且諄諄指導之下奠立。當然以我目前對太極拳的認知及修練程度而論，還算是「門外漢」，但仍願以多年習醫之背景，對「太極拳」有助於身體生理功能之處，提出一些親身體認。

在干老師給我的親筆手諭中，曾提及練太極拳「必須要身體全鬆」，並闡釋：「唯有透過全身的放鬆，才能讓每一個細胞皆能吸收宇宙的眞氣，並且把與生俱來的濁氣及不良的血液排出」。事實上，「鬆」的動作並非使肌肉完全處於休止的靜態，而是由於「鬆」的結果，能把肌肉間因不協調產生拮抗，所造成能量耗損的程度減至最小，從而使肌肉彼此間能得到更好的協調性。

太極拳包括「八門五步」，所謂八門即指：「掤、攌、擠、按、採、挒、肘、靠」，所謂五步即指：「前進、後退、左顧、右盼、中定」，合稱爲太極十三勢，其理涵蓋我們中國道家陰陽八卦五行之理，在動作上又融合了力學、醫學及氣功等學問，實在說，是一門艱深的武術；但一般人如僅以健身爲訴求，太極拳卻是一種以鬆、柔並用的方式，反覆運作骨骼、肌肉、臟腑，並使其進行在合乎生理的原則之下，進而達到強健身體及長壽快樂的一種簡易運動，因此，太極拳是非常值得大眾推廣的。

近年來，我雖然由於職務異動及工作環境的轉變，疏於拳架的練習，但「太極基本功」仍是我舒解身心壓力的法寶，每當作研究、手術或處理行政工作，感到疲累時，我都會站站樁、做做熊經、或利用腹式呼吸來調氣，不消三~五分鐘即可恢復疲勞振作精神，效果眞的很好！

我仍然非常感念過去干嘯洲老師對我的疼愛及不斷的耳提面命；而今更欽佩昭隆師兄能將鄭師爺及干老師的健康寶學知識流傳下去；期待此書能順利的流行推廣，也至盼將來得閒時，能再接受昭隆師兄的指導，繼續我太極拳未竟的課程。

一九九八年十一月六日

於花蓮慈濟醫院

美國聖路易市華盛頓大學化學系教授林天送博士序

我很早就想學太極拳，但一直都沒有機會，一九九八年夏天，我返台講學做研究的期間，在一個巧合的安排，經由劉尚斌博士的介紹，才有緣份去跟謝昭隆先生學拳。每個禮拜都搭劉博士的車子去學習，每週一次，一次二個小時，每次都以期待愉快的心情盼望著學拳的時光，我從來沒有缺席過。

短短的三個月期間，我學了許多基本動作與招式。從如何吸吐運氣做起，如蚌吸法、吐故納新；也學了貫注心神的程序，運氣出入丹田，每一次練完拳就覺得相當適暢。

謝老師諄諄善誘，每次都能把每一個新招式的重點解釋得清清楚楚，他把複雜的招式以分解動作示範，並且經常逐一矯正學生的動作，我非常佩服謝老師的功夫，對他的細心、耐心及用心教拳更令我敬愛。

謝老師教的是鄭子太極拳式，我只學了卅七式中的前十八式，但已經受益匪淺。太極拳的身體變化注重「上肢」、「下肢」及「腰胯」的動作，謝老師都能一一點破每一招式的這些動作。如今謝老師花了他的多年心血，以連環圖的方式把這些複雜的招式與動作分解說明於圖案與字句間，就如他的教拳精神：細心、耐心與用心，精彩無比。以他多年的教拳經驗心得整理出這本書，讓初學者易於循序漸進模擬學習，實爲難能可貴，一定會大受想入太極拳之門的諸生歡迎的。

太極拳是個緩慢柔和的運動，慢慢的動作中，細長的呼吸技巧，韻律的招式，常使你飄然忘我，定神去雜念；這能放鬆心境，能降低一個人的精神壓力。歐美的精神科學家發現東方的太極拳與瑜伽確實能促進一個人的身心平衡。

一個人的健康包括肉體、精神與心靈上的健康。其實一個人的健康狀況與壽命的長短有大半是決定於先天的體質（基因組合），另外一半是後天的保養，而保養端賴平衡的飲食與適當的運動。一般的運動都依賴某一肢體部份的急快動作，這類運動常會促進過分的代謝，因爲它消耗過多能量，吸入更多的氧氣，也就常常帶來過剩的氧自由基，引起氧化壓力的傷害（註一）。太極拳是緩和的運動，講求持久的運氣與韻律，相當合乎運動健身的原則，我相信太極拳的操練對一個人的全身健康會有極大的益處。謝老師的多年規劃心血，把鄭子太極拳的精華以淺易的圖片分解方式，述於本書。書付梓在即，囑我撰文爲序，實感光榮，我以敬佩的心，聊表淺見，不妥之處，尚祈讀者鑒諒。

林天送

寫於日本東京市

一九九八年十月十日

註：請參考拙著：「你的生命活力——從自由基談起」（健康世界雜誌出版社出版，一九九六）

自序

作者自幼喜好運動，「籃、排、足、羽」表現皆有過人之處，卅歲以後，漸覺體能似不勝負荷這些蹦跳、疾跑及衝撞的活動；每思其他領域，常見年齡愈長者，技藝愈精純，造詣愈深厚，亦愈吸引廣大青年愛好者追隨左右；因此亟欲尋找一種能老而彌堅，日益精進，並可與年青人一較長短的運動項目，以便終生鍛鍊。

有幸在民國七十六年，得識鄭子太極拳大師干嘯洲先生，拜師入門習拳；干大師乃宗師鄭曼青先生得意眞傳弟子，拳藝精湛，功力深厚；作者追隨其整整十年，獲益良多；干大師晚年還經常親自指導弟子推手，大家都感覺他老人家的功夫，彷彿每隔一段時日，就會更精進一層，不但身形愈見鬆沈，內勁亦更加整脆；作者雖已自詡功力小成，一旦爲其沾黏，立覺機勢全無，招架乏力，令人不可思議；太極拳正是這種令人夢寐以求「活到老、學到老、進步到老」的運動。

干大師嘗謂：「人的衰老是從下半身開始，要長命就得多做下肢運動，以減緩老化速度」；且經常耳提面命：「唯有對下盤多下工夫，才得走化自如，茁長內勁」；並強調：「太極拳不動手，動手非太極」、「行拳必須腰動手動，腰停手停」。作者在其親授及指導下，苦練「栽根」、「磨根」及體會「不動手」之涵意，至第六年已感整勁初生，益加堅信干大師理念之正確性。

因此本教材之編纂，首重這些正確概念的傳達，爲使初學者易於理解，並特將練拳時，身體外形必須隨式變化之部分，區分爲「上肢」、「腰胯」及「下肢」三部，按拳式進行，將對應變化動作以連環圖說的方式闡釋，期使大家易於模擬；相信只要持之以恆的練習，定能建立紮實的太極拳基礎，進而享受練太極拳的樂趣。

本教材渥蒙長官題詞嘉勉，天送兄、子明兄慷慨贈序及八方親朋好友關懷鼓勵，謹此一併致謝。倘有疏漏不足之處，尚祈諸先進、同好不吝指正。

鄭子太極拳三十七式示範教材　目錄

鄭子太極拳三十七式名稱

（式名以引號標註，未標註者為連接拳式）

第一段

一、「預備式」、起勢、右抱
二、「左掤」、左抱
三、攬雀尾之「右掤」
四、攬雀尾之「握」
五、攬雀尾之「擠」
六、攬雀尾之「按」
七、「單鞭」
八、「提手」
九、「靠」
十、「白鶴亮翅」
十一、「左摟膝拗步」
十二、「手揮琵琶」、左摟膝拗步
十三、「進步搬攔捶」
十四、「如封似閉」
十五、「轉身十字手」

第二段

十六、「抱虎歸山」、攬雀尾之握、擠、按、斜單鞭
十七、「肘底捶」
十八、「右倒攆猴」

十九、「左倒攆猴」、右倒攆猴
二十、「斜飛式」
廿一、「左雲手」
廿二、「右雲手」、左雲手、右雲手、左雲手、單鞭
廿三、「單鞭下勢」
廿四、「左金雞獨立」
廿五、「右金雞獨立」
廿六、「右分腳」
廿七、「左分腳」
廿八、「轉身蹬腳」、左、右摟膝拗步
廿九、「進步栽捶」、上步攬雀尾、單鞭
三十、「玉女穿梭一」
卅一、「玉女穿梭二」
卅二、「玉女穿梭三」
卅三、「玉女穿梭四」、右抱、左掤、左抱、攬雀尾、單鞭、單鞭下勢
卅四、「上步七星」
卅五、「退步跨虎」
卅六、「轉身擺蓮」
卅七、「彎弓射虎」、進步搬攔捶、如封似閉、轉身十字手（還原）

練拳姿勢基本要求

一、頭部

「頭」是身體的主宰，練太極拳如能確實把握住頭部的姿勢，大腦就易於放鬆，全身的動作亦得以保持柔順與協調。動作要領在於：略收下巴、微閉雙唇、輕合牙齒、舌貼上齶、放鬆兩頰、嘴角含笑、雙眼眼神向下約十五度平視、口腔內如生口水，徐徐嚥下。

切記：不論身軀因行拳而有進退、上下、左右之移（轉）動，在任何狀況下，頭部皆必須維持中正，並與頸部保持自然豎直；絕對不可以前俯後仰、左右搖幌或自行轉動。

二、頸部

「頸部」是串連頭部與軀體之樞紐關節，練太極拳隨時都必須注意保持頸部與後腦玉枕骨之自然豎直（略收下巴即可達到此要求），並須放鬆，不可緊張。

由於在太極拳的運用上，頭部亦爲一主要攻擊利器，其發勁之根源即在於頸，故平日除於練拳時，頸部保持鬆柔豎直外，並須勤加鍛鍊以應付技擊需求；每日得閒時，可將頭部由左至右（或由右至左）畫圈轉動十餘次，練習日久，可使頸部筋、肉、關節的韌性逐漸增強，頸圍也會顯著增大，亦不致有「落枕」情形發生。

三、胸部

挺胸會使身體重心上移，自然不易做到氣沈丹田，亦造成雙腳無法完全鬆貼於地，導致根部不穩，身體因而失去安定。因此練太極拳時，胸部姿勢必須講求「含胸」；動作要領爲：雙肩鬆沈並微向前引，使胸部筋肉儘可能輕鬆展開，身體重心自會下降，根部因而沈穩，並氣沈於丹田，方便行使腹式呼吸。

含胸有一種蓄勢待發保持機先的作用，試看一般人動怒或吵架時皆插腰挺胸，但要出重拳，則必定會先將身體下沈或捲縮，方能使勁；練太極拳氣不易上浮，隨時沈著冷靜，且因永遠保持含胸，與人對敵必能後發先至。

先師干嘯洲先生嘗謂：「太極拳對各部姿勢之要求，如探究其在技擊上之作用，正如同手槍的板機，隨時保持扣住一半，當然可永保機先，一觸即發」。

四、背部

練太極拳背部姿勢的要求是「拔背」，動作要領在於：微收下巴，豎直頸部，使頭部自然上頂，背部保持中正，並鬆沈雙肩，背部的筋肉自然會向左右兩側伸展，加上丹田因行腹式呼吸日久，養氣充足，經由意念導引「河車倒運」，使氣上達腰背，背部自然渾圓鼓起，如同虎背一般，正是所謂的「拔背」。作者多年來僅見先師干嘯洲先生具此體型。

要練氣上背，除需姿勢正確以外，還必須具備正確的養氣功夫，經過至少廿年的苦練，或可達到此境界，雖然辛苦且耗時長久，但也正是練太極拳者，所一致追求的目標；一旦氣能貼背，內勁必達相當強的境界；初習者可勤練「護心樁」、「靜坐」及基本功之「蚌吸法」、「吐故納新」、「前俯後仰」等動作以養氣上背。

五、肩部

練太極拳對肩部的要求爲「沈肩」，肩必須先「鬆」然後才能「沈」，練習要領爲：在意識上要先自覺雙肩已斷，雙臂已與身體分家，僅剩一絲細線維繫，正如同小孩玩的博浪鼓或洋娃娃一般；在動作上則注意保持上肢（臂、肘、腕、手）皆不用力，久而久之肩關節自會鬆開，肩部筋肉因此拉長，而達「鬆沈」之效。

一般功夫到家者，雙肩皆呈傾斜下垂狀，即因肩能鬆沈之故；肩能鬆沈，手臂才會與身體契合，發勁亦不致受阻於肩，整勁始可發出；反之如肩部聳起，身體的勁力，必受阻於肩關節，無法施於手臂。宗師鄭曼青先生曾述說：「某一日夢見自己雙臂自肩齊斷，醒來時突然領悟到鬆肩的方法，於是自此功力大增」，可見肩部鬆沈對練拳的重要性。初學者可勤練基本功之「大鵬抖翅」「千斤落石」「活動沙包」等動作，以求短期內達到鬆肩之效。

六、肘部

練太極拳對肘部的要求是「垂肘」，練拳時任何一招一式，都要保持肘部之鬆垂，如此不但肩部得保鬆弛，並促使身體的重心下降。又由於雙肘能隨時隨地保持下垂，兩脅要害處得受到保障，避免遭受攻擊。

練拳時尚須注意：上「肘」與下「膝」應儘可能保持對應在一條垂直線上，右肘對右膝、左肘對左膝。否則將來即使練出內勁，發勁亦必不夠完整。

肘部不垂，手臂極易爲對手牽採格架，故從平日練拳、推手，就要隨時留意垂肘之保持，即便是「起勢」、「白鶴亮翅」、「單鞭」等招式，手臂平伸或上抬時，肘部亦須略帶彎曲；在意念上，肘尖是下垂的。

七、手部

㈠「腕」：行拳時除「起勢」及「單鞭」外，任何招式，不論是「掌」或「拳」（捶），腕背皆要放鬆豎直，不可垂落。

㈡「掌」：手掌要放鬆，掌心略向內凹，成空虛狀，五指不張不併前伸，但不可用力，大拇指與食指銜接處略成弧形，再配合腕部之豎直成「美人手」狀。

㈢「拳」（捶）：與一般之握拳相同，但須注意行拳時保持虛握、內部放鬆，僅發勁時才瞬間握緊。

㈣「吊手」：手腕腕背自然垂落，手指亦放鬆下垂，五指之指尖如抓物狀，輕輕接觸聚攏。

八、腰部

太極拳對「腰部」的要求爲隨時隨地保持「鬆」及「平正」，腰鬆才能將身體重心下移丹田，也才能氣沈丹田，下肢才能沈穩有力，同時也才能將「上半身」與「下半身」合而爲一；試想「縮腰」必定會造成挺胸，不但重心上移，氣亦上浮於胸，以致上、下身無法節節貫串。腰部平正才能保持上身中正，一般人行拳通病即在於腰部會有上下起伏，或左右高低不平，或前俯後仰，故練拳時讓腰部始終平正的維持在一固定平面上，是相當重要的；否則上身不中正，破綻必多，重心必不穩，「胯、膝、踝」亦無法完整練出韌性與扭力，內勁亦無法經過腰胯向上傳達。初學者練腰，可利用基本功之「狐仙拜月」、「玉女弄環」、「丹鳳朝陽」、「萬馬奔騰」、「六合法」等動作。

九、胯部

「胯」是人體相當重要的部位，它是上半身與下半身之間的關鍵樞紐，具有承上啓下之作用，練太極拳對胯部的要求就是隨時保持「坐沈」，以求練出胯力；太極拳動作的基本原理之一就是「移動重心」、「交換重心」與「左右沈轉」；而左右沈轉，靠得就是胯的強韌與活潑。

如果將人體當成機械裝置，大腿（含）以下是下盤，腹部（含）以上是上盤，而胯部則正是該機械裝置的軸心，因此經常磨練胯部的坐沈與活潑掞轉，正如同在軸心處加了機油，旋轉起來必定會輕鬆自如；上身保持中正如同圓柱體一般，一旦感受外力，腰胯只要一旋轉，即可將之卸往左右兩邊。初學者要增強胯力，必須勤練基本功的「熊經」、「護心樁」、「川字樁」、「活動沙包」等動作。

十、膝部

練太極拳對膝關節的要求就是：不論練拳或推手皆必須始終保持一定程度的彎曲，並注意不可忽高忽低；原則上：實腳之膝彎曲的程度，應不超過腳尖，且腰胯旋轉時必須保持固定，不可幌動；虛腳之膝則須彎曲放鬆，並略下落，以維持身體中定。兩膝同時要隨兩胯根之外撐而有內合之意。

練太極拳始終都是以一隻腳支撐身體重量，膝部可算受力最大關節之一，初學者練習時應先站高架（拳架拉高一些），以減輕膝關節之壓力，如感酸痛，即暫停並休息，俟復原後再練，以免造成運動傷害；隨著站樁、拳架練習日久，身體各部姿勢也漸修正符合要求，膝關節漸生力量後，自不會有酸痛不適情形。

初學者可勤練基本功之「熊經」、「川字樁」、「喜鵲登枝」、「靈猴拍脅」、「千斤落石」等動作，以增強膝關節之強度與韌性。

十一、踝部

練太極拳對踝部的要求唯有：「順其自然，持續鍛鍊」而已。「踝」是腳掌接地力上傳的第一個關節，也是全身重量藉腳掌下達地面的最後一個關節；雖是人體最強，也最必須不斷加強鍛鍊，以提升其柔韌度的關節，但也是最容易爲大家所忽略而疏於鍛鍊的關節；不論何種運動，如未具備一雙強韌的「踝」，肯定是不會有好成績的。

由於練太極拳從頭到尾，胯部皆須坐沈，膝部皆須保持彎曲，實腳的踝關節不但要承受身體下栽之力，還要接受腰胯沈轉的扭力；幾套拳練下來，少則十幾分鐘，多則一小時，踝部隨著持續緩和進行的動作，使內在的筋、骨、肌肉、韌帶等，得到長時間屈伸、扭轉、壓縮的鍛鍊，當然也就愈來愈強健、柔韌。歐美國家近年來所做的研究，已充分證明太極拳對人體踝、膝、胯的鍛鍊，正是增加老年人平衡感及防止跌倒的最有效運動。

初學者除勤練拳架外，尚可藉基本功之「熊經」、「川字樁」、「靈貓撲鼠」及「活動沙包」等動作來加強「踝」的鍛鍊。

十二、腳部

腳是身體的根基，基礎不牢靠，全身動作必有焦點散亂，因此對腳部動作的要求，是絲毫馬虎不得的。太極拳「腳」的動作有「虛腳」、「實腳」、「腳跟著地」、「腳尖點地」及「懸空腳」之分；由字面意義，不難瞭解其外形如何，但須注意：不論「實腳」或「虛腳」，都要鬆開腳趾，以全腳掌著地；相異處在於：成「虛腳」時，身體重量絲毫不在其上，腳掌只是鬆貼地面；成「實腳」時，則須將身體重量全置其上，並配合意念向下栽沈，待日久功深後，腳底湧泉穴自會接地，產生立地生根之效，也才能逐漸向上增長功夫。「腳跟著地」、「腳尖點地」及「懸空腳」也同「虛腳」一樣，應儘可能保持身體重量絲毫不在其上。

當然初學者一定會有因上半身未能鬆沈，下半身胯、膝、踝之韌勁尚未練出，而有「雙重」（即雙腳同時用力）之弊；但只要觀念正確，肯下苦功，必能「虛實分清」，早日邁入太極領域，體會陰陽之妙。

外行人多誤認太極拳只有上身動作，不善用腳，下盤的攻擊動作屈指可數；殊不知練太極拳者，只要眞正做到虛實分清後，除實腳外之任何其他腳部動作，皆蘊含抬膝、起腳攻擊的意念，可踢、可蹬、可撞，威力強大無比；又因虛實早已分清，任何下盤攻擊動作，上身皆能保持不動，絲毫不漏風聲，對手根本無法察覺，防不勝防。

腳部動作尚應注意事項如下：

一、不論練拳、推手，講求一動全動，但只有貼地實腳絲毫不能動。

二、左腳移步時，右腳必須絲毫不動；反之亦然。

三、前進時須以腳跟先著地；後退時則以腳尖先點地。

初學者練腳，可利用基本功之「川字樁」、「熊經」等動作來練習腳掌貼地之力，並以「羅漢擺腿」練習蹬踹之勁。

練拳呼吸注意事項

太極拳對呼吸的要求，首重「自然」，初學者於行、坐、立、臥時，呼吸皆須保持平順自然，空氣完全由鼻進出，再逐漸著意練習，使呼吸儘量「細、長、靜、慢」，不要多久，由於意識的放鬆及上身含胸、拔背、鬆腰、沈肩等姿勢的配合，自能氣沈丹田，而行腹式呼吸；當腹式呼吸已成自然習慣，養氣充足後，可再加以意念導引，練習「河車倒運」以求打通任督二脈。

呼吸配合行拳動作之要領，取決於腰胯：腰胯轉動時爲呼氣；轉動之前，身體重量移轉重心腳的過程，則爲吸氣。但如腰胯未左右旋轉，呼吸配合動作的原則如下：往上爲吸、往下爲呼；往內爲吸、往外爲呼；往後爲吸、往前爲呼。由於呼吸與動作一定要配合正確，才能有效發勁，初學者定要細心體會練習。

根據作者多年心得，當呼吸自然，氣沈丹田，養氣充足飽滿，並以「河車倒運」練氣打通任督之後，只要一開始行拳，馬上即會感覺氣遍週身，指尖漲麻；更奇妙的是：每當拳架有彆扭不順情形，「氣」也會自動幫助衡關修正，奧妙之處有待讀者將來慢慢體會。

腳步格式圖

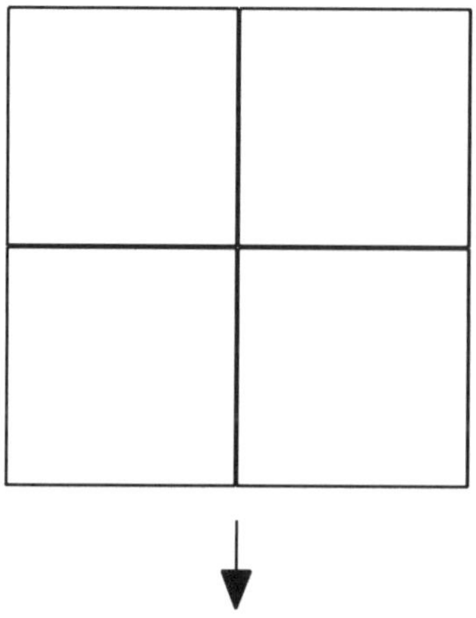

一、雙腳之「前後」、「左右」間距，約同練拳者之肩寬。

二、圖示箭頭「↓」係標註練習者開始行拳之原始方向。

腳掌著力圖

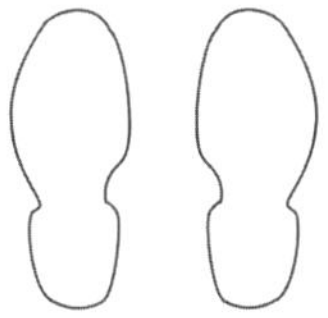

虛　腳

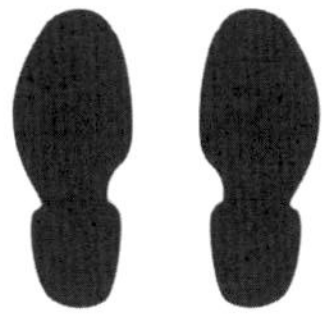

實　腳

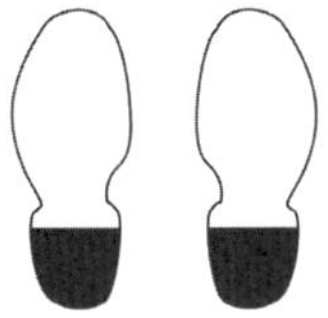

腳跟著地

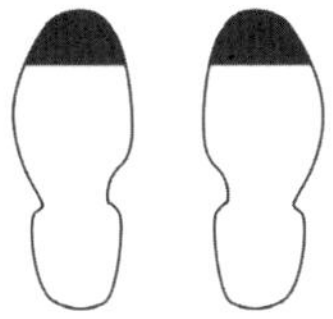

腳尖點地

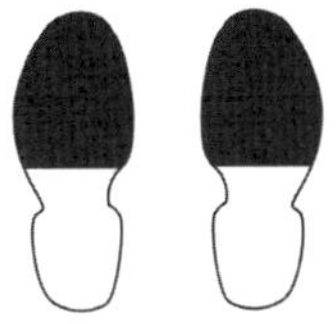

前腳掌著地

懸空腳

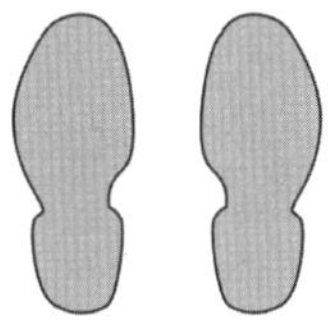

雙腳不分虛實

掌（美人手）

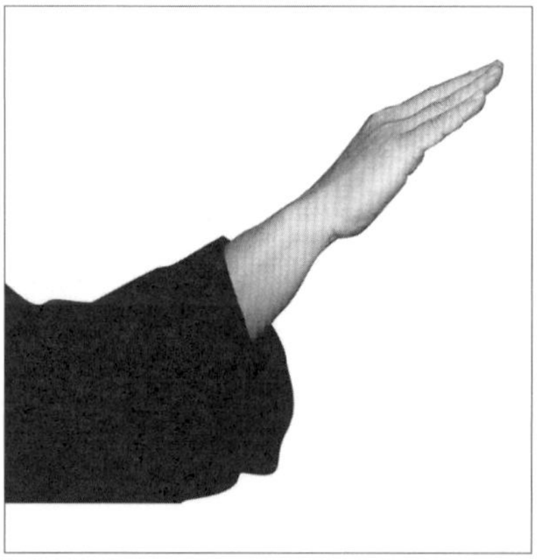

拳（捶）

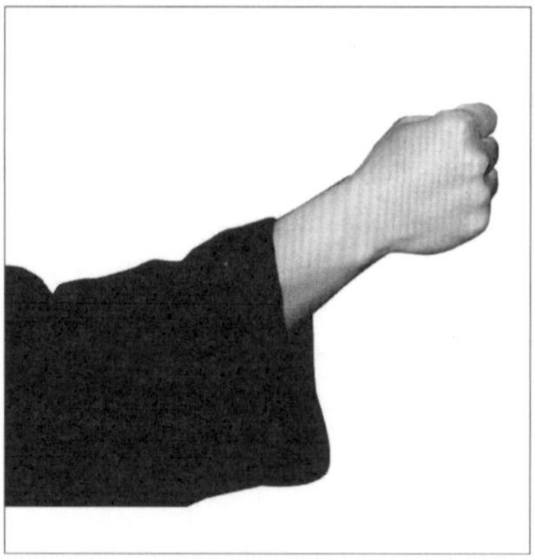

吊手

拳架對應動作連環圖說

一、「預備式」

順序	預備式之一
對應動作 腰胯	腰部平正放鬆，兩胯不分虛實（練拳從頭到尾，「腰部」皆應如此保持，往後除有動作必須加以說明外，不再贅述）。
對應動作 下肢	如立正狀，兩腳跟並攏，腳尖向外打開六十度，身體重量平均落於雙腳。
對應動作 上肢	兩臂自然下垂，雙手放鬆，分別輕貼於左、右大腿外側。
圖號	一

圖一

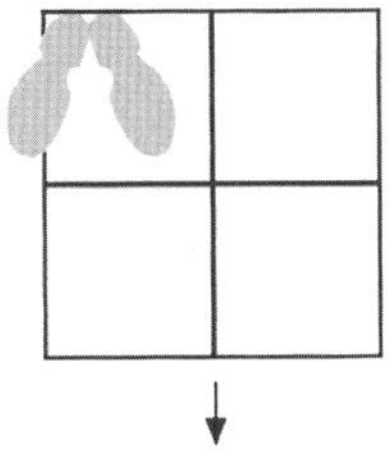

順序	預備式之二
對應動作 腰胯	鬆左胯，坐右胯。
對應動作 下肢	身體重量緩慢下落於右腳，右膝微屈落實；使左腳成虛，腳跟略上提。
對應動作 上肢	兩肘隨勢外旋，使兩臂成弓狀弧形，雙手掌心向後，略往前提。
圖號	二

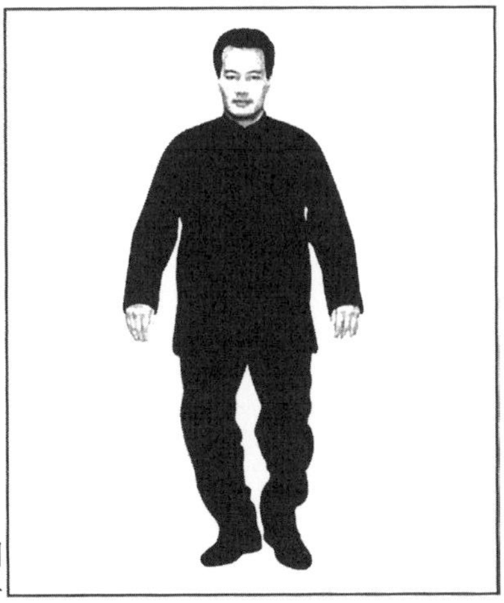

圖二

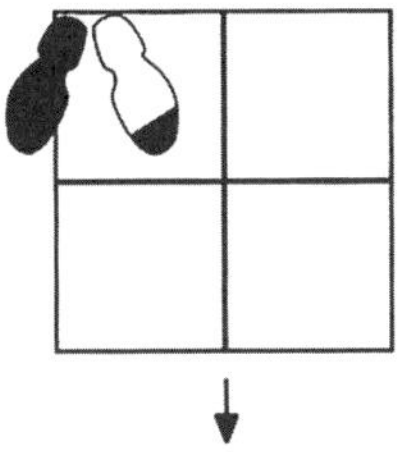

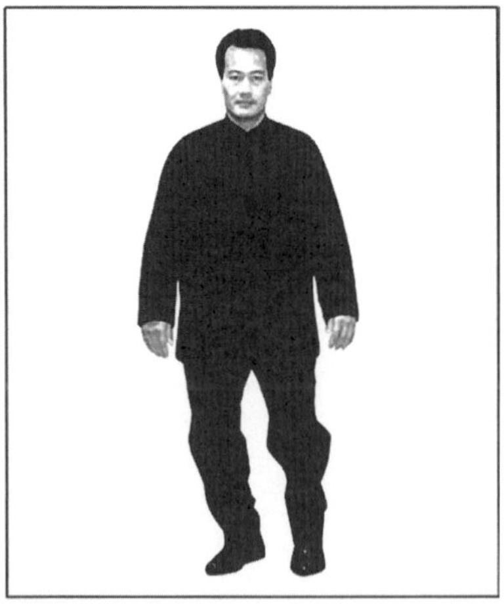
圖三

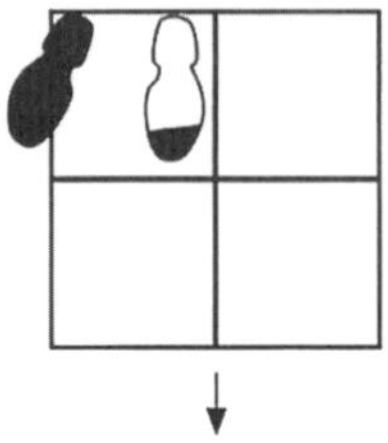

順序	預備式之三
對應動作 腰胯	保持前姿定勢。
對應動作 下肢	左腳尖保持點地不動，腳跟外旋三十度。
對應動作 上肢	保持前姿定勢。
圖號	三

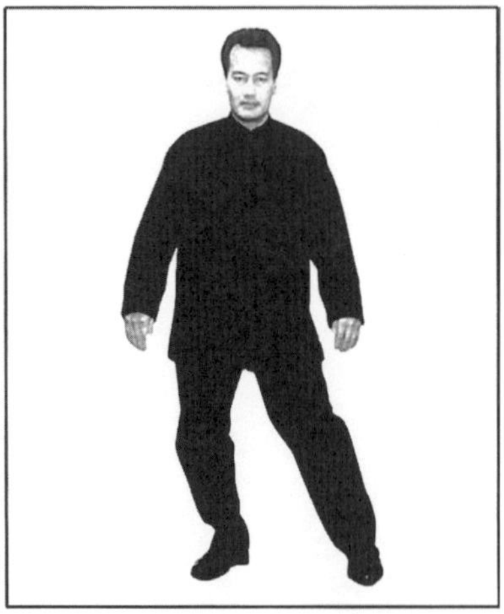
圖四

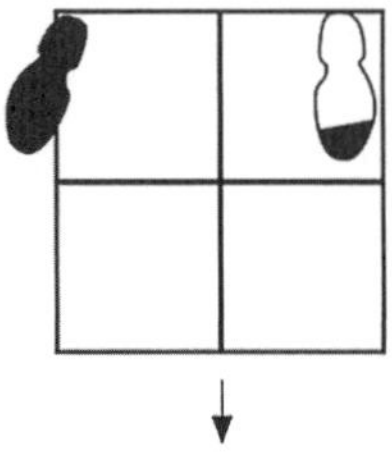

順序	預備式之四
對應動作 腰胯	保持前姿定勢。
對應動作 下肢	左腳提起，向左平移一步（約一肩寬距離），腳尖下落點地。
對應動作 上肢	保持前姿定勢。
圖號	四

圖五

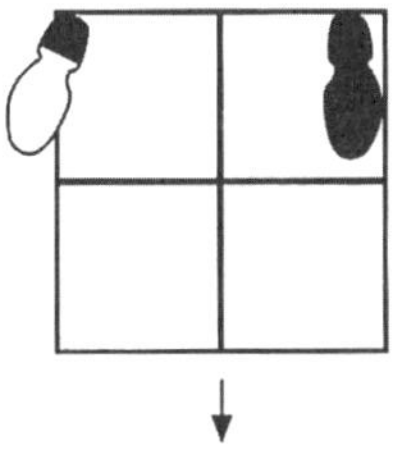

順序	對應動作：腰胯	對應動作：下肢	對應動作：上肢	圖號
預備式之五	鬆右胯，坐左胯。	身體重量逐漸由右腳平送移付左腳（腳跟隨勢落地），屈膝落實；使右腳成虛，腳尖微翹。	保持前姿定勢。	五

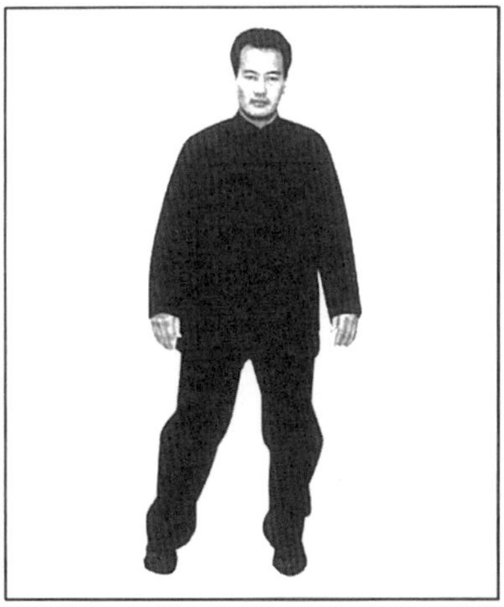

圖六

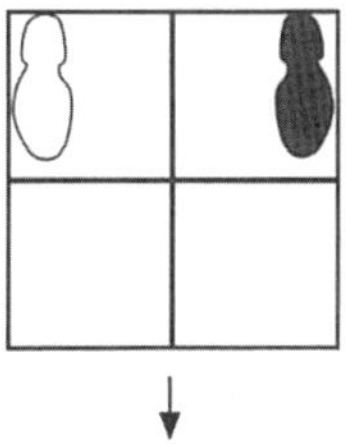

順序	對應動作：腰胯	對應動作：下肢	對應動作：上肢	圖號
預備式之六	保持前姿定勢。	右腳跟保持著地，腳尖左轉三十度後落地；使雙腳成平行狀。	保持前姿定勢。	六

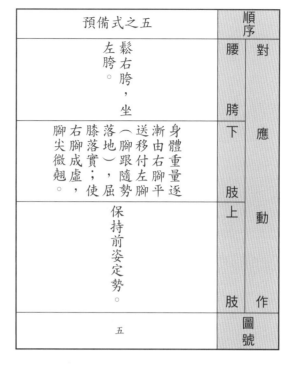

起勢

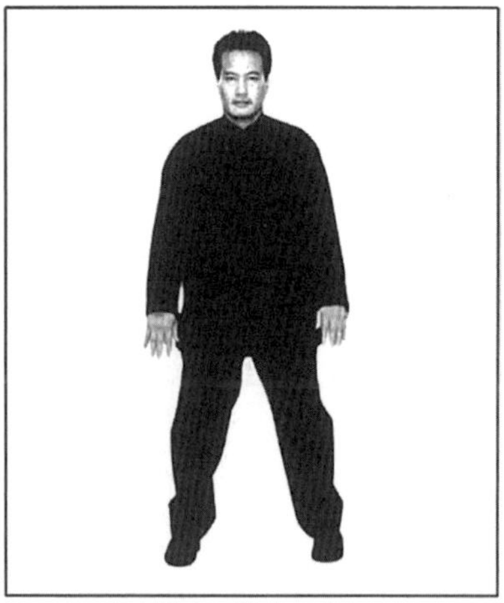
圖七

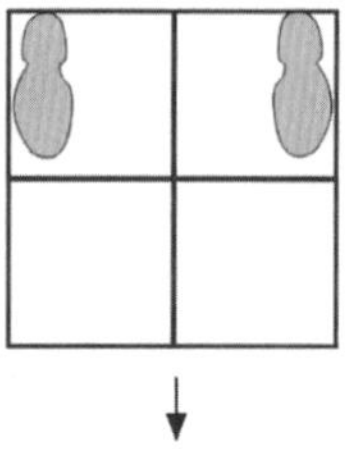

順序	預備式之七
對應動作 腰胯	兩胯微坐。
對應動作 下肢	重心平正回移至雙腳中間，身體重量平均落於雙腳，兩膝保持微屈。
對應動作 上肢	雙手掌心向下微微伸展，中指略向前引，其餘手指保持不張不併。
圖號	七

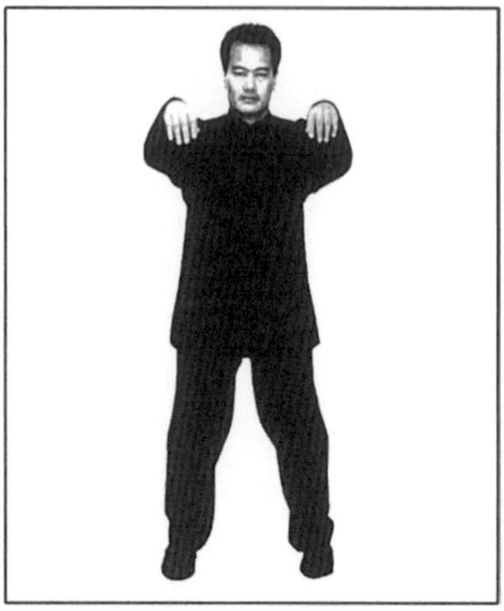
圖八

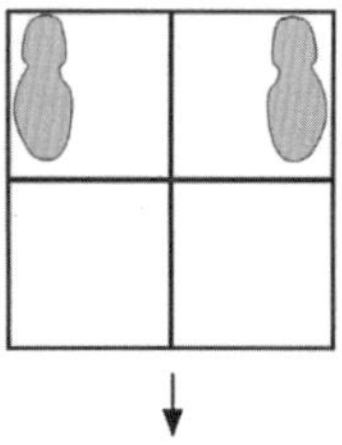

順序	起勢之一
對應動作 腰胯	保持前姿定勢。
對應動作 下肢	保持前姿定勢。
對應動作 上肢	兩臂由下而上向前平提，腕背朝上；雙手由腕以下，自然垂落。
圖號	八

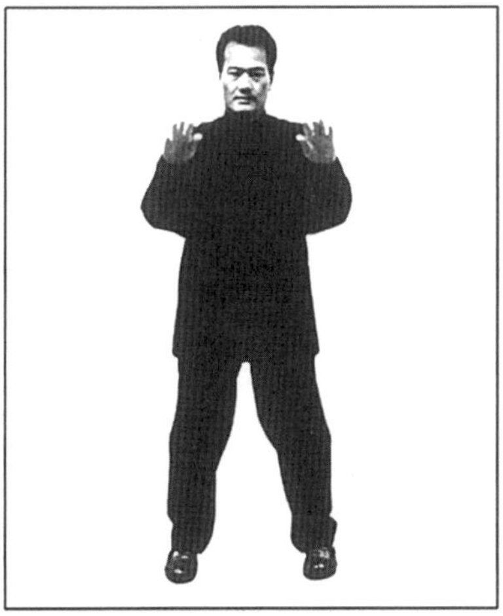

圖九

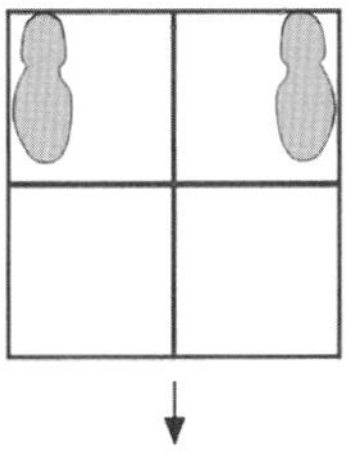

順序		起勢之二
對應動作	腰胯	保持前姿勢。
	下肢	保持前姿勢。
	上肢	雙手腕背提升至約與肩齊時，落肘舒腕（肘部下垂，腕部由原垂落狀豎直，伸展成美人手）。
圖號		九

圖十

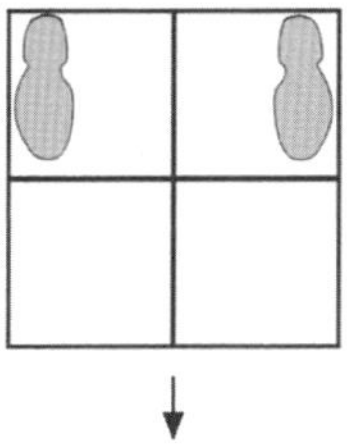

順序		起勢之三
對應動作	腰胯	保持前姿勢。
	下肢	保持前姿勢。
	上肢	兩肘同時往腋下拉回，雙手掌心朝前，亦隨勢收回近肩前。
圖號		十

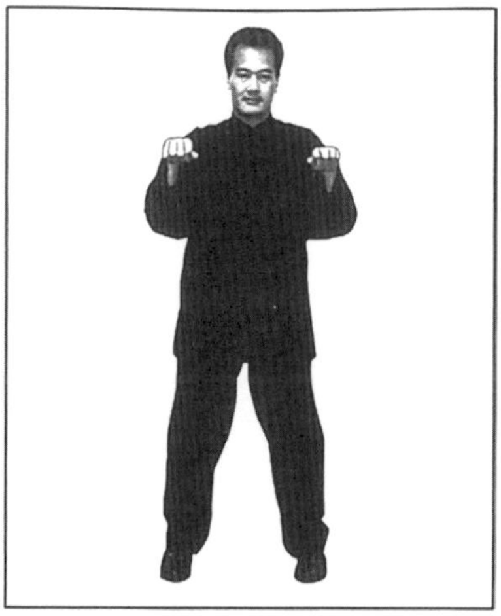

圖十一

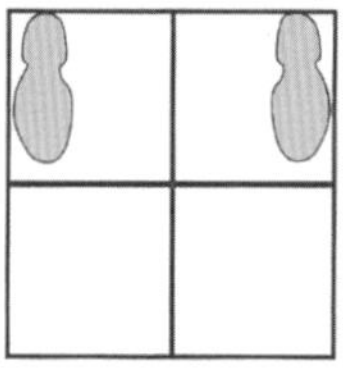

↓

順序		起勢之四
對應動作	腰胯	保持前姿定勢。
	下肢	保持前姿定勢。
	上肢	當兩肘移動近腋下時，雙手由腕以下自然垂落。
圖號		十一

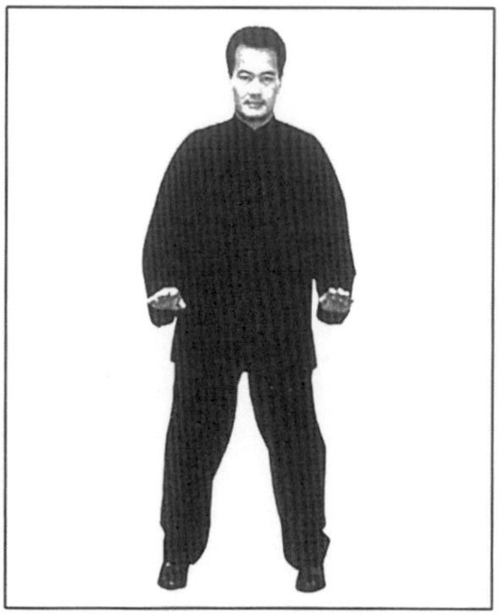

圖十二

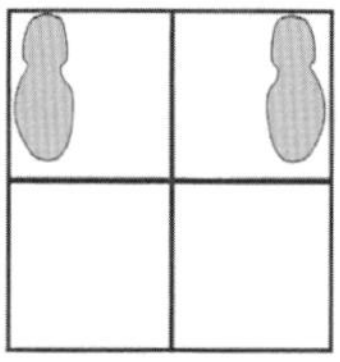

↓

順序		起勢之五
對應動作	腰胯	保持前姿定勢。
	下肢	保持前姿定勢。
	上肢	兩腕向下按落，似沈入水中，雙掌則如有浮力般，向上漂浮（腕部上翹）。
圖號		十二

右抱

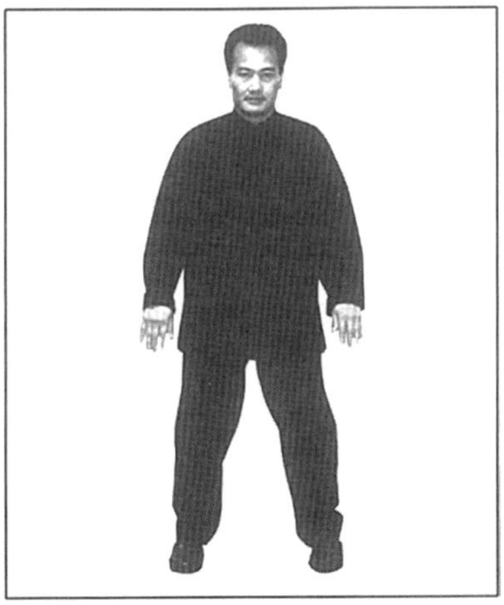

圖十三

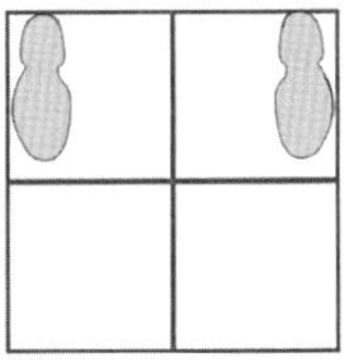

順序		起勢之六
對應動作	腰胯	保持前姿定勢。
	下肢	保持前姿定勢。
	上肢	當兩腕下按近兩大腿外側，復將兩雙掌自然垂落，掌心向後。
圖號		十三

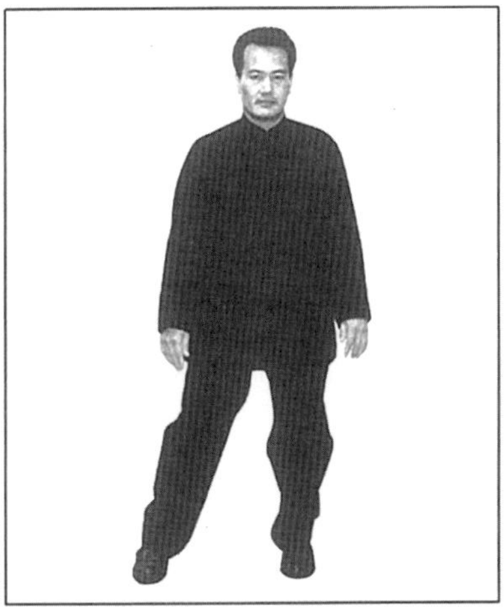

圖十四

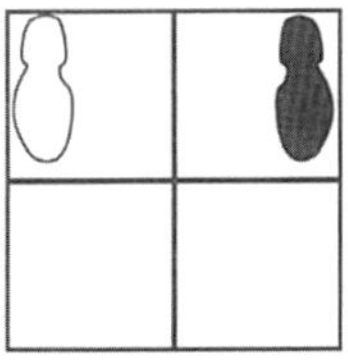

順序		右抱之一
對應動作	腰胯	鬆右胯，坐左胯。
	下肢	身體重量緩慢平移至左腳，左膝微屈落實；使右腳成虛。
	上肢	保持前姿定勢。
圖號		十四

圖十五

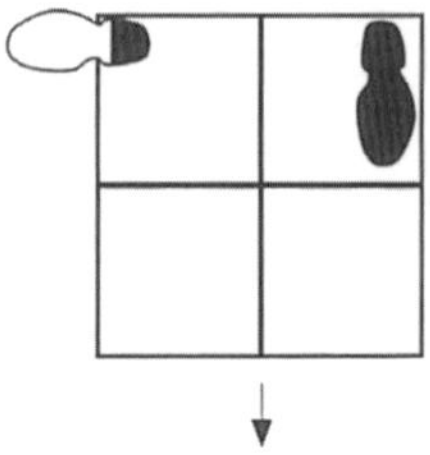

順序		右抱之二
對應動作	腰胯	以左胯爲軸心，上身保持中正，由腰帶動，向右旋轉至面向正右方。
	下肢	右腳跟保持著地，腳尖上翹，隨腰胯右轉九十度。
	上肢	右手順勢提升至右胸前，約與腕平，掌心向下；左手同時盪移至右胯前，左腕並內旋二分之一圈，使掌心朝上；雙手一上一下成合抱狀。
圖號		十五

圖十六

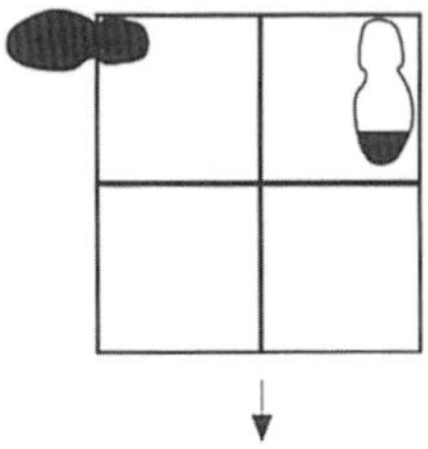

順序		右抱之三
對應動作	腰胯	鬆左胯，坐右胯。
	下肢	身體重量逐漸由左腳平送移付右腳（腳掌隨勢落地），屈膝落實；使左腳成虛，腳跟略上提。
	上肢	保持前姿定勢。
圖號		十六

二、「左掤」

圖十七

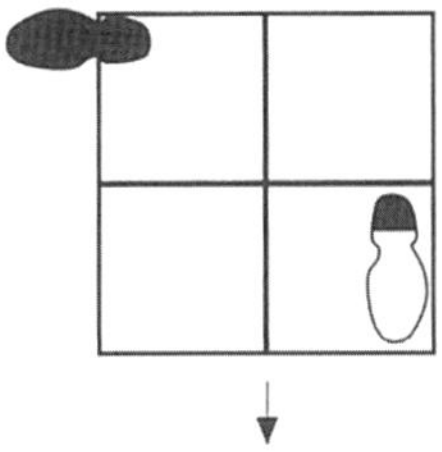

順序	對應動作：腰胯	對應動作：下肢	對應動作：上肢	圖號
左掤之一	保持前姿定勢。	左腳提起，朝原方向前移半步，腳跟著地，腳尖上翹。	保持前姿定勢。	十七

圖十八

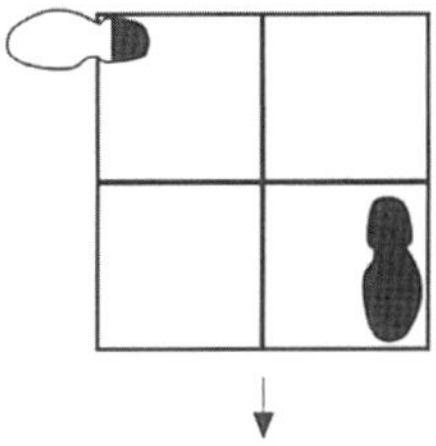

順序	對應動作：腰胯	對應動作：下肢	對應動作：上肢	圖號
左掤之二	鬆右胯，坐左胯。	身體重量逐漸由右腳平送移付左腳（腳掌隨勢落地），屈膝落實；使右腳成虛，腳尖微翹。	左腕隨勢外旋四分之一圈，使掌心向後，由下斜盪而上至右脅前；右手同時垂直降落至右胯前。	十八

圖十九

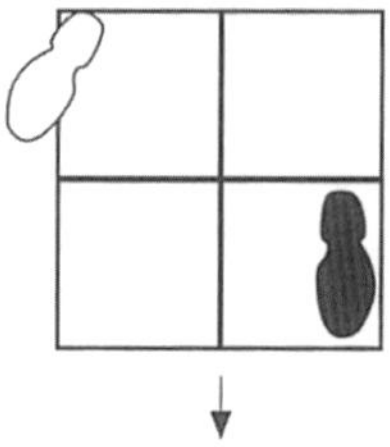

順序		左掤之三
對應動作	腰胯	左腳落實之剎那，以左胯為軸心，上身保持中正，由腰帶動，向左轉正。
	下肢	右腳跟保持著地，腳尖隨腰胯左轉四十五度後落地。
	上肢	左手小臂隨勢略向上移，橫置胸前，距離約八寸，肘略垂，掌心向後，手腕約在正中位置；右手同時續降至右大腿外側，腕微上翹，掌心向後。
圖號		十九

圖二〇

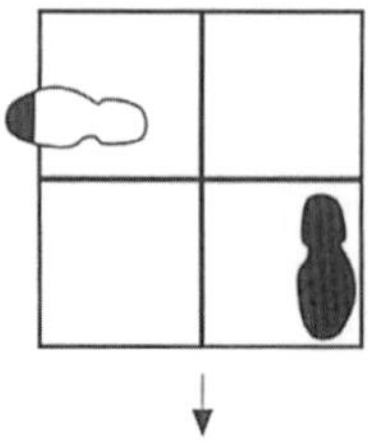

順序		左抱之一
對應動作	腰胯	以左胯為軸心，上身保持中正，由腰帶動，向右旋轉至面向正右方。
	下肢	右腳尖保持點地，腳跟提起，隨腰胯内旋四十五度。
	上肢	左腕隨勢外旋四分之一圈，使掌心向下，並拉回至左腋前；右腕同時内旋二分之一圈，使掌心朝上，盪移至左胯前；雙手一上一下，成合抱狀。
圖號		二〇

三、攬雀尾之一——「右掤」

圖二一

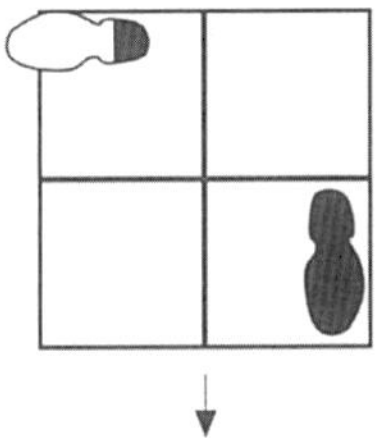

順序	右掤之一
對應動作・腰胯	保持前姿定勢。
對應動作・下肢	右腳提起，向右平移半步，腳跟著地，腳尖上翹。
對應動作・上肢	保持前姿定勢。
圖號	二一

圖二二

順序	右掤之二
對應動作・腰胯	鬆左胯，坐右胯。
對應動作・下肢	身體重量逐漸由左腳平送移付右腳（腳掌隨勢落地），屈膝落實；使左腳成虛，腳尖微翹。
對應動作・上肢	右手隨勢由下斜盪而上至胸前一尺處，掌心朝上；左肘同時略降，使左手成豎掌，掌心朝前。
圖號	二二

四、攬雀尾之二——「攦」

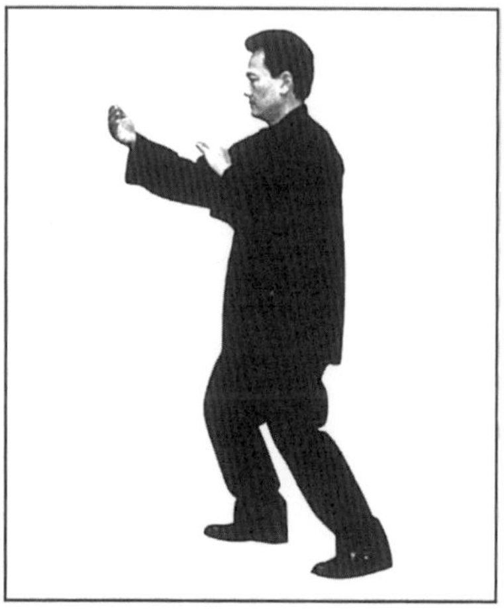

圖二三

順序	右掤之三
對應動作・腰胯	右腳落實之剎那，以右胯爲軸心，上身保持中正，由腰帶動，向右轉正。
對應動作・下肢	左腳跟保持著地，腳尖隨腰胯右轉四十五度後落地。
對應動作・上肢	右手隨勢向右平移至正前方，並略落右肘，以使掌心向後；左手豎掌同時略往前送；使雙手掌心相對，距離約半尺。
圖號	二三

圖二四

順序	攦之一
對應動作・腰胯	保持前姿定勢，唯右胯再略向右沈轉。
對應動作・下肢	保持前姿定勢。
對應動作・上肢	右手小臂隨勢落肘並略向右揮移，右腕同時外旋二分之一圈，使掌心朝前下按，此時右半身成外三合狀（肩與胯合，肘與膝合，手與腳合）；左腕同時內旋二分之一圈，使掌心向後，左手小臂並隨勢掉落，橫置胸前。
圖號	二四

圖二五

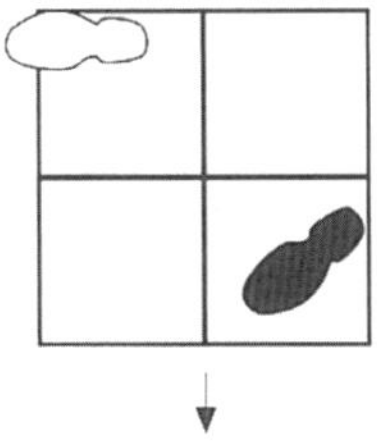

順序	攦之二
對應動作 腰胯	鬆右胯，坐左胯。
對應動作 下肢	身體重量逐漸由右腳平送移付左腳，屈膝落實；使右腳成虛。
對應動作 上肢	兩臂隨勢往胸前回收，右肘略落，使右手成豎掌；左手小臂亦略下沈，使左手貼近右肘；兩腕並同時各自內旋四分之一圈，使右手掌心向左，左手掌心朝上。
圖號	二五

圖二六

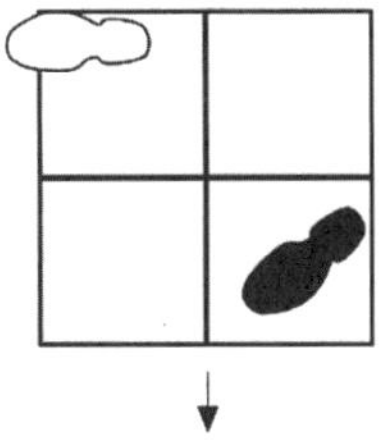

順序	攦之三
對應動作 腰胯	以左胯爲軸心，上身保持中正，由腰帶動，向左後方旋轉到底。
對應動作 下肢	保持前姿定勢。
對應動作 上肢	保持前姿定勢，僅隨腰胯轉動，向左平移。
圖號	二六

五、攬雀尾之三──「擠」

圖二七

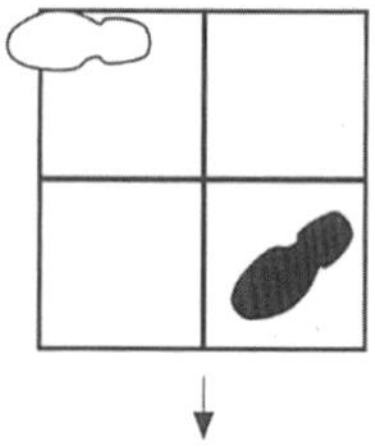

順序	履之四
對應動作：腰胯	保持前姿勢。
對應動作：下肢	保持前姿勢。
對應動作：上肢	腰胯向左後方旋轉到底，至轉不動之剎那，兩臂鬆隨勢向左下方垂盪落；右手掌心向後，盪止於左大腿外側；左手掌心朝前，盪至左臂後。
圖號	二七

圖二八

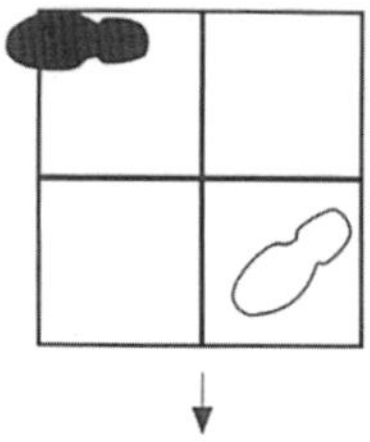

順序	擠之一
對應動作：腰胯	鬆左胯，坐右胯。
對應動作：下肢	身體重量逐漸由左腳平送移付右腳，屈膝落實；使左腳成虛。
對應動作：上肢	右手小臂隨勢由下而上，落肘提升至胸前，掌心向後，成掤手狀；左手小臂同時於左後側方，由下而上繞一半圈，使成豎掌，移位於左耳外側，掌心朝前。
圖號	二八

圖二九

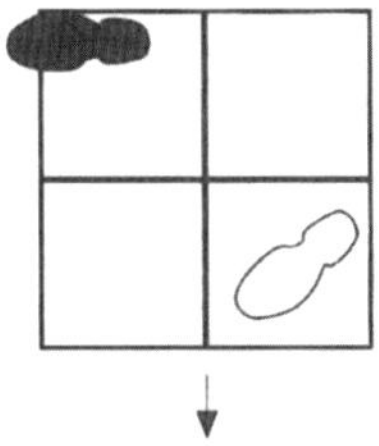

順序		擠之二
對應動作	腰胯	右腳落實之剎那，以右胯爲軸心，上身保持中正，由腰帶動，向右轉正。
對應動作	下肢	保持前姿定勢。
對應動作	上肢	左掌心隨勢逐漸接近右手，並貼上右掌心（雙掌相貼之處爲左掌左半部及右掌下半部），並繼續落肘往前推送，至胸前一尺處。
圖號		二九

圖三〇

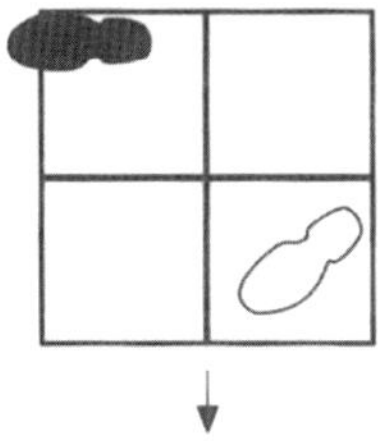

順序		按之一
對應動作	腰胯	保持前姿定勢。
對應動作	下肢	保持前姿定勢。
對應動作	上肢	右腕外旋二分之一圈，使右掌心向下；左掌心則輕貼於右掌背之上。
圖號		三〇

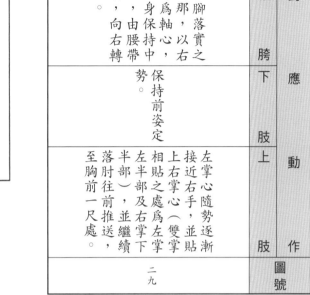

圖三一

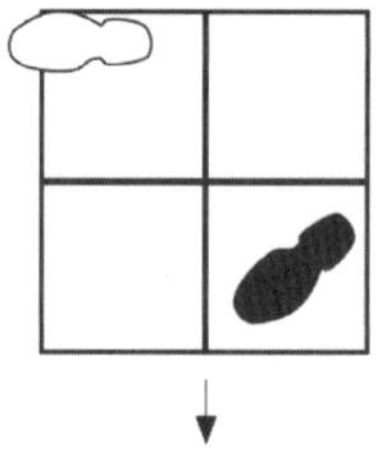

順序	按之二
對應動作：腰胯	鬆右胯，坐左胯。
對應動作：下肢	身體重量逐漸由右腳平送移付左腳，屈膝落實；使右腳成虛。
對應動作：上肢	雙手隨勢左右分開（高低與肩平、距離同肩寬），兩肘同時略降，並拉回近兩脅外側，使雙手掌心朝前，成豎掌狀（距雙肩約八吋處）。
圖號	三一

圖三二

順序	按之三
對應動作：腰胯	鬆左胯，坐右胯。
對應動作：下肢	身體重量逐漸由左腳平送移付右腳，屈膝落實；使左腳成虛。
對應動作：上肢	兩臂保持豎掌，向前平送（至定勢時除左手、左腳外，餘皆應符「外三合」之要求）。
圖號	三二

七、「單鞭」

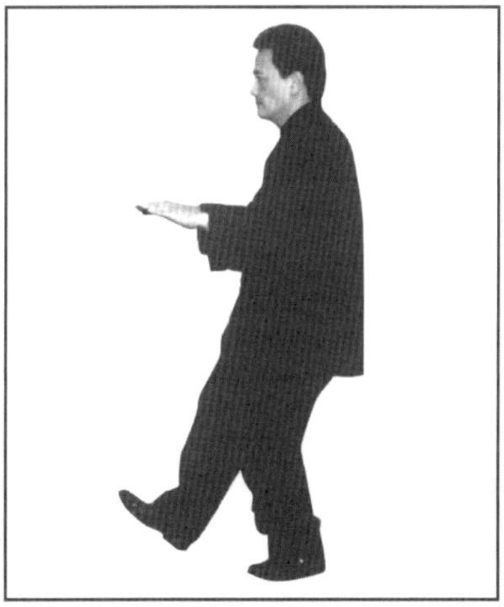

圖三三

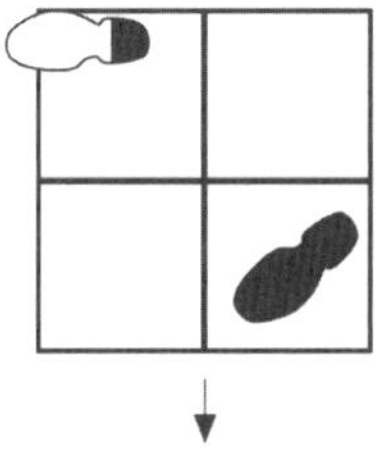

順序	對應動作：腰胯	對應動作：下肢	對應動作：上肢	圖號
單鞭之一	鬆右胯，坐左胯。	身體重量逐漸由右腳平送移付左腳，屈膝落實；使右腳成虛，腳尖上翹。	兩肘隨勢略往回拉，雙手同時平落至胸前，掌心向下。	三三

圖三四

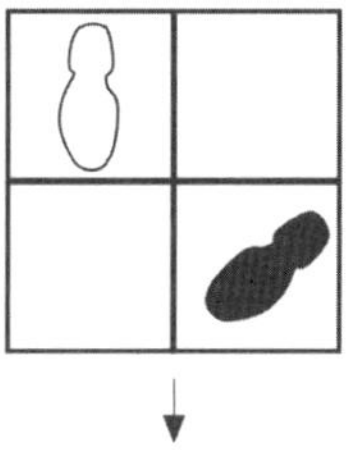

順序	對應動作：腰胯	對應動作：下肢	對應動作：上肢	圖號
單鞭之二	以左胯爲軸心，上身保持中正，由腰帶動，向左旋轉到底。	右腳跟保持著地，腳尖隨腰胯左轉九十度後落地。	雙手小臂隨勢向左平移，使右手小臂橫置胸前，左手小臂則與之平行，移位於身體左側。	三四

圖三五

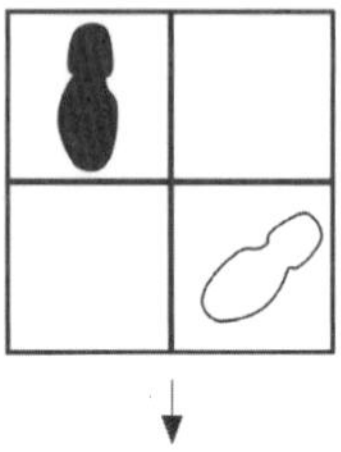

順序	單鞭之三
對應動作　腰胯	鬆左胯，坐右胯。
對應動作　下肢	身體重量逐漸由左腳平送移付右腳，屈膝落實；使左腳成虛。
對應動作　上肢	鬆落左臂，左腕並內旋二分之一圈，使掌心朝上，隨勢盪移至右胯前；右臂同時略向右回收，使右手平移至右腋前；雙手成合抱狀。
圖號	三五

圖三六

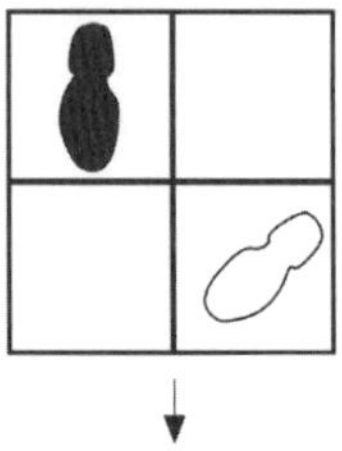

順序	單鞭之四
對應動作　腰胯	以右胯爲軸心，上身保持中正，由腰帶動，向右旋轉到底。
對應動作　下肢	保持前姿定勢。
對應動作　上肢	保持前姿定勢，僅隨腰胯轉動，向右平移。
圖號	三六

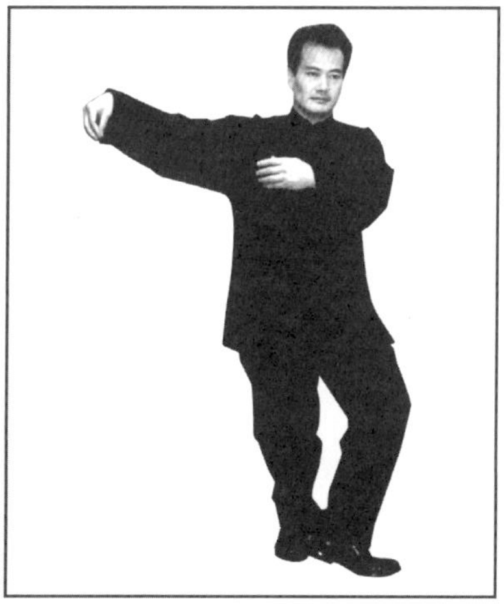

圖三七

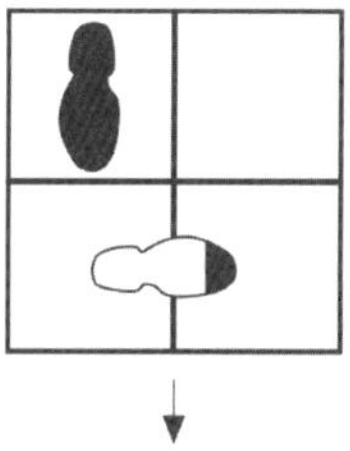

順序	單鞭之五
對應動作：腰胯	腰胯向右旋轉，至轉不動時，復向左回轉。
對應動作：下肢	左腳尖保持點地，腳跟提起，隨勢内旋一三五度。
對應動作：上肢	左腕隨勢外旋四分之一圈，使掌心向後，小臂同時由下斜盪而上至胸前，成掤手狀；右手則自腕垂落，五指趁勢聚攏成吊手，同時向身體右側方伸展。
圖號	三七

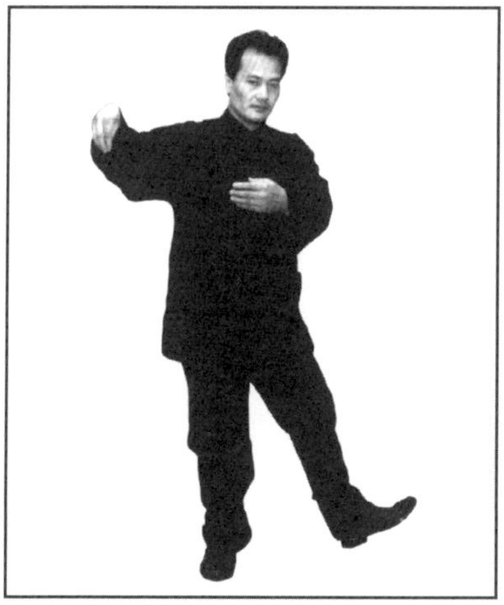

圖三八

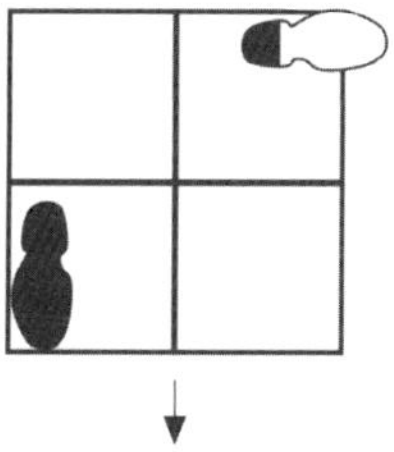

順序	單鞭之六
對應動作：腰胯	保持前姿定勢。
對應動作：下肢	左腳提起向左前方平移一步，腳跟著地，腳尖上翹。
對應動作：上肢	保持前姿定勢。
圖號	三八

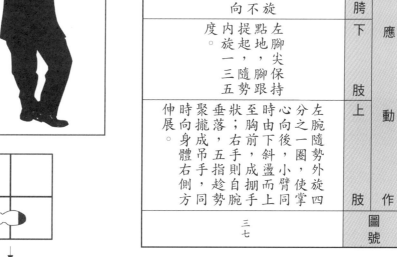

圖三九

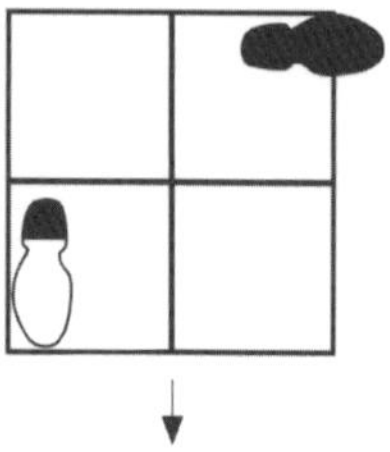

順序	對應動作：腰胯	對應動作：下肢	對應動作：上肢	圖號
單鞭之七	鬆右胯，坐左胯。	身體重量逐漸由右腳平送移付左腳（腳掌隨勢落地），屈膝落實；使右腳成虛，腳尖微翹。	保持前姿定勢。	三九

圖四〇

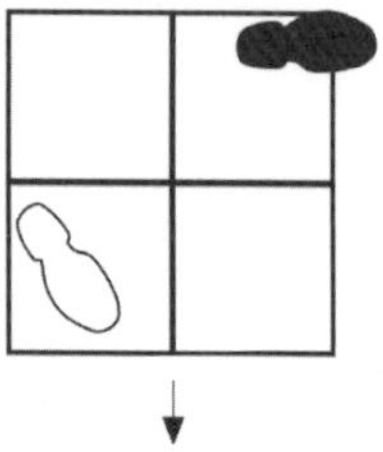

順序	對應動作：腰胯	對應動作：下肢	對應動作：上肢	圖號
單鞭之八	左腳落實之剎那，以左胯爲軸，心上身保持中正，由腰帶動，向左轉正。	右腳跟保持著地，腳尖隨腰胯左轉四十五度後落地。	左臂隨勢落肘向左揮移，前伸於左胸前，左腕同時外旋四分之一圈，使掌心朝前下按；右吊手則保持原勢，隨腰胯轉動，向正右方伸展（兩臂伸展方向成九十度）。	四〇

八、「提手」

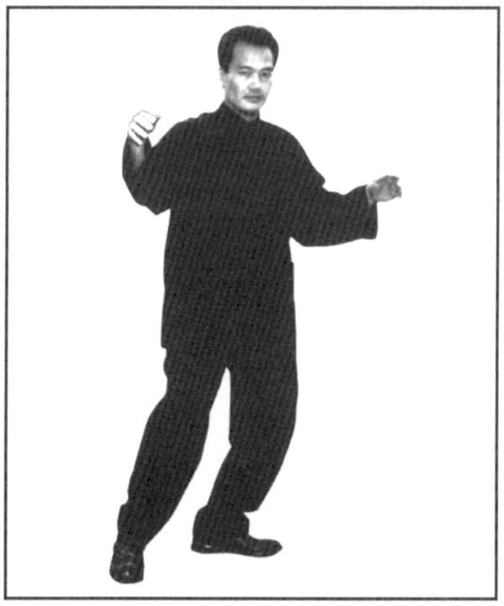

圖四一

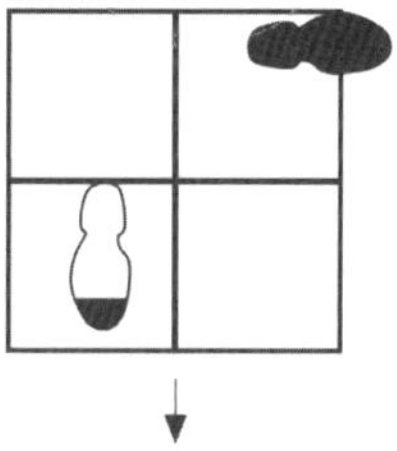

順序		提手之一
對應動作	腰胯	以左胯爲軸心，上身保持中正，由腰帶動，轉向正右方。
	下肢	右腳尖保持點地，腳跟提起，隨勢內旋四十五度。
	上肢	右肘略落，右吊手鬆開，腕背豎直（成美人手狀），右腕並內旋四分之一圈，使掌心向左；左臂保持原勢，左腕亦同時內旋四分之一圈，使掌心向右；雙手遙遙相對。
圖號		四一

圖四二

順序		提手之二
對應動作	腰胯	保持前姿定勢。
	下肢	右腳提起向左平移半步，腳跟著地，腳尖上翹。
	上肢	兩肘同時拉回近脅，使雙手下落平胸，掌心相對並逐漸內合；至定勢時，右臂與右腿一上一下平行向前，成外三合狀；左掌心亦與右肘成平行遙相對應狀。
圖號		四二

九、「靠」

順序	靠之一
對應動作 腰胯	保持前姿定勢。
對應動作 下肢	右腳提起，收回至左腳跟前，腳尖點地。
對應動作 上肢	雙手同時鬆落回盪；右腕並外旋二分之一圈使掌心向右，盪止於左胯前；左手則盪至左臀後。
圖號	四三

圖四三

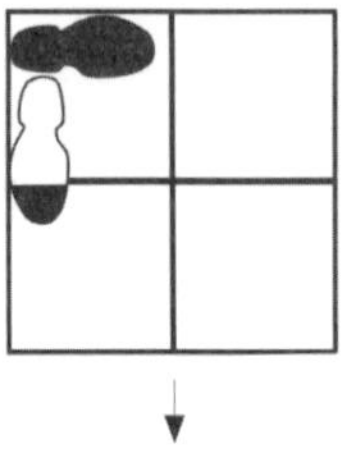

順序	靠之二
對應動作 腰胯	保持前姿定勢。
對應動作 下肢	右腳復再提起，朝原方向前移一步，腳跟著地，腳尖上翹。
對應動作 上肢	保持前姿定勢。
圖號	四四

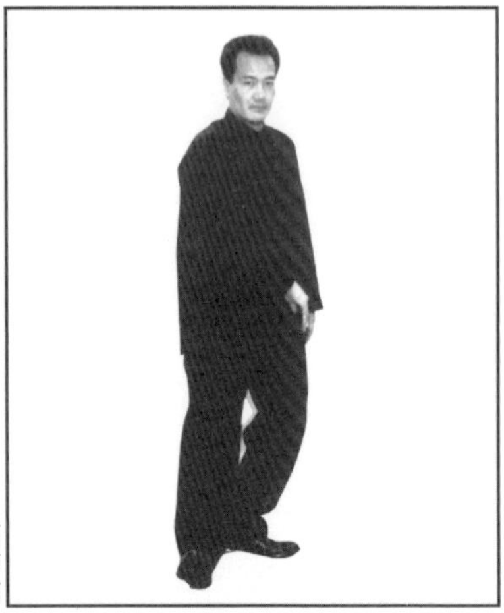

圖四四

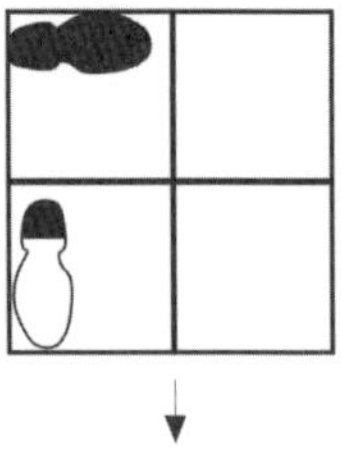

圖四五

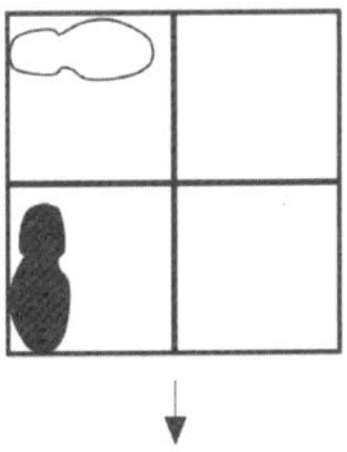

順序	靠之三
對應動作・腰胯	鬆左胯，坐右胯。
對應動作・下肢	身體重量逐漸由左腳平送移付右腳（腳掌隨勢落地），屈膝落實；使左腳成虛。
對應動作・上肢	右手保持下垂，隨勢盪移至右胯前；左手同時屈肘提升，掌心貼於右肘。
圖號	四五

十、「白鶴亮翅」

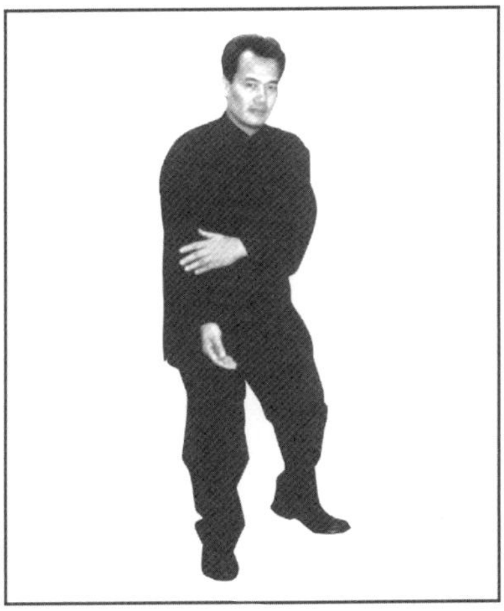

圖四六

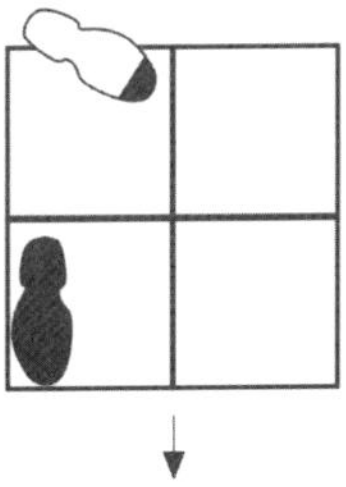

順序	白鶴亮翅之一
對應動作・腰胯	以右胯爲軸心，上身保持中正，由腰帶動，向右旋轉到底。
對應動作・下肢	左腳尖保持點地，腳跟提起，隨勢外旋三十度。
對應動作・上肢	右腕隨勢外旋二分之一圈，使掌心向左。
圖號	四六

圖四七

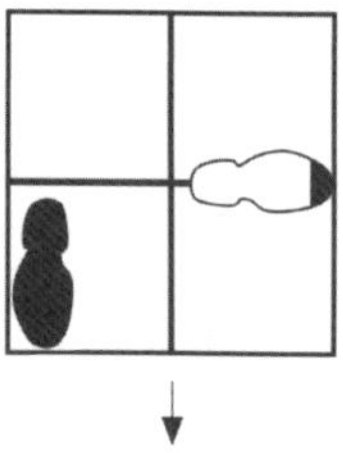

順序		白鶴亮翅之二
對應動作	腰胯	腰胯向右旋轉到底之剎那，復又向左回轉，並轉正。
	下肢	左腳跟隨腰胯左轉之勢內旋三十度後，復提起左腳，平移至正前方落下（約一肩寬之距離），以腳尖點地。
	上肢	右手隨腰胯回轉之勢，手腕外旋四分之三圈使掌心向右，並迎面提升，止於額頭右前方；左手同時向左下方鬆落，左腕並外旋四分之一圈使掌心向左作摟膝狀，盪移至左大腿外側。
圖號		四七

十一、「左摟膝拗步」

圖四八

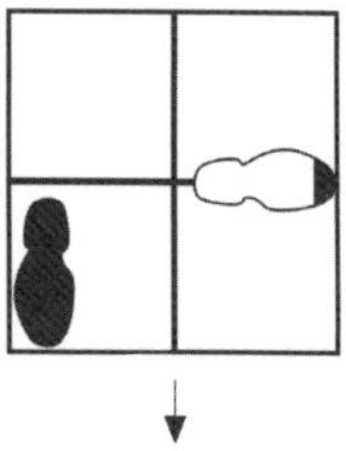

順序		左摟膝拗步之一
對應動作	腰胯	以右胯爲軸心，上身保持中正，由腰帶動向右旋轉到底。
	下肢	保持前姿定勢。
	上肢	右臂先垂直鬆落，右腕並即內旋四分之三圈使掌心朝前，隨勢盪移至右臀後；左手同時平盪至右胯前。
圖號		四八

圖四九

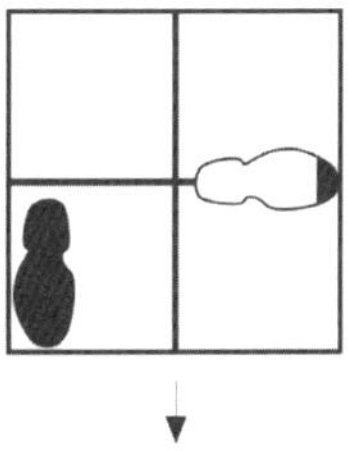

順序	左摟膝拗步之二
對應動作・腰胯	腰胯向右旋轉到底之刹那，復向左回轉。
對應動作・下肢	保持前姿定勢。
對應動作・上肢	右手於右後側方，隨勢由下而上繞一半圈，掌心朝前盪升至右耳外側，成豎掌。
圖號	四九

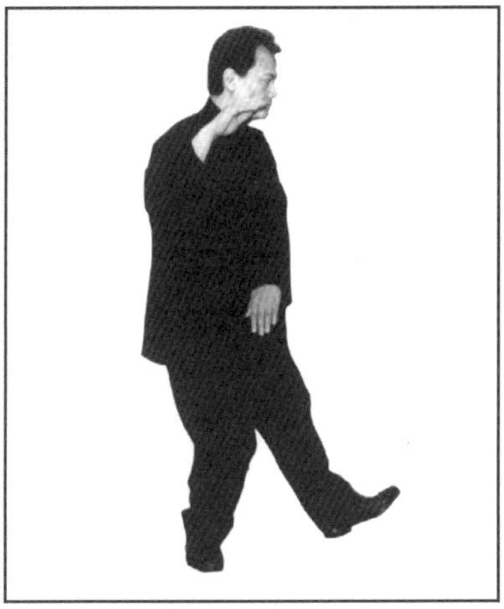

圖五〇

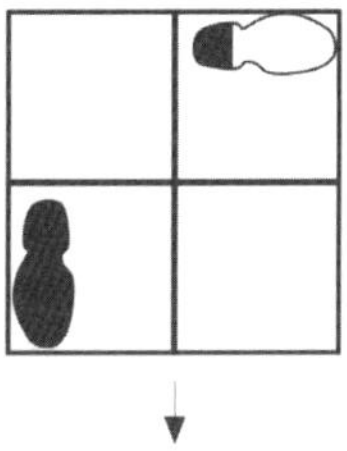

順序	左摟膝拗步之三
對應動作・腰胯	保持前姿定勢。
對應動作・下肢	左腳提起，向左前方平移一步，腳跟著地，腳尖上翹。
對應動作・上肢	保持前姿定勢。
圖號	五〇

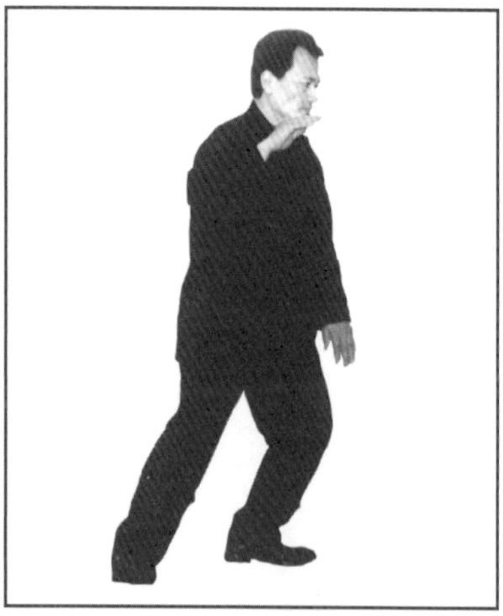

圖五一

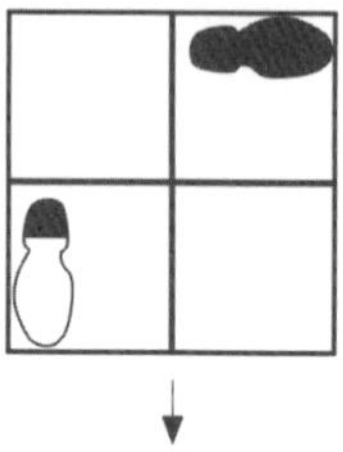

順序	左摟膝拗步之四
對應動作 腰胯	鬆右胯，坐左胯。
對應動作 下肢	身體重量逐漸由右腳平送移付左腳（腳掌隨勢落地），屈膝落實；使右腳成虛，腳尖微翹。
對應動作 上肢	左手保持鬆垂，隨勢平移至左胯前。
圖號	五一

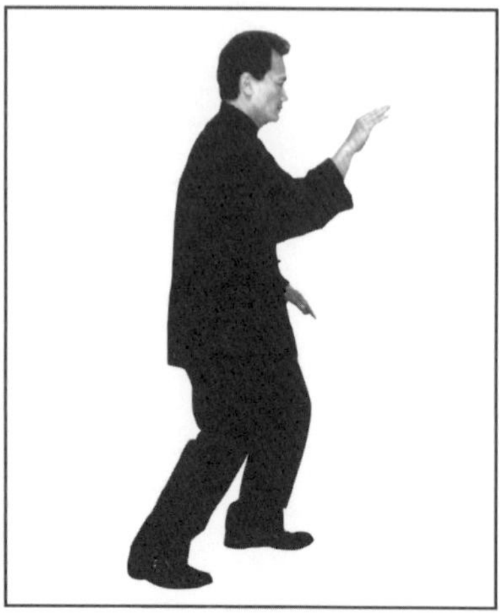

圖五二

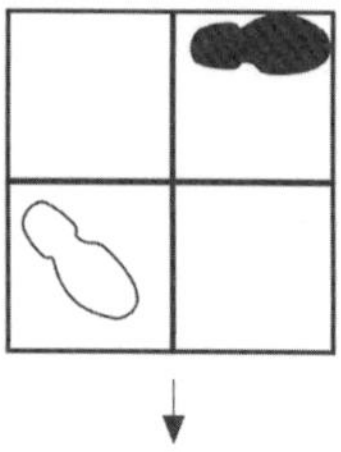

順序	左摟膝拗步之五
對應動作 腰胯	左腳落實之剎那，以左胯爲軸心，上身保持中正，由腰帶動，向左轉正。
對應動作 下肢	右腳跟保持著地，腳尖隨腰胯左轉四十五度後落地。
對應動作 上肢	右手成美人手狀，腕部約與肩平，落肘隨勢前按；左手則向左膝作摟開狀，同時平移至左大腿外側，左腕並內旋四分之一圈，使掌心向後。
圖號	五二

十二、「手揮琵琶」

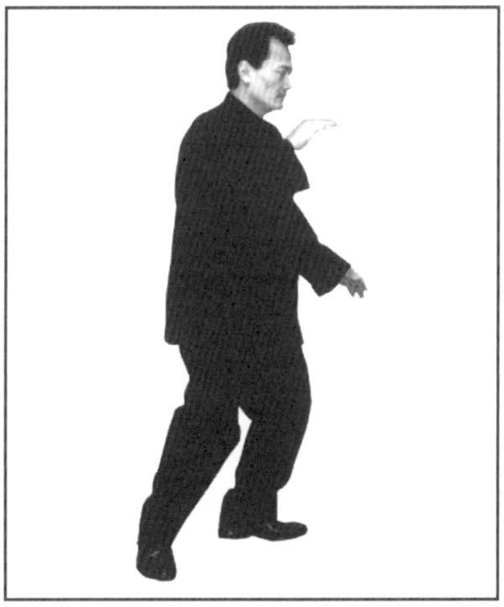

圖五三

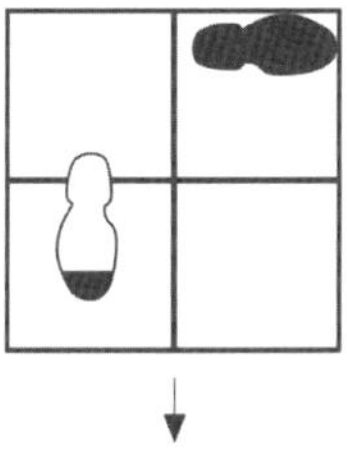

順序		手揮琵琶之一
對應動作	腰胯	以左胯為軸心，上身保持中正，由腰帶動，向右旋轉約四十五度。
	下肢	右腳尖保持點地，腳跟上提，隨勢內旋四十五度。
	上肢	右肘隨勢略回收，右手小臂並略降，使掌心向下；左手同時盪移至左大腿前。
圖號		五三

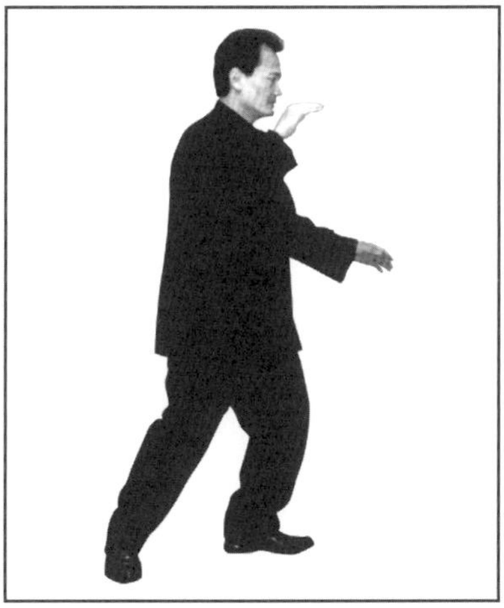

圖五四

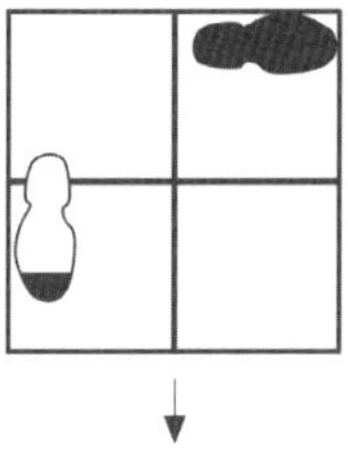

順序		手揮琵琶之二
對應動作	腰胯	保持前姿定勢。
	下肢	右腳提起，後退半步，腳尖點地。
	上肢	保持前姿定勢。
圖號		五四

圖五五

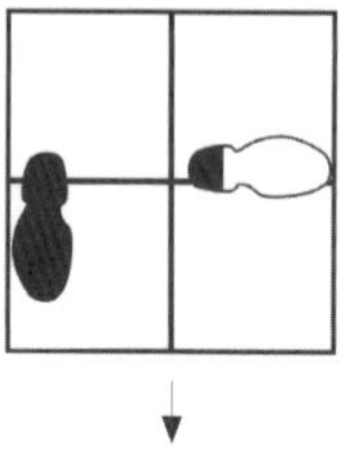

順序	手揮琵琶之三
對應動作 腰胯	鬆左胯，坐右胯。
對應動作 下肢	身體重量逐漸由左腳平送後移右腳（腳跟隨勢落地），屈膝落實；使左腳成虛，並即向右平移小半步（腳跟著地，腳尖上翹，方向朝前）。
對應動作 上肢	隨後坐之勢，左手小臂提升平胸，左腕並內旋四分之一圈，使掌心向右；右手小臂亦隨勢降落，右肘回收至右脅外側，右腕同時內旋四分之一圈，使掌心向左（與左肘相對應）；兩手略有合意，成懷抱琵琶彈奏狀。
圖號	五五

左摟膝拗步

圖五六

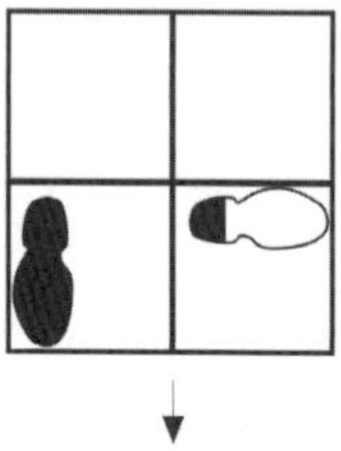

順序	左摟膝拗步之一
對應動作 腰胯	以右胯爲軸心，上身保持中正，由腰帶動向右旋轉到底。
對應動作 下肢	保持前姿定勢。
對應動作 上肢	兩臂鬆落，隨勢向右後下方盪移，右手盪移至右臂後（右腕內旋四分之一圈，使掌心朝前）；左手盪止於右胯前（左腕外旋二分之一圈，使掌心向左）。
圖號	五六

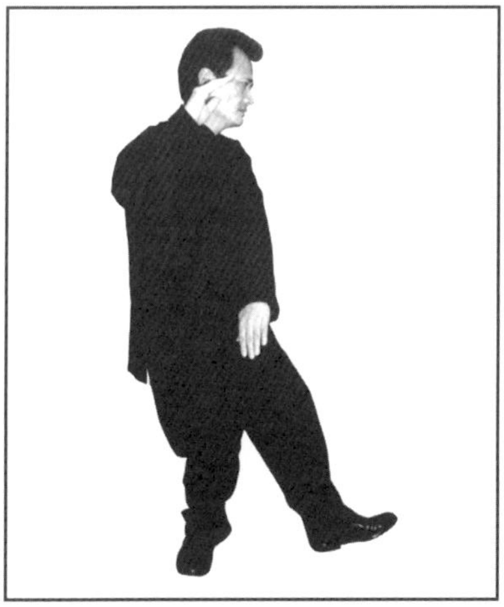

圖五七

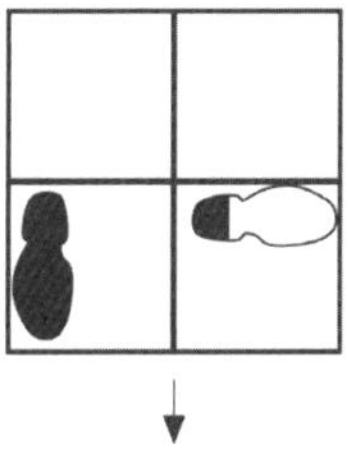

順序	左摟膝拗步之二
對應動作：腰胯	腰胯向右旋轉，到底之剎那，復向左回轉。
對應動作：下肢	保持前姿定勢。
對應動作：上肢	右手於右後側方，由下而上繞一半圈，掌心朝前，邊升至右耳外側，成豎掌。
圖號	五七

圖五八

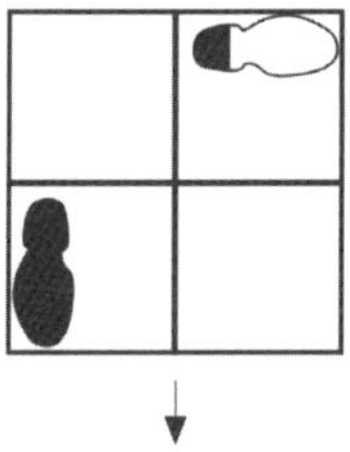

順序	左摟膝拗步之三
對應動作：腰胯	保持前姿定勢。
對應動作：下肢	左腳提起，向左前方平移一步，腳跟著地，腳尖上翹。
對應動作：上肢	保持前姿定勢。
圖號	五八

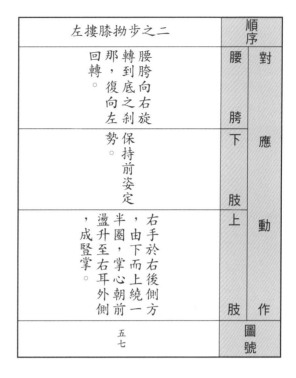

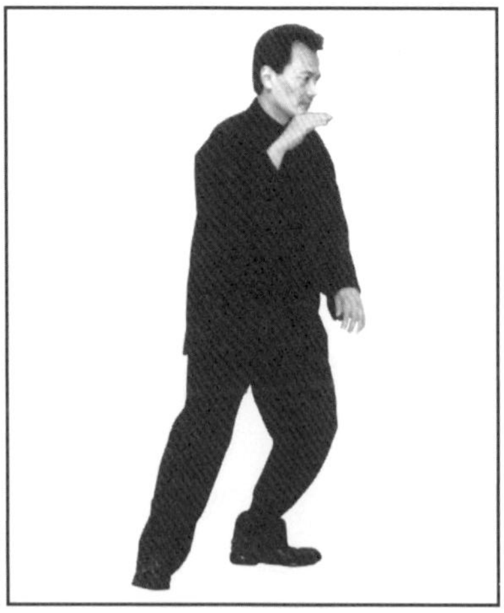

圖五九

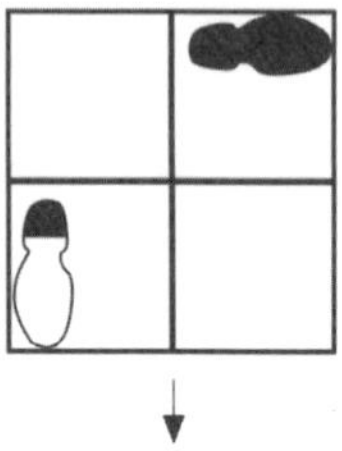

順序	左摟膝拗步之四
對應動作 腰胯	鬆右胯，坐左胯。
對應動作 下肢	身體重量逐漸由右腳平送移付左腳（腳掌隨勢落地），屈膝落實；使右腳成虛，腳尖微翹。
對應動作 上肢	左手保持鬆垂，隨勢平移至左胯前。
圖號	五九

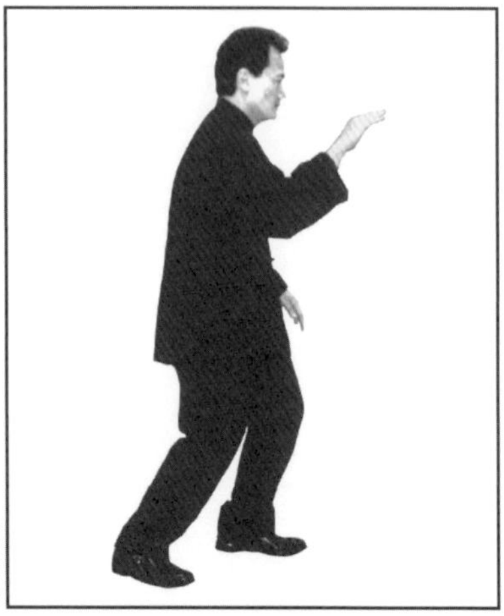

圖六〇

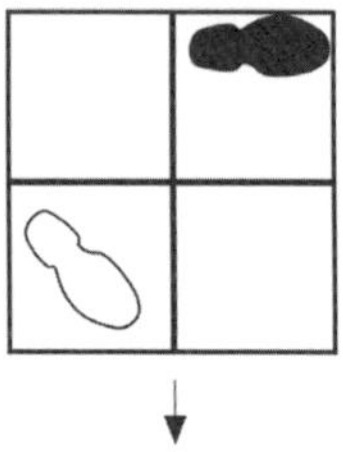

順序	左摟膝拗步之五
對應動作 腰胯	左腳落實之剎那，以左胯為軸心，上身保持中正，由腰帶動，向左轉正。
對應動作 下肢	右腳跟保持著地，腳尖隨腰胯左轉四十五度後落地。
對應動作 上肢	右手成美人手狀，腕部約與肩平，落肘隨勢前按；左手則向左膝作摟開狀，隨勢平移至左大腿外側，左腕並內旋四分之一圈，使掌心向後。
圖號	六〇

十三、「進步搬攔捶」

圖六一

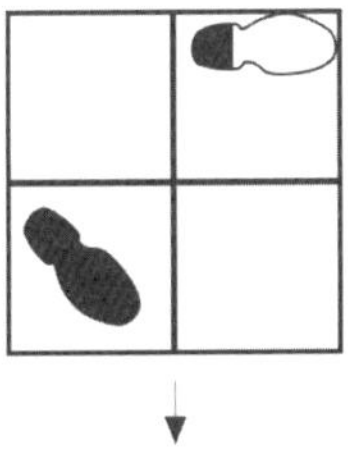

順序		進步搬攔捶之一
對應動作	腰胯	鬆左胯，坐右胯。
	下肢	身體重量逐漸由左腳平送移付右腳，屈膝落實；使左腳成虛，腳尖微翹。
	上肢	保持前姿定勢。
圖號		六一

圖六二

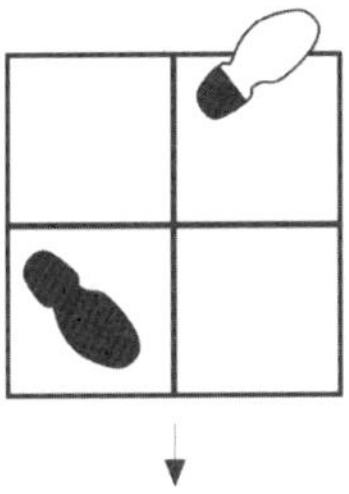

順序		進步搬攔捶之二
對應動作	腰胯	以右胯爲軸心，上身保持中正，由腰帶動，向左旋轉約四十五度。
	下肢	左腳跟保持著地，腳尖隨腰胯左轉四十五度。
	上肢	右手隨勢鬆落，盪移至左胯前，掌心向後；左手同時盪移至左臂側，左腕並內旋二分之一圈，使掌心朝前。
圖號		六二

圖六三

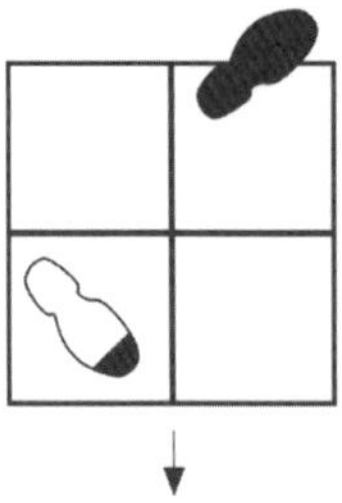

順序	進步搬攔捶之三
對應動作・腰胯	鬆右胯，坐左胯。
對應動作・下肢	身體重量逐漸由右腳平送移付左腳（腳掌隨勢落地），屈膝落實；使右腳成虛，腳跟略上提，腳尖保持點地。
對應動作・上肢	右手隨勢由「掌」變「拳」。
圖號	六三

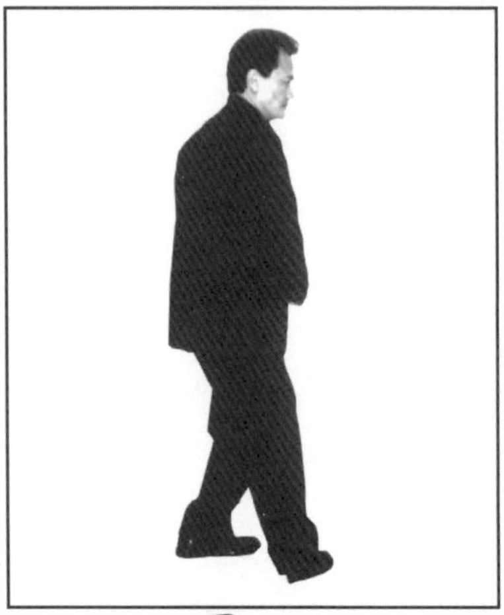

圖六四

順序	進步搬攔捶之四
對應動作・腰胯	左胯略向右沈轉。
對應動作・下肢	右腳隨勢提起，向右前方平移一步，腳跟著地，腳尖上翹朝右。
對應動作・上肢	保持前姿定勢，僅隨腰胯轉動，略向右平移。
圖號	六四

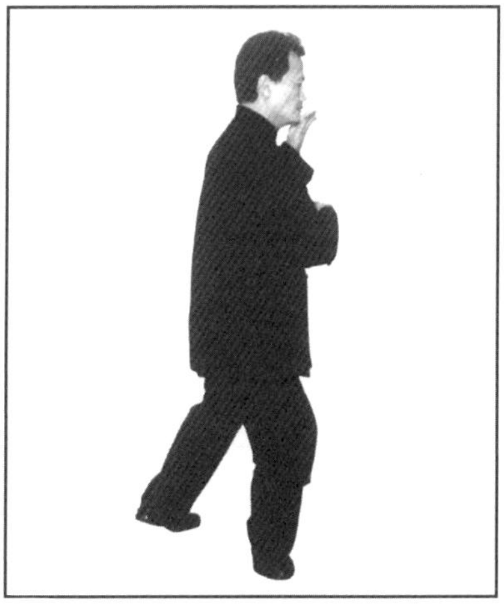

圖六五

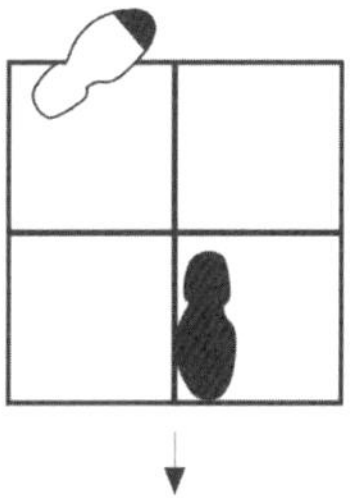

順序		進步搬攔捶之五
對應動作	腰胯	鬆左胯，坐右胯。
	下肢	身體重量逐漸由左腳平送移付右腳（腳掌隨勢落地），屈膝落實；使左腳成虛，腳跟略上提。
	上肢	右拳隨勢落肘提升，橫於胸前，拳心向後；左手同時於左後側方，由下繞圈而上，止於左耳外側，成豎掌，掌心朝前。
圖號		六五

圖六六

順序		進步搬攔捶之六
對應動作	腰胯	以右胯為軸心，上身保持中正，由腰帶動，向右旋轉。
	下肢	保持前姿定勢。
	上肢	右肘略落，並以之為軸心，隨腰胯右旋之勢翻轉右拳，使拳背由左至右上繞半圈後下落，復拉回至右腰側，至定勢時，拳心向上，虎口朝右（謂之﹁搬﹂）；左手豎掌同時隨勢向前出擊（或拍、或按、或截皆可，隨勢應變，謂之﹁攔﹂）。
圖號		六六

圖六七

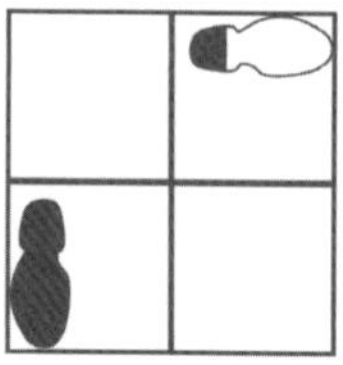

↓

順序	進步搬攔捶之七
對應動作　腰胯	腰胯續向右旋轉到底。
對應動作　下肢	左腳提起，隨勢向前平移一步，以腳跟著地，腳尖上翹朝前。
對應動作　上肢	右拳隨勢鬆落，止於右大腿外側，右腕同時外旋四分之一圈，使拳背向右，虎口朝前；左手仍保持豎掌，掌心朝前，手臂略沈，隨腰胯盪轉略前向右平移，前伸於胸前。
圖號	六七

圖六八

↓

順序	進步搬攔捶之八
對應動作　腰胯	鬆右胯，坐左胯。
對應動作　下肢	身體重量逐漸由右腳平送移付左腳（腳掌隨勢落地），屈膝落實；使右腳成虛，腳尖微翹。
對應動作　上肢	右拳隨勢提升平腰；左手小臂同時回收胸前，左腕並內旋四分之一圈，使掌心向後，成左掤手狀。
圖號	六八

圖六九

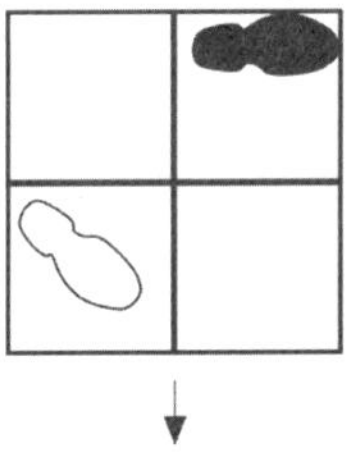

順序		進步搬攔捶之九
對應動作	腰胯	左腳落實之剎那，以左胯為軸心，上身保持中正，由腰帶動，向左轉正。
	下肢	右腳跟保持著地，腳尖隨腰胯左轉四十五度後落地。
	上肢	右拳隨勢向前衝擊（謂之「捶」）；左臂仍保持掤手不變。
圖號		六九

十四、「如封似閉」

圖七〇

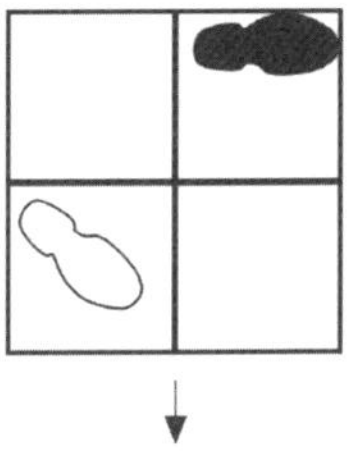

順序		如封似閉之一
對應動作	腰胯	以左胯為軸心，上身保持中正，由腰帶動，略向左沈轉。
	下肢	保持前姿定勢。
	上肢	右拳隨勢鬆開成掌（掌心向左），並略前伸；左腕同時內旋四分之一圈，使左掌心朝上，下落於右肘之後。
圖號		七〇

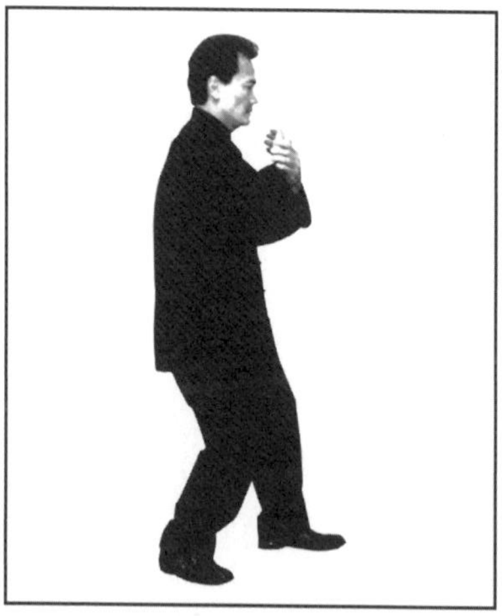

圖七一

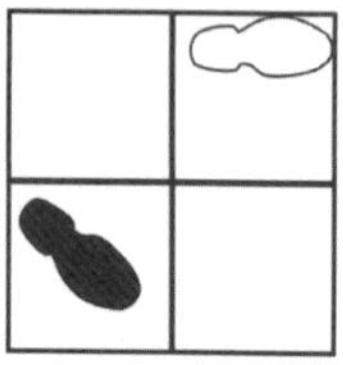

順序		如封似閉之二
對應動作	腰胯	鬆左胯，坐右胯。
	下肢	身體重量逐漸由左腳平送移付右腳，屈膝落實；使左腳成虛。
	上肢	右腕內旋四分之一圈，使掌心朝上，隨小臂向左平移；左掌同時沿右肘至右腕移動，使兩腕相互交疊後，同時落肘回收於胸前（謂之「封」）。
圖號		七一

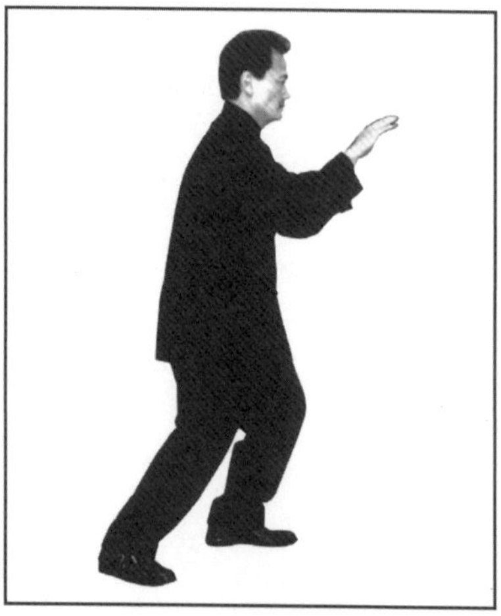

圖七二

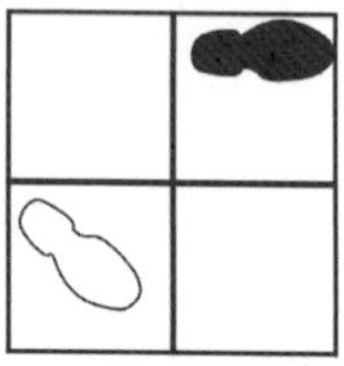

順序		如封似閉之三
對應動作	腰胯	鬆右胯，坐左胯。
	下肢	身體重量逐漸由右腳平送移付左腳，屈膝落實；使右腳成虛。
	上肢	兩腕先左右分開平肩後，復各自外旋二分之一圈，使掌心皆朝前，落肘隨勢向前按去（謂之「閉」）。
圖號		七二

十五、「轉身十字手」

圖七三

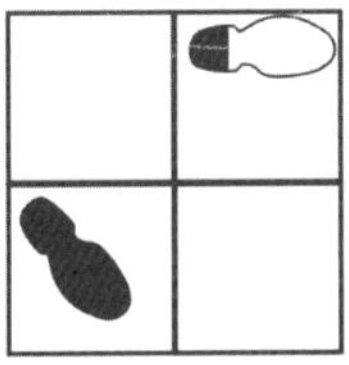

順序		轉身十字手之一
對應動作	腰胯	鬆左胯，坐右胯。
	下肢	身體重量逐漸由左腳平送移付右腳，屈膝落實；使左腳成虛，腳尖微翹。
	上肢	兩肘順勢拉回近脅，雙手同時平落至胸前，掌心向下。
圖號		七三

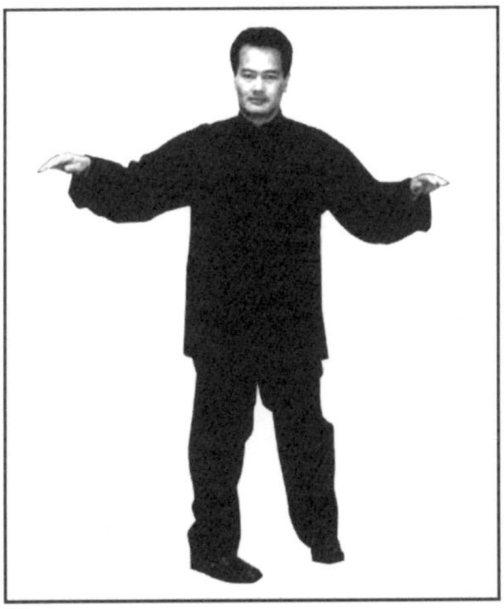

圖七四

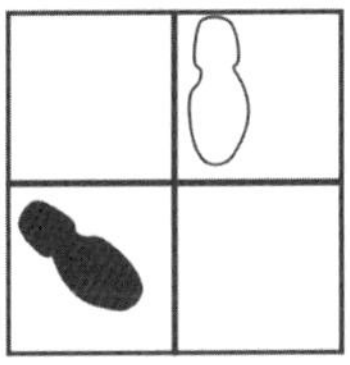

順序		轉身十字手之二
對應動作	腰胯	以右胯爲軸心，上身保持中正，由腰帶動，向右旋轉至面向正右方。
	下肢	左腳保持著地，腳尖隨腰胯右轉九十度後落地。
	上肢	兩臂隨勢分別逐漸向左右展開（如蛙式游泳之動作）。
圖號		七四

圖七五

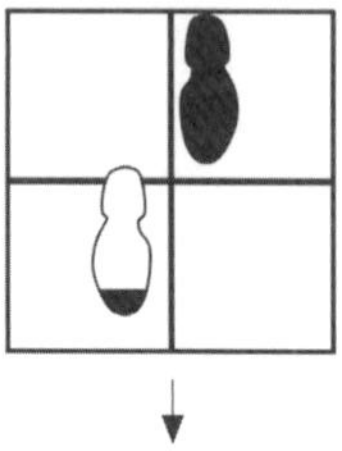

順序		轉身十字手之三
對應動作	腰胯	鬆右胯，坐左胯。
	下肢	身體重量逐漸由右腳平送移付左腳，屈膝落實；使右腳成虛，腳尖保持點地，腳跟略上提，並內旋四十五度（不落地），使雙腳一前一後成平行狀。
	上肢	雙手順勢下落，掌心皆向後，交叉於小腹前（右手在內，左手在外），並續提升至胸前（左手在內，右手在外）；提升時，兩腕並各自內旋四分之一圈，以維持掌心向後。
圖號		七五

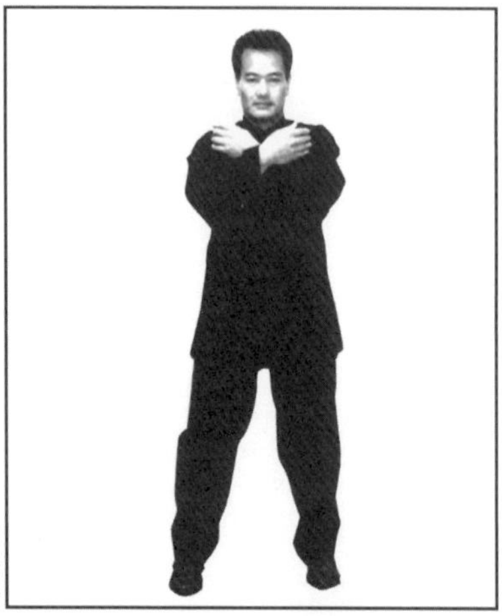

圖七六

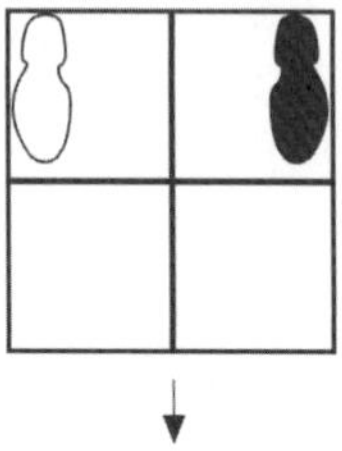

順序		轉身十字手之四
對應動作	腰胯	保持前姿定勢。
	下肢	右腳向右後側方平移回收（腳尖先點地，再將全腳掌放落），使雙腳平行，距離同肩寬。
	上肢	保持前姿定勢。
圖號		七六

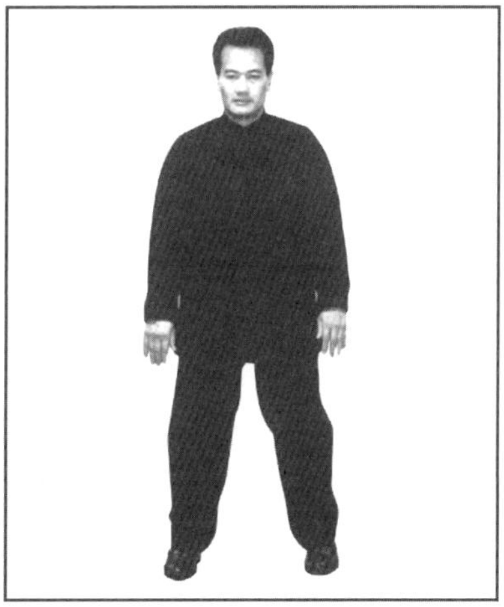

圖七七

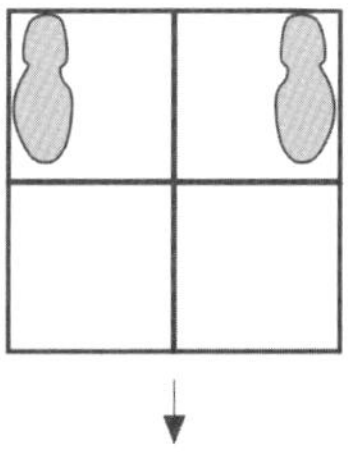

順序		轉身十字手之五
對應動作	腰胯	兩胯微坐。
	下肢	重心復平正回移至雙腳中間，身體重量平均落於雙腳，不分虛實。
	上肢	肘部保持不動，兩腕各自外旋四分之一圈，使掌心向下後，即左右分開平肩；雙手小臂並隨勢按落，腕背上翹，掌如漂浮水中狀，至兩大腿外側後，復將腕部鬆落（掌指自然下垂，中指微向前引）。
圖號		七七

十六、「抱虎歸山」

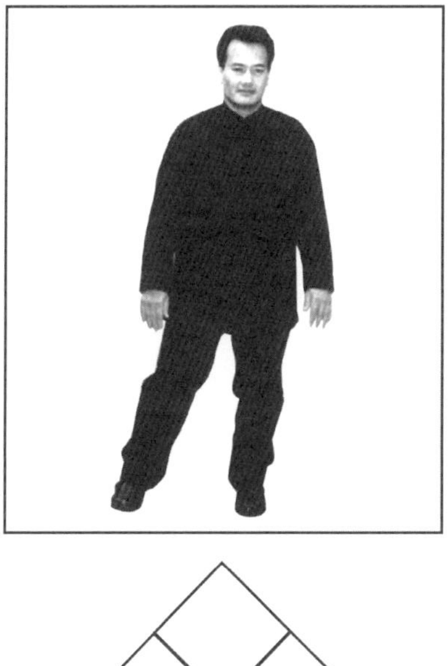

圖七八

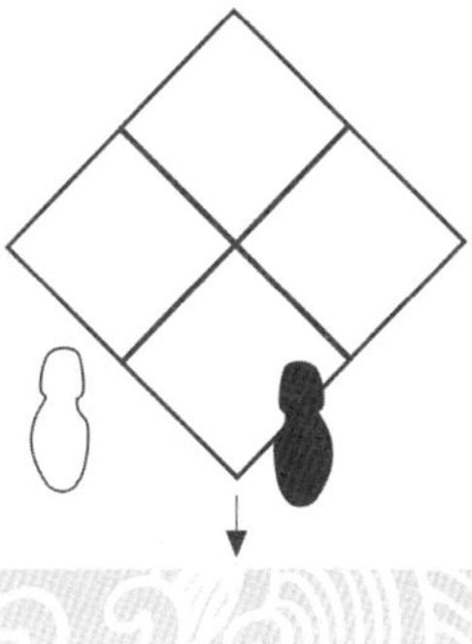

順序		抱虎歸山之一
對應動作	腰胯	鬆右胯，坐左胯。
	下肢	身體重量緩慢平移至左腳，屈膝落實；使右腳成虛。
	上肢	保持前姿定勢。
圖號		七八

圖七九

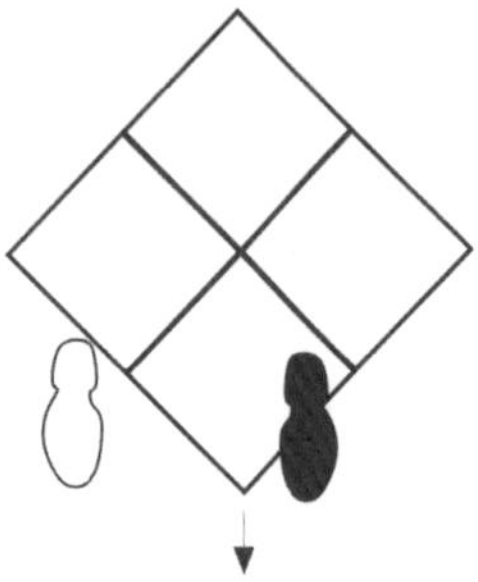

順序	抱虎歸山之二
對應動作：腰胯	以左胯爲軸心，上身保持中正，由腰帶動，向左旋轉到底。
對應動作：下肢	保持前姿定勢。
對應動作：上肢	右腕外旋四分之一圈，使掌心向左，隨勢遷移至左胯前；左腕同時內旋二分之一圈，使掌心朝前，平遷至左臀後。
圖號	七九

圖八〇

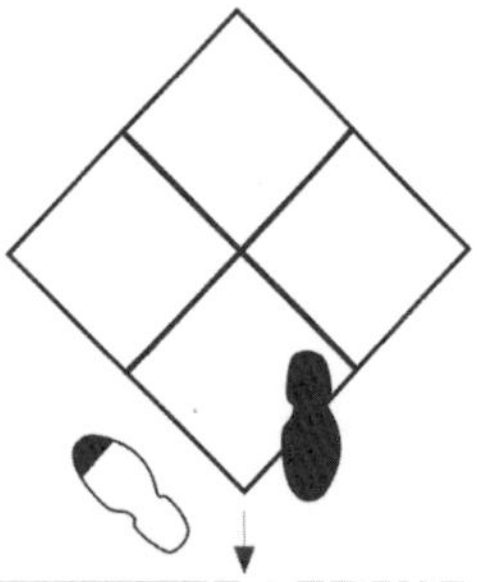

順序	抱虎歸山之三
對應動作：腰胯	腰胯向左旋轉到底之剎那，復向右回轉至面向正右方。
對應動作：下肢	右腳尖保持點地，腳跟提起隨勢內旋一三五度。
對應動作：上肢	左手於左後側方，由下而上繞一半圈，掌心朝前遷升至左耳外側，肘略落，成豎掌狀。
圖號	八〇

圖八一

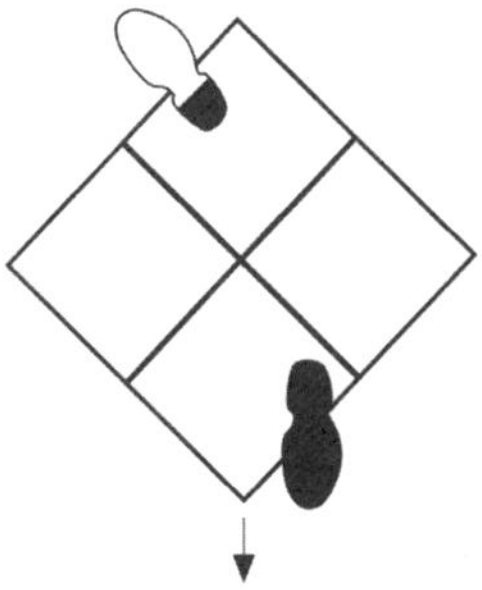

順序	抱虎歸山之四
對應動作 腰胯	保持前姿定勢。
對應動作 下肢	右腳提起，向左腳後側方平退一大步，腳跟著地，腳尖上翹（兩腳跟打開成一三五度）。
對應動作 上肢	保持前姿定勢。
圖號	八一

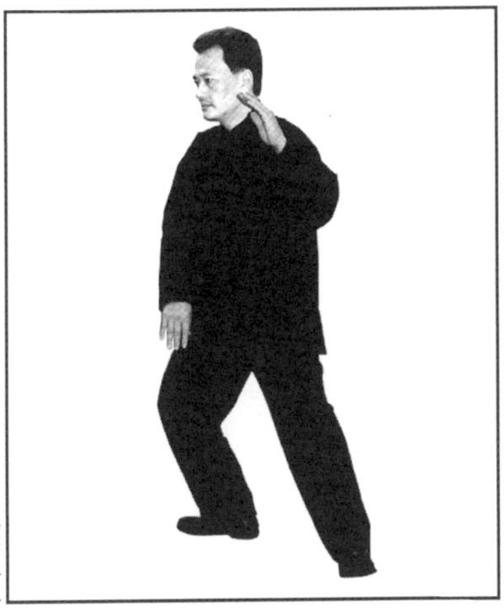

圖八二

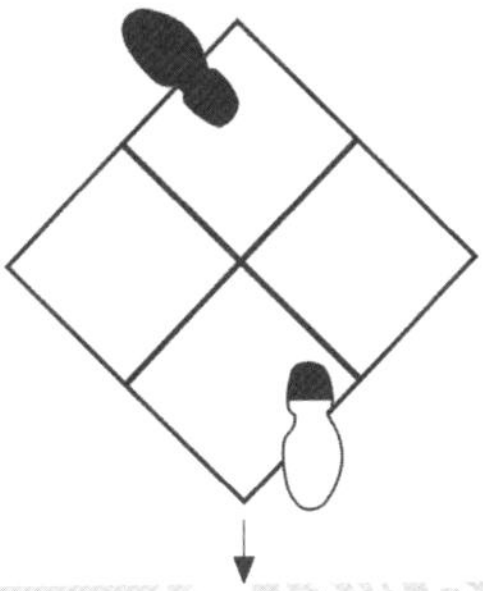

順序	抱虎歸山之五
對應動作 腰胯	鬆左胯，坐右胯。
對應動作 下肢	身體重量逐漸由左腳平送移付右腳（腳掌隨勢落地），屈膝落實；使左腳成虛，腳尖微翹。
對應動作 上肢	左手保持豎掌不動；右手則隨勢盪移至右胯前。
圖號	八二

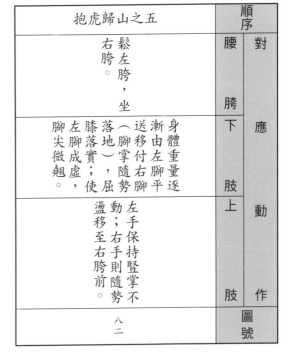

攬雀尾之二—攌

圖八三

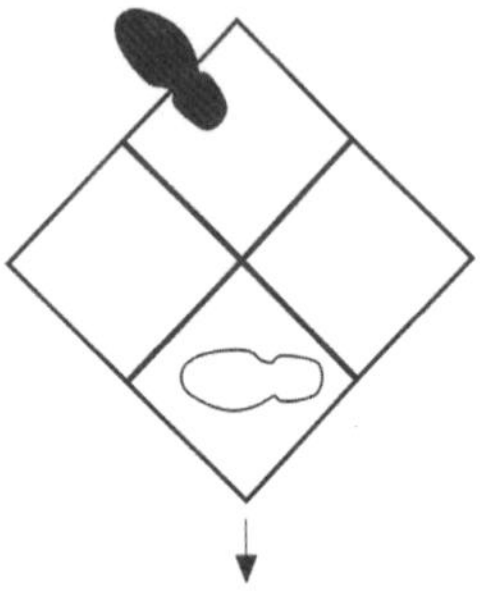

順序	抱虎歸山之六
對應動作・腰胯	右腳落實之剎那，以右胯爲軸心，上身保持中正，由腰帶動，向右轉正。
對應動作・下肢	左腳跟保持著地，腳尖隨腰胯右轉九十度後落地。
對應動作・上肢	右手隨勢向右膝作摟開狀後，平移至右大腿外側，右腕同時內旋四分之三圈，使掌心朝上；左手則保持豎掌，隨勢前按。
圖號	八三

圖八四

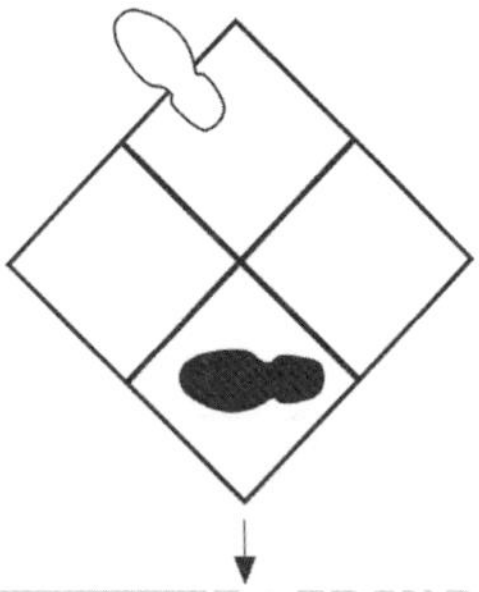

順序	攌之一
對應動作・腰胯	鬆右胯，坐左胯。
對應動作・下肢	身體重量逐漸由右腳平送移付左腳，屈膝落實；使右腳成虛。
對應動作・上肢	右手小臂隨勢由下而上拉升，至右胸前成豎掌，右腕同時外旋四分之一圈，使掌心向左；左手小臂隨勢由左至右橫落胸前，左腕亦同時內旋二分之一圈，使掌心朝上，貼近右肘。
圖號	八四

圖八五

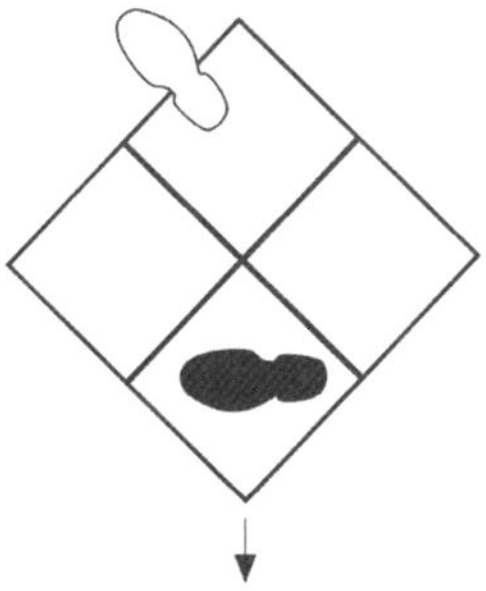

順序	擺之二
對應動作 腰胯	以左胯爲軸心，上身保持中正，由腰帶動，向左後方旋轉到底。
對應動作 下肢	保持前姿定勢。
對應動作 上肢	保持前姿定勢，僅隨腰胯轉動，向左平移。
圖號	八五

圖八六

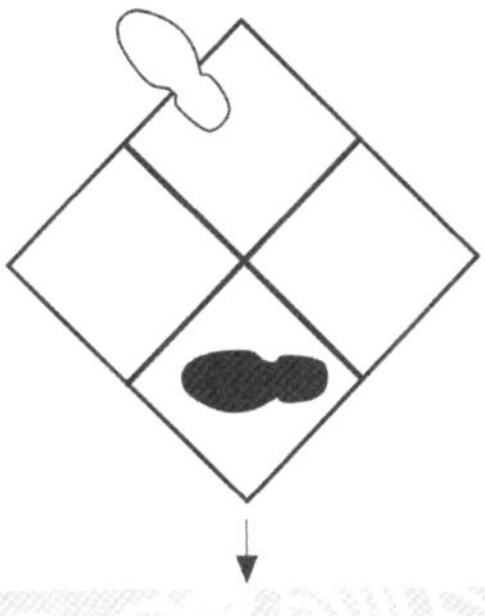

順序	擺之三
對應動作 腰胯	保持前姿定勢。
對應動作 下肢	保持前姿定勢。
對應動作 上肢	腰胯向左後方旋轉到底，至轉不動之剎那，兩臂隨勢向左下方鬆垂盪落；右手掌心向後，盪止於左大腿外側；左手掌心朝前，盪至左臀後。
圖號	八六

順序	擠之一
對應動作・腰胯	鬆左胯，坐右胯。
對應動作・下肢	身體重量逐漸由左腳平送移付右腳，屈膝落實；使左腳成虛。
對應動作・上肢	右手小臂隨勢由下而上，落肘提升至胸前，掌心向後成掤手狀；左手小臂同時於左後側方，由下而上繞一半圈，使成豎掌，移位於左耳外側，掌心朝前。
圖號	八七

圖八七

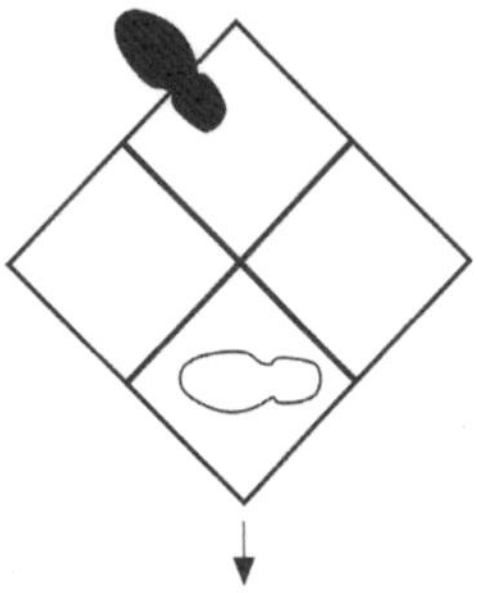

順序	擠之二
對應動作・腰胯	右腳落實之剎那，以右胯爲軸心，上身保持中正，由腰帶動，向右轉正。
對應動作・下肢	保持前姿定勢。
對應動作・上肢	左掌心隨勢逐漸接近右手，並貼上右掌心（雙掌相貼之處爲左掌左半部及右掌下半部），並續落肘往前推送，至距胸前一尺處。
圖號	八八

圖八八

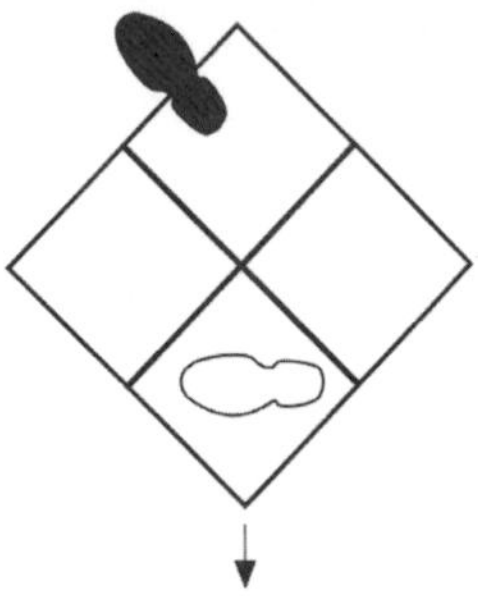

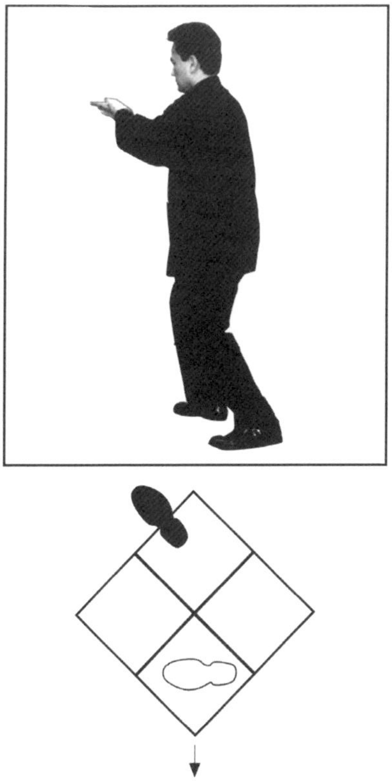
圖八九

順序		按之一
對應動作	腰胯	保持前姿定勢。
	下肢	保持前姿定勢。
	上肢	右腕外旋二分之一圈，使右掌心向下；左掌心則輕貼於右掌背之上。
圖號		八九

圖九○

順序		按之二
對應動作	腰胯	鬆右胯，坐左胯。
	下肢	身體重量逐漸由右腳平送移付左腳，屈膝落實；使右腳成虛。
	上肢	雙手隨勢左右分開（高低與肩平、距離同肩寬），兩肘同時略降，拉回近兩脅外側，使雙手掌心朝前，成豎掌狀（距雙肩約八吋處）。
圖號		九○

圖九一

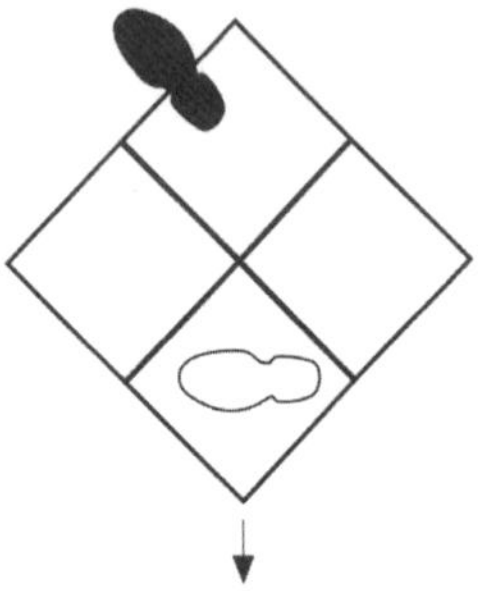

順序	按之三
對應動作 腰胯	鬆左胯，坐右胯。
對應動作 下肢	身體重量逐漸由左腳平送移付右腳，屈膝落實；使左腳成虛。
對應動作 上肢	兩臂保持豎掌，向前平送（至定勢時，除左手左腳外，餘皆應符「外三合」之要求）。
圖號	九一

斜單鞭

圖九二

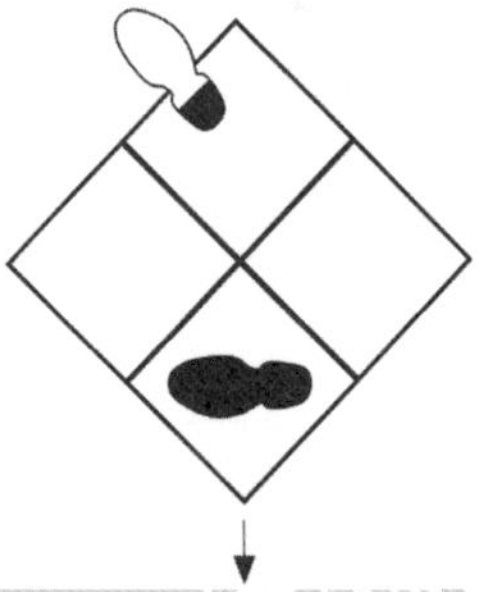

順序	斜單鞭之一
對應動作 腰胯	鬆右胯，坐左胯。
對應動作 下肢	身體重量逐漸由右腳平送移付左腳，屈膝落實；使右腳成虛，腳尖微翹。
對應動作 上肢	兩肘隨勢略往回拉，雙手同時平落至胸前，掌心向下。
圖號	九二

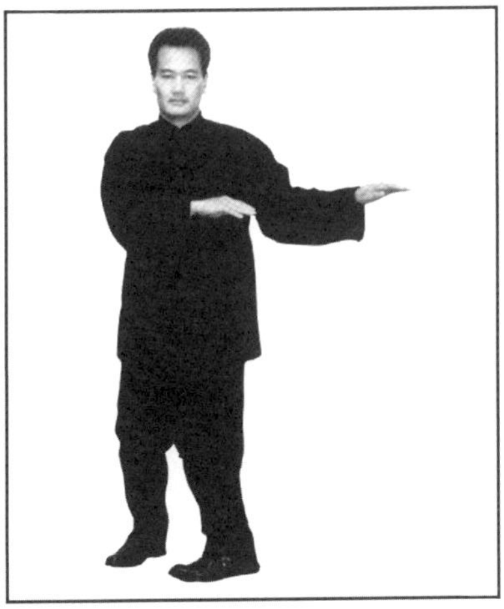

圖九三

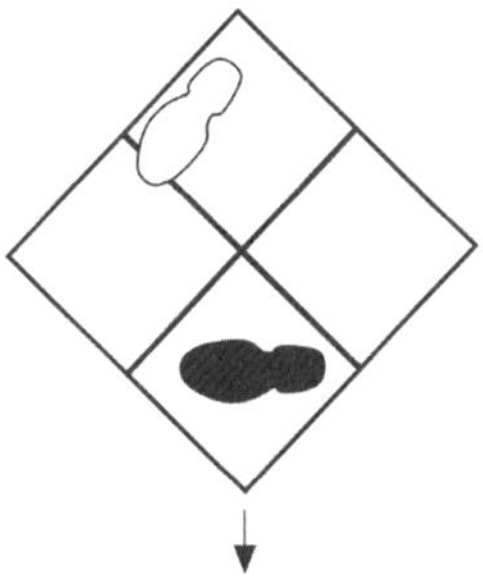

順序		斜單鞭之二
對應動作	腰胯	以左胯爲軸心，上身保持中正，由腰帶動向左旋轉到底。
	下肢	右腳跟保持著地，腳尖隨腰胯左轉九十度後落地。
	上肢	雙手小臂隨勢向左平移，使右手小臂橫置胸前，左手小臂則與之平行，移位於身體左側。
圖號		九三

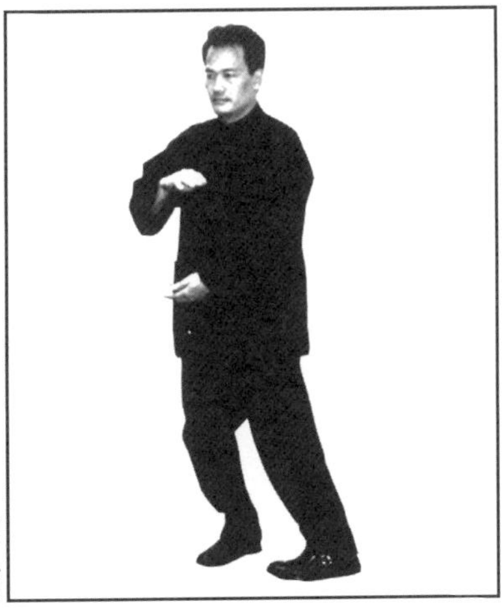

圖九四

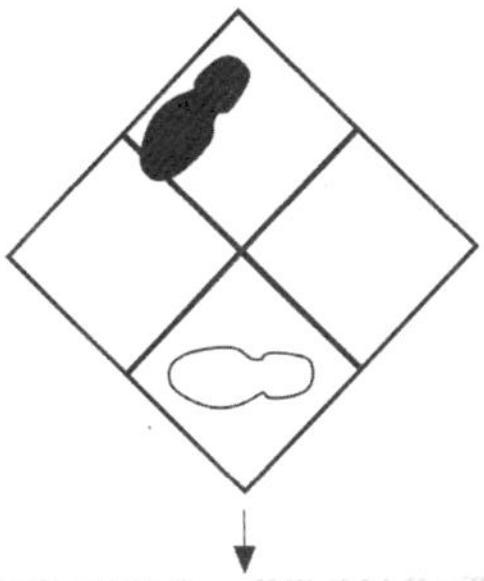

順序		斜單鞭之三
對應動作	腰胯	鬆左胯，坐右胯。
	下肢	身體重量逐漸由左腳平送移付右腳，屈膝落實；使左腳成虛。
	上肢	鬆落左臂，左腕並內旋二分之一圈，使掌心朝上，隨勢盪移至右胯前；右臂同時略向右回收，使右手平移至右腋前；雙手成合抱狀。
圖號		九四

圖九五

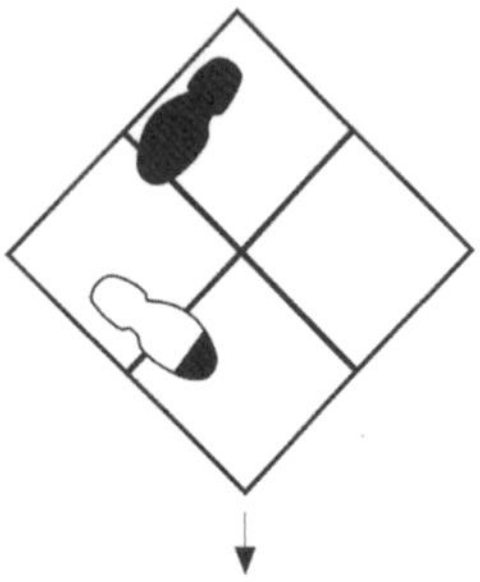

順序		斜單鞭之四
對應動作	腰胯	以右胯爲軸心，上身保持中正，由腰帶動，向右旋轉到底；至轉不動時，復向左回轉。
	下肢	腰胯右轉時，左腳爲虛，仍鬆貼於地不動；腰胯向左回轉時，左腳尖保持點地，腳跟提起，隨勢内旋一三五度。
	上肢	腰胯右轉時，保持前姿定勢，僅隨腰胯轉動向右平移；腰胯向左回轉時，左腕外旋四分之一圈，使掌心向後，小臂同時由下而上斜盪至胸前，成掤手狀；右手則自腕垂落，五指趁勢聚攏成吊手，同時向身體右側方伸展。
圖號		九五

圖九六

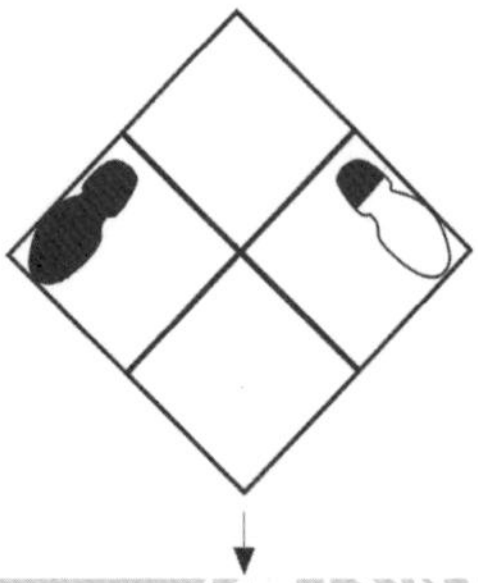

順序		斜單鞭之五
對應動作	腰胯	保持前姿定勢。
	下肢	左腳提起，向左前方平移一步（與「抱虎歸山」成一八○度相反方向），腳跟著地，腳尖上翹。
	上肢	保持前姿定勢。
圖號		九六

圖九七

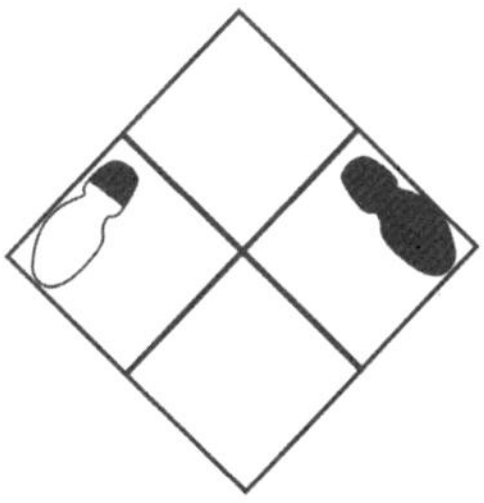

順序	斜單鞭之六
對應動作・腰胯	鬆右胯，坐左胯。
對應動作・下肢	身體重量逐漸由右腳平送移付左腳（腳掌隨勢落地），屈膝落實；使右腳成虛，腳尖微翹。
對應動作・上肢	保持前姿定勢。
圖號	九七

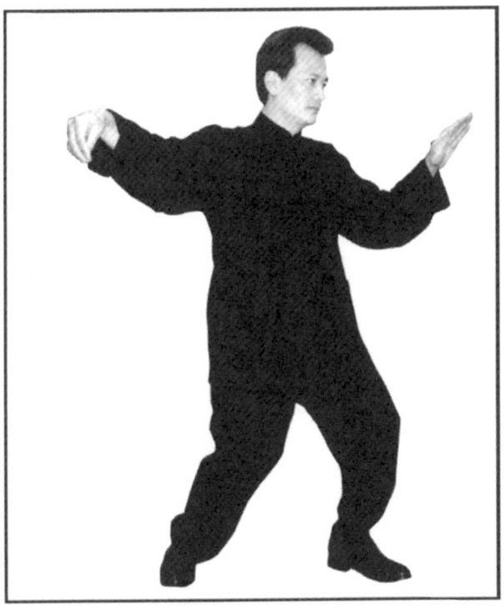

圖九八

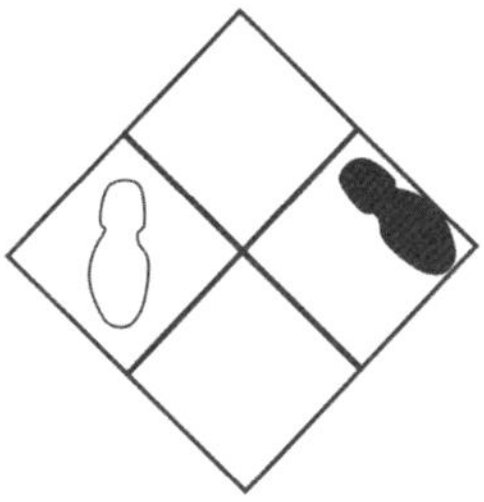

順序	斜單鞭之七
對應動作・腰胯	左腳落實之剎那，以左胯爲軸心，上身保持中正，由腰帶動，向左轉正。
對應動作・下肢	右腳跟保持著地，腳尖隨腰胯左轉四十五度後落地。
對應動作・上肢	左臂隨勢落肘向左揮移前伸於左胸前，左腕同時外旋四分之一圈，使掌心朝前下按；右吊手則保持原勢，隨腰胯轉動，向右方伸展（兩臂伸展方向成九十度）。
圖號	九八

十七、「肘底捶」

順序	肘底捶之一
對應動作・腰胯	鬆左胯，坐右胯。
對應動作・下肢	身體重量逐漸由左腳平送移付右腳，屈膝落實；使左腳成虛，腳尖微翹。
對應動作・上肢	兩肩微沈，兩肘略落；右吊手鬆開，腕背平伸成美人手狀；左手略下落，平伸於左胸前；雙手掌心皆向下。
圖號	九九

圖九九

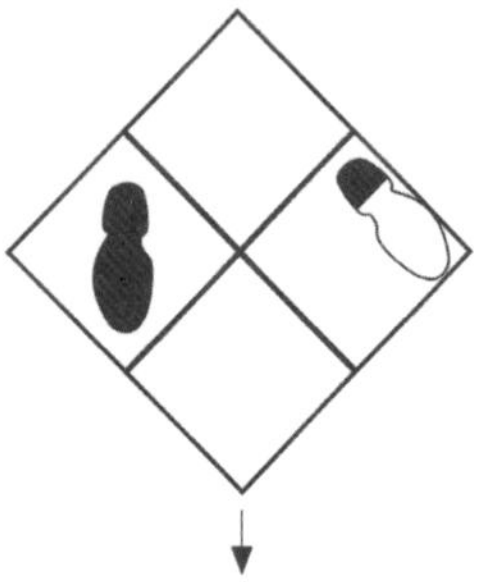

順序	肘底捶之二
對應動作・腰胯	以右胯爲軸心，上身保持中正，由腰帶動，略向左轉至面向左方。
對應動作・下肢	左腳跟著地，腳尖隨勢左轉四十五度。
對應動作・上肢	保持前姿定勢，僅隨腰胯轉動，略向左平移。
圖號	一〇〇

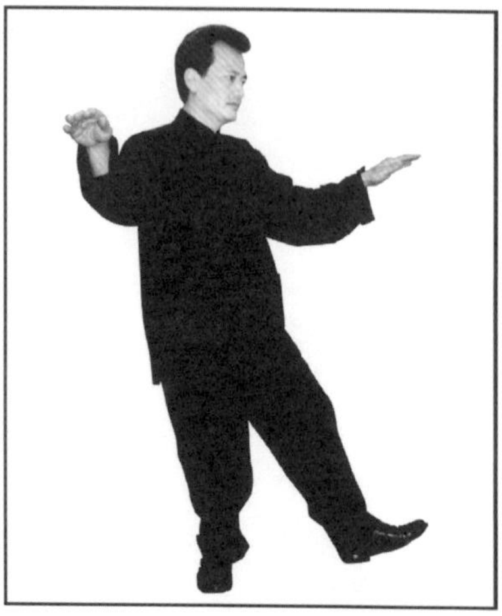
圖一〇〇

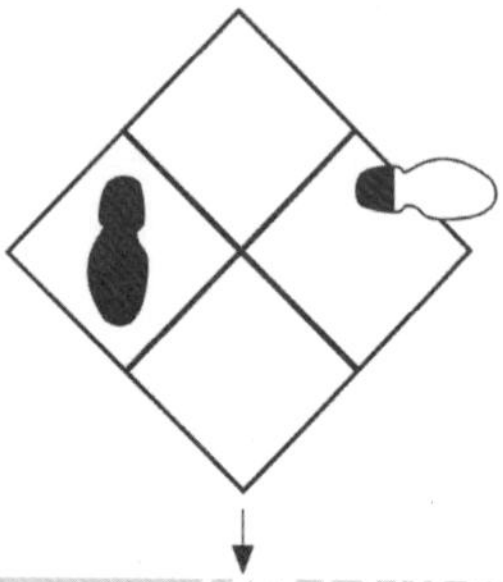

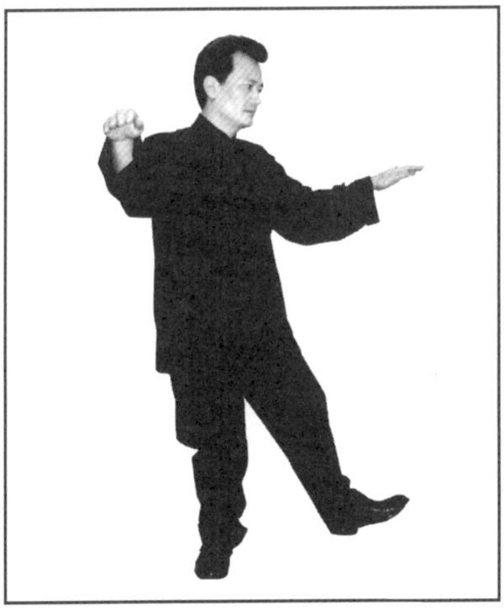

圖一〇一

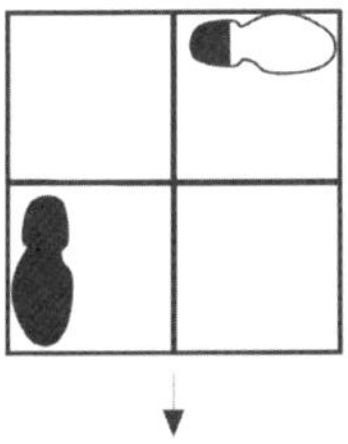

順序	肘底捶之三
對應動作：腰胯	保持前姿定勢。
對應動作：下肢	左腳提起，向左平移半步落地，腳尖仍保持上翹（與右腳尖方向成九十度）。
對應動作：上肢	保持前姿定勢。
圖號	一〇一

圖一〇二

順序	肘底捶之四
對應動作：腰胯	鬆右胯，坐左胯。
對應動作：下肢	身體重量逐漸由右腳平送移付左腳（腳掌隨勢落地），屈膝落實；使右腳成虛，腳跟略上提。
對應動作：上肢	保持前姿定勢。
圖號	一〇二

圖一〇三

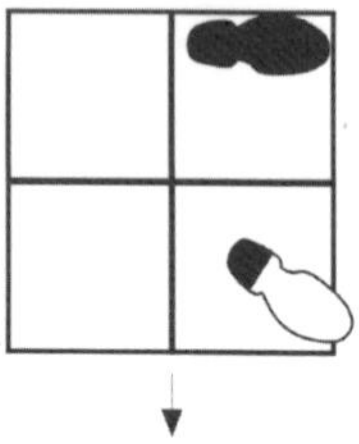

順序	肘底捶之五
對應動作 腰胯	以左胯爲軸心，上身保持中正，由腰帶動，向左旋轉四十五度。
對應動作 下肢	右腳提起，隨勢貼地向前平移一步，後，以腳跟著地，兩腳尖方向成四十五度。
對應動作 上肢	保持前姿定勢，僅隨腰胯轉動，續向左平移。
圖號	一〇三

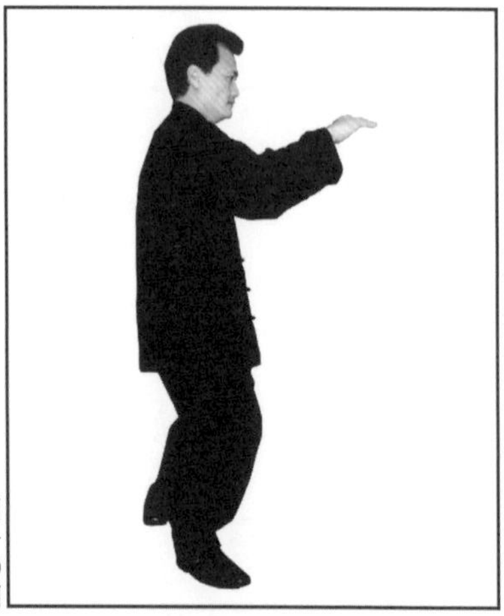

圖一〇四

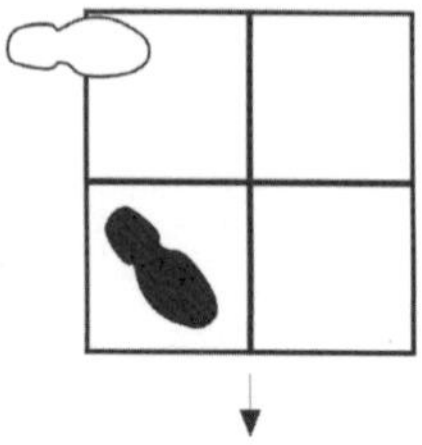

順序	肘底捶之六
對應動作 腰胯	鬆左胯，坐右胯。
對應動作 下肢	身體重量逐漸由左腳平送移付右腳（腳掌隨勢落地），屈膝落實；使左腳成虛。
對應動作 上肢	右肘略落，使右手小臂前伸，掌心向下，隨勢平移至胸前一尺處；左手同時鬆落，盪移至左大腿外側，掌心向後。
圖號	一〇四

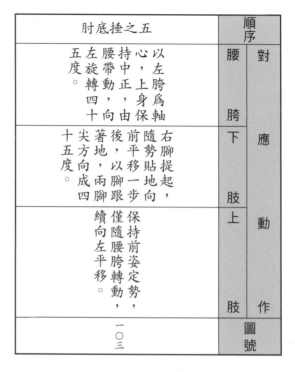

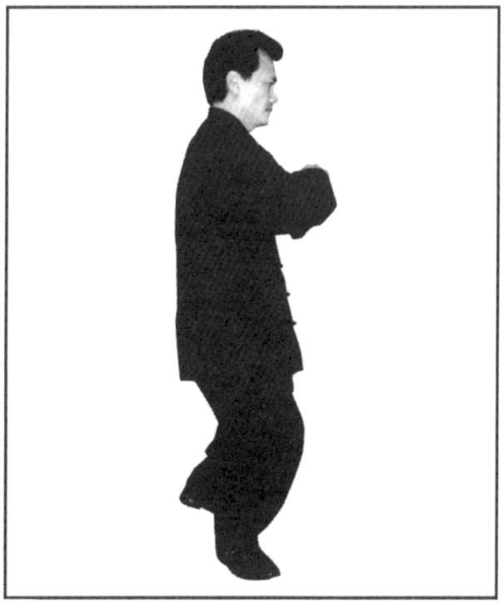

圖一〇五

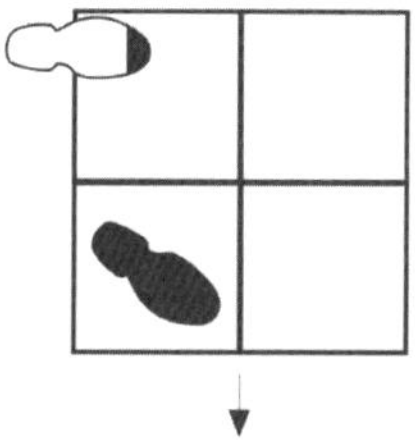

順序		肘底捶之七
對應動作	腰胯	以右胯為軸心，上身保持中正，由腰帶動，向左旋轉到底。
	下肢	左腳尖保持點地，腳跟隨勢上提。
	上肢	右手隨勢向左平移，小臂橫置胸前，掌心向下；左手同時遝移至左臂後。
圖號		一〇五

圖一〇六

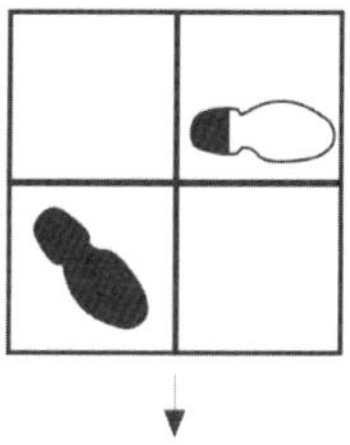

順序		肘底捶之八
對應動作	腰胯	右胯向左旋轉到底之剎那，復向右轉正。
	下肢	左腳提起，隨腰胯向右回轉之勢，平移至正前方，腳跟著地，腳尖上翹朝前。
	上肢	左腕內旋四分之一圈，使掌心向右，隨勢由後提升，前伸於左胸前方，成豎掌狀；右手則成半握拳狀，右腕同時內旋四分之一圈，使虎口朝上，隨右手小臂平落之勢，回收至左肘之下。
圖號		一〇六

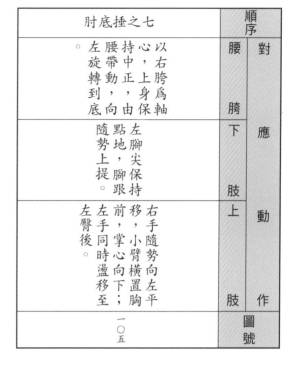

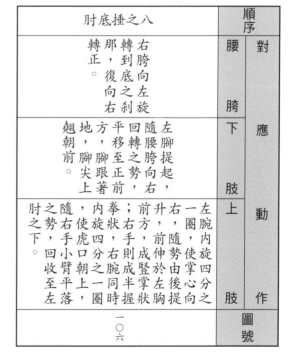

十八、「右倒攆猴」

圖一〇七

順序		右倒攆猴之一
對應動作	腰胯	以右胯爲軸心，上身保持中正，由腰帶動，向右旋轉到底。
	下肢	左腳尖隨勢落地。
	上肢	右拳鬆開落下，並隨勢盪移至右臂後，右腕同時內旋四分之一圈，使掌心朝前；左臂隨勢向前平伸，左腕並外旋四分之一圈，使掌心向下。
圖號		一〇七

圖一〇八

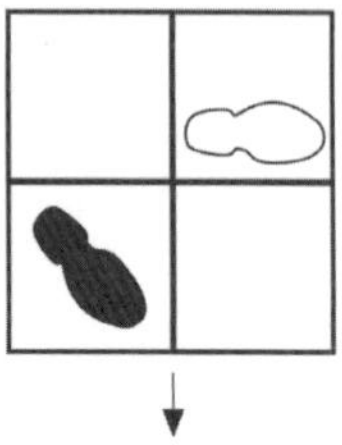

順序		右倒攆猴之二
對應動作	腰胯	右胯向右旋轉到底之剎那，復向左回轉，並轉正。
	下肢	保持前姿定勢。
	上肢	右手隨腰胯回轉之勢，由下而上繞一半圈，掌心朝前，盪升至右耳外側後，落肘向前平按至右胸前方；左腕則內旋二分之一圈，使掌心朝上，左手並隨左肘拉回之勢，下落平腰；雙手一右一左，掌心一上一下，遙遙相對。
圖號		一〇八

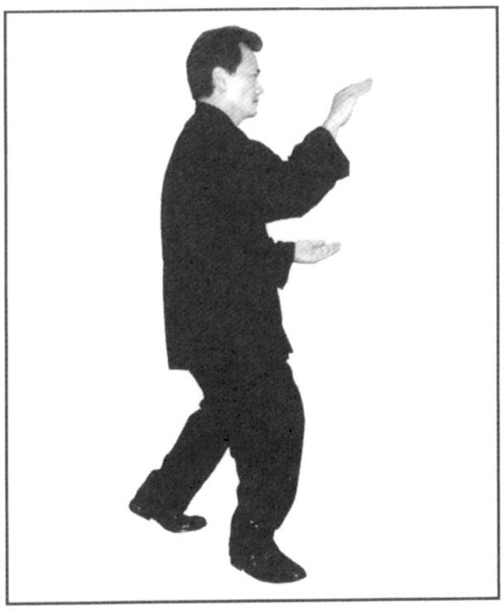

圖一〇九

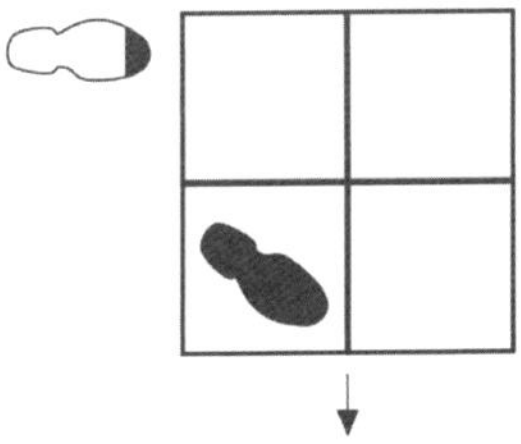

順序	右倒攆猴之三
對應動作 腰胯	保持前姿定勢。
對應動作 下肢	左腳提起（先提腳跟，再提腳尖），向左後側方平移直退一大步，腳尖點地。
對應動作 上肢	保持前姿定勢。
圖號	一〇九

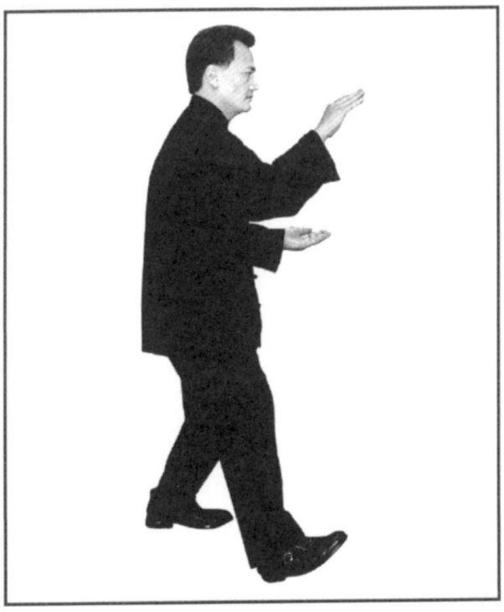

圖一一〇

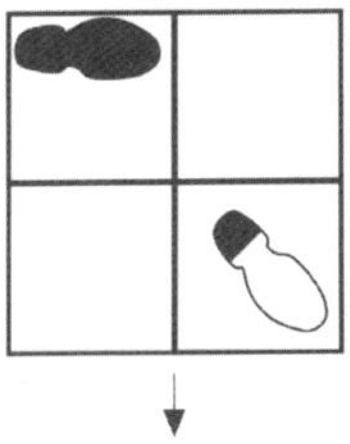

順序	右倒攆猴之四
對應動作 腰胯	鬆右胯，坐左胯。
對應動作 下肢	身體重量逐漸由右腳平送移付左腳（腳跟隨勢落地），屈膝落實；使右腳成虛，腳尖上翹。
對應動作 上肢	保持前姿定勢。
圖號	一一〇

順序	右倒攆猴之五
對應動作・腰胯	以左胯爲軸心，上身保持中正，由腰帶動，略向左旋轉至面向正前方。
對應動作・下肢	右腳跟保持著地，腳尖隨勢左轉四十五度後落地；使雙腳成平行狀。
對應動作・上肢	右手隨勢向前平伸下按；左手同時鬆落撤回至左胯旁。
圖號	一一二

圖一一二

十九、「左倒攆猴」

順序	左倒攆猴之一
對應動作・腰胯	以左胯爲軸心，上身保持中正，由腰帶動，向左旋轉到底。
對應動作・下肢	保持前姿定勢。
對應動作・上肢	右臂隨腰胯旋轉之勢，續向前平伸，掌心向下；左手同時鬆落，並盪移至左臀後，掌心朝前。
圖號	一一三

圖一一三

圖一一三

順序		左倒攆猴之二
對應動作	腰胯	左胯向左旋轉到底之剎那，復向右回轉，並轉正。
	下肢	保持前姿定勢。
	上肢	右腕隨勢內旋二分之一圈，使掌心朝上，右手並隨右肘拉回之勢，下落平腰；左手同時於左後側方，由下而上繞一半圈，掌心朝前，盪升至左耳外側後，落肘向前平按至左胸前方；雙手一左一右，掌心一上一下，遙遙相對。
圖號		一一三

圖一一四

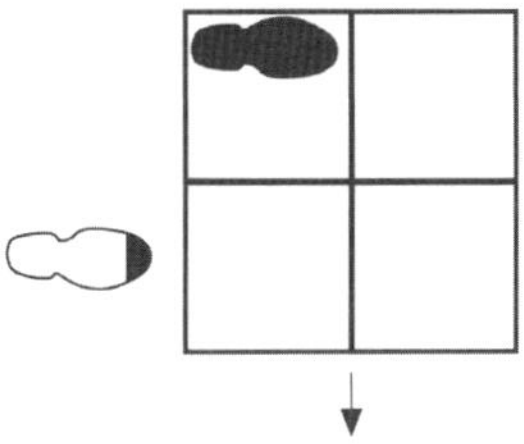

順序		左倒攆猴之三
對應動作	腰胯	保持前姿定勢。
	下肢	右腳提起（先提腳跟，再提腳尖），向右後側方平移直退一大步，腳尖點地。
	上肢	保持前姿定勢。
圖號		一一四

圖一一五

順序		左倒攆猴之四
對應動作	腰胯	鬆左胯，坐右胯。
	下肢	身體重量逐漸由左腳平送移付右腳（腳跟隨勢落地），屈膝落實；使左腳成虛；雙腳成平行狀。
	上肢	保持前姿定勢。
圖號		一一五

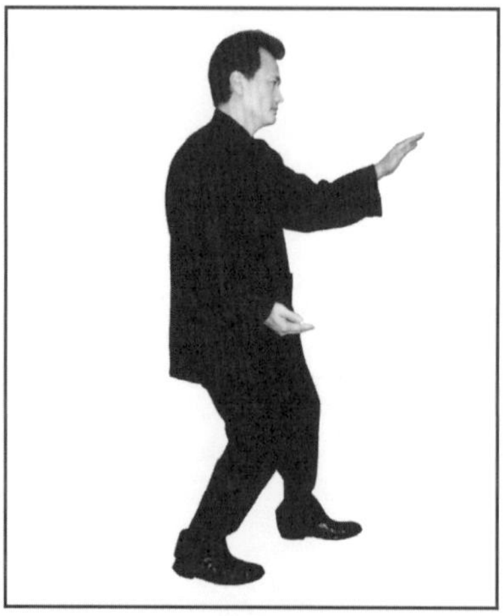

圖一一六

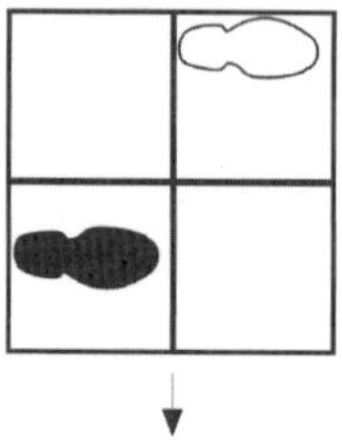

順序		左倒攆猴之五
對應動作	腰胯	以右胯爲軸心，上身保持中正，由腰帶動，略向右旋轉至面向正前方。
	下肢	保持前姿定勢。
	上肢	左手隨勢向前平伸下按；右手同時鬆落撤回至右胯旁。
圖號		一一六

圖一一七

順序	右倒攆猴之一
對應動作 腰胯	以右胯爲軸心，上身保持中正，由腰帶動，向右旋轉到底。
對應動作 下肢	保持前姿定勢。
對應動作 上肢	左臂隨腰胯旋轉之勢，續向前平伸，掌心向下；右手同時鬆落，並盪移至右臀後，掌心朝前。
圖號	一一七

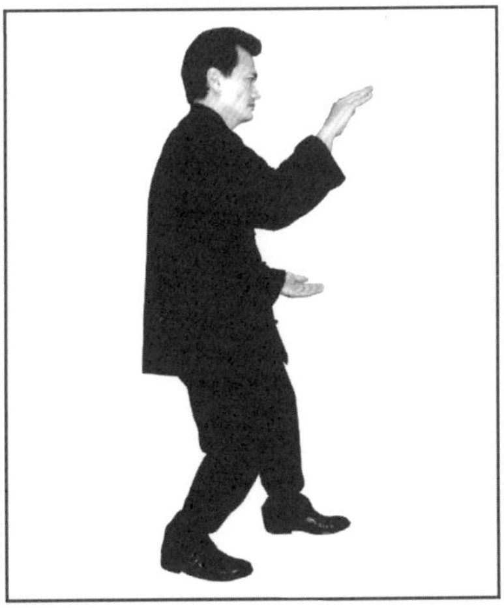

圖一一八

順序	右倒攆猴之二
對應動作 腰胯	右胯向右旋轉到底之剎那，復向左回轉，並轉正。
對應動作 下肢	保持前姿定勢。
對應動作 上肢	左腕隨勢內旋二分之一圈，使掌心朝上，左手並隨左肘拉回之勢，下落平腰；右手同時於右後側方，由下而上繞一半圈，掌心朝前，盪升至右耳外側後，落肘向前平按至右胸前方；雙手一右一左，掌心一上一下，遙遙相對。
圖號	一一八

圖一一九

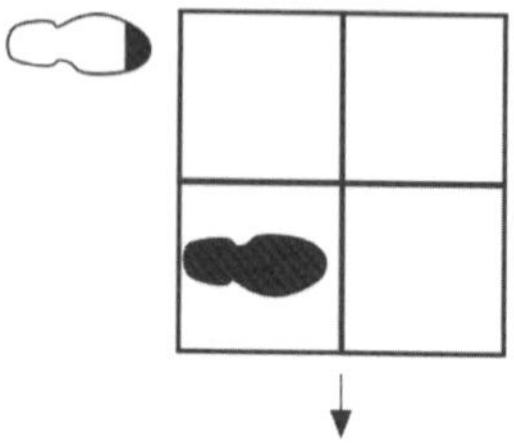

順序		右倒攆猴之三
對應動作	腰胯	保持前姿定勢。
	下肢	左腳提起（先提腳跟，再提腳尖），向左後側方平移直退一大步，腳尖點地。
	上肢	保持前姿定勢。
圖號		一一九

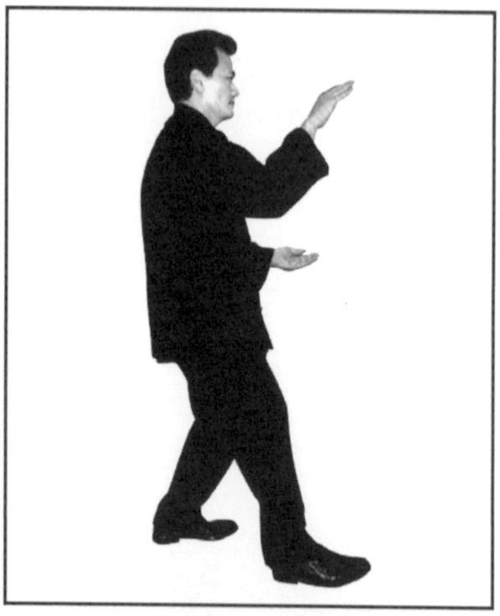

圖一二〇

順序		右倒攆猴之四
對應動作	腰胯	鬆右胯，坐左胯。
	下肢	身體重量逐漸由右腳平送移付左腳（腳跟隨勢落地），屈膝落實；使右腳成虛；雙腳成平行狀。
	上肢	保持前姿定勢。
圖號		一二〇

圖一二二

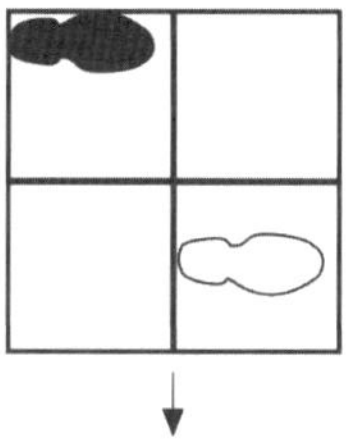

順序	右倒攆猴之五
對應動作 腰胯	以左胯爲軸心，上身保持中正，由腰帶動，略向左旋轉至面向正前方。
對應動作 下肢	保持前姿定勢。
對應動作 上肢	右手隨勢向前平伸下按；左手同時鬆落撤回至左胯旁。
圖號	一二二

二十、「斜飛式」

圖一二三

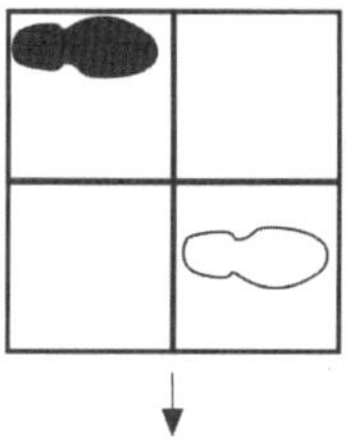

順序	斜飛式之一
對應動作 腰胯	以左胯爲軸心，上身保持中正，由腰帶動，向左旋轉到底。
對應動作 下肢	保持前姿定勢。
對應動作 上肢	右臂隨腰胯旋轉之勢，續向前平伸，掌心向下；左手同時鬆落，並盪移至左臀後，掌心朝前。
圖號	一二三

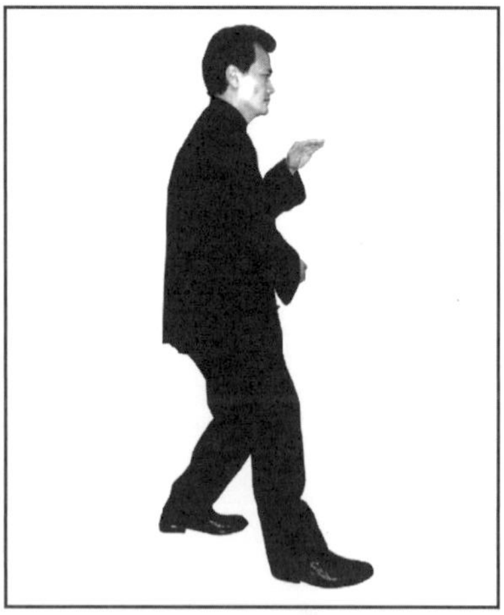

圖一二三

順序		斜飛式之二
對應動作	腰胯	腰胯向左旋轉到底之剎那，復向右轉正。
	下肢	保持前姿定勢。
	上肢	右手隨勢鬆落，回收至左胯前，右腕並內旋二分之一圈，使掌心朝上；左手同時於左後側方，由下而上繞一半圈，盪升至左耳外側後，使掌心向下並下落移位於左腋前；雙手一上一下，成左抱狀。
圖號		一二三

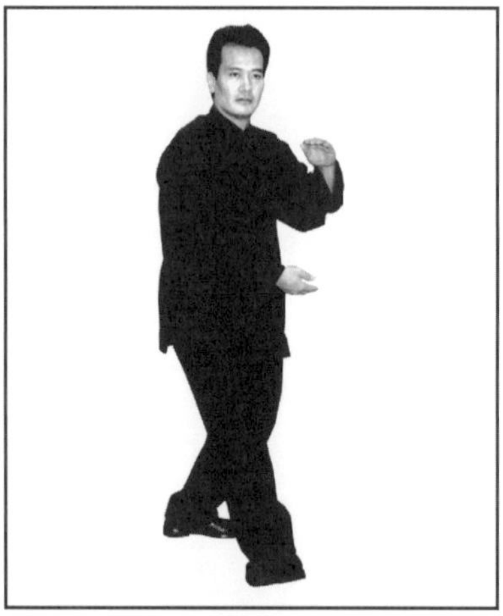

圖一二四

順序		斜飛式之三
對應動作	腰胯	以左胯爲軸心，上身保持中正，由腰帶動，向右旋轉到底。
	下肢	右腳跟保持著地，腳尖上翹，隨腰胯右轉一三五度。
	上肢	保持前姿定勢，僅隨腰胯轉動，向右平移。
圖號		一二四

圖一二五

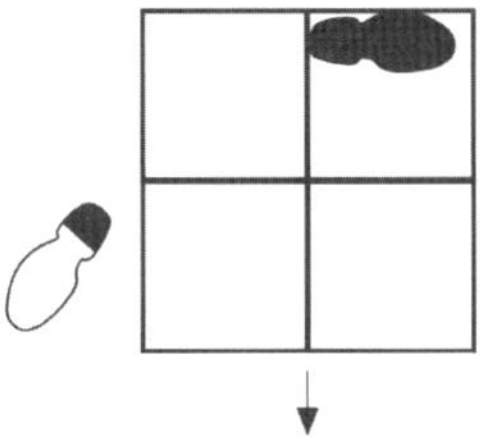

順序		斜飛式之四
對應動作	腰胯	保持前姿定勢。
	下肢	右腳提起，向右前方平移一大步，腳跟著地（兩腳尖方向仍保持一三五度）。
	上肢	保持前姿定勢。
圖號		一二五

圖一二六

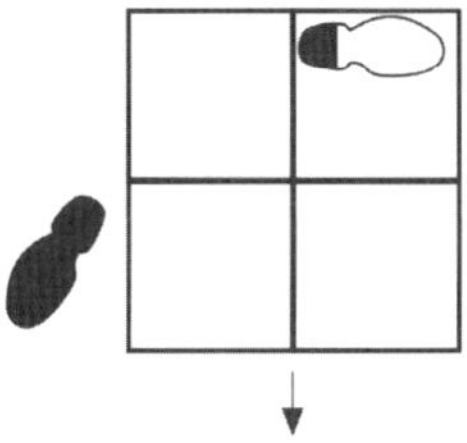

順序		斜飛式之五
對應動作	腰胯	鬆左胯，坐右胯。
	下肢	身體重量逐漸由左腳平送移付右腳（腳掌隨勢落地），屈膝落實；使左腳成虛，腳尖微翹。
	上肢	右臂隨勢由下斜盪而上，右手移位至距胸前約一尺半處；左手同時掌心向下，隨勢盪落至左大腿前一尺處。
圖號		一二六

廿一、「左雲手」

圖一二七

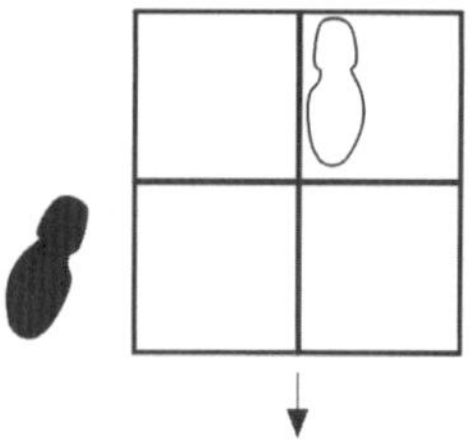

順序	斜飛式之六
對應動作：腰胯	以右胯爲軸心，上身保持中正，由腰帶動，向右轉正。
對應動作：下肢	左腳跟保持著地，腳尖隨腰胯右轉九十度後落地。
對應動作：上肢	右臂略伸展，隨勢續向右上方盪移，至右掌與眼平；左手則垂降至左大腿外側，掌心微展向下。
圖號	一二七

圖一二八

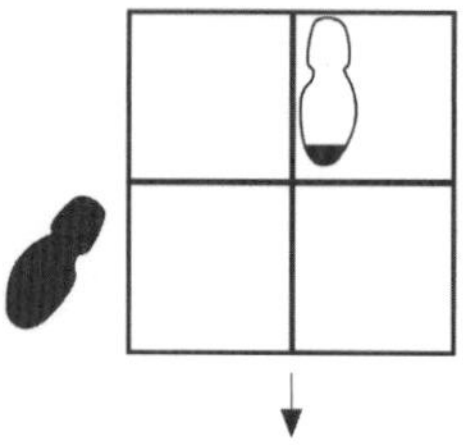

順序	左雲手之一
對應動作：腰胯	腰胯續向右旋轉到底。
對應動作：下肢	左腳跟略上提。
對應動作：上肢	右臂隨勢屈肘回收，使右肘落近右脅，右腕並外旋二分之一圈，使掌心向下，移位至右腕前；左腕同時內旋二分之一圈，使掌心朝上，隨左臂鬆垂盪移至右胯前；雙手成右抱狀。
圖號	一二八

圖一二九

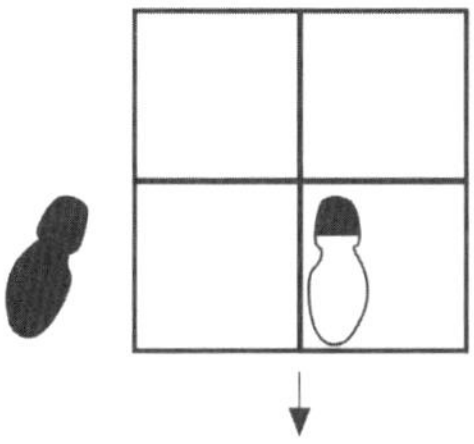

順序	左雲手之二
對應動作：腰胯	保持前姿定勢。
對應動作：下肢	左腳提起，朝前平移小半步，腳跟著地。
對應動作：上肢	保持前姿定勢。
圖號	一二九

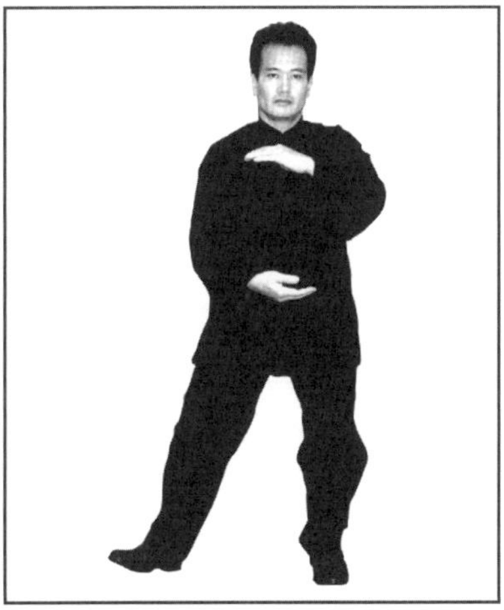

圖一三〇

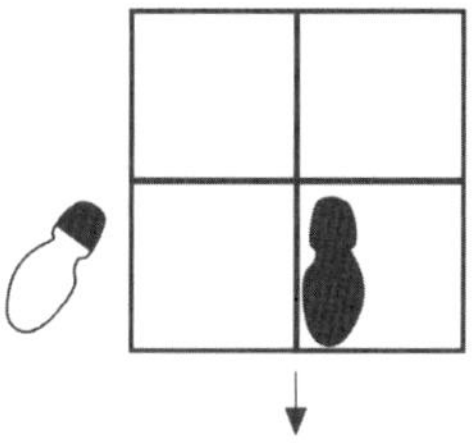

順序	左雲手之三
對應動作：腰胯	鬆右胯，坐左胯。
對應動作：下肢	身體重量逐漸由右腳平送移付左腳（腳掌隨勢落地），屈膝落實；使右腳成虛，腳尖微翹。
對應動作：上肢	左手小臂隨勢上拉横於胸前，左腕並外旋二分之一圈，使掌心向下；右手小臂同時先向右平伸後鬆落，右腕並内旋二分之一圈，使掌心朝上，再隨勢盪移至小腹前；雙手一上一下，成合抱狀。
圖號	一三〇

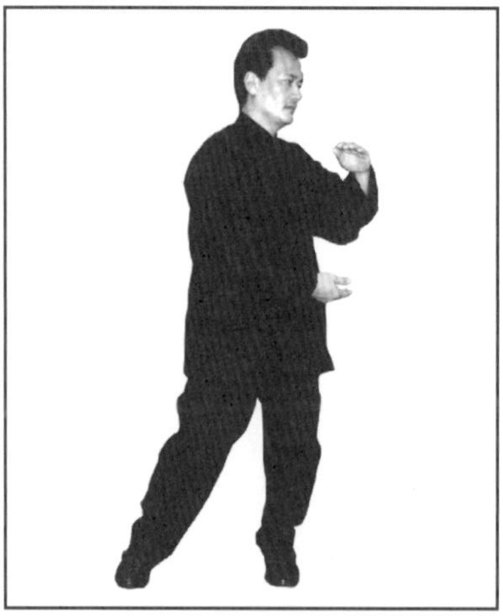

圖一三二

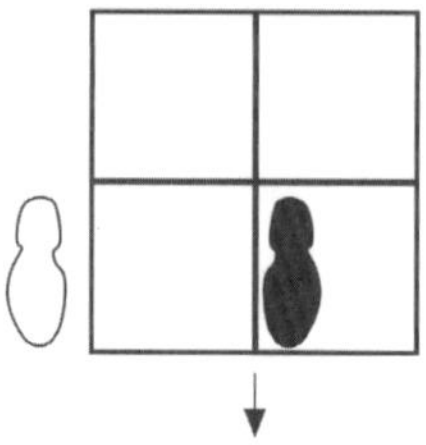

順序	左雲手之四
對應動作 腰胯	以左胯爲軸心，上身保持中正，由腰帶動，向左旋轉到底。
對應動作 下肢	右腳跟保持著地，腳尖隨腰胯左轉四十五度後落地；使兩腳成平行狀。
對應動作 上肢	雙手姿勢不變，僅隨腰胯旋轉，平移至左側，成左抱狀。
圖號	一三二

廿二、「右雲手」

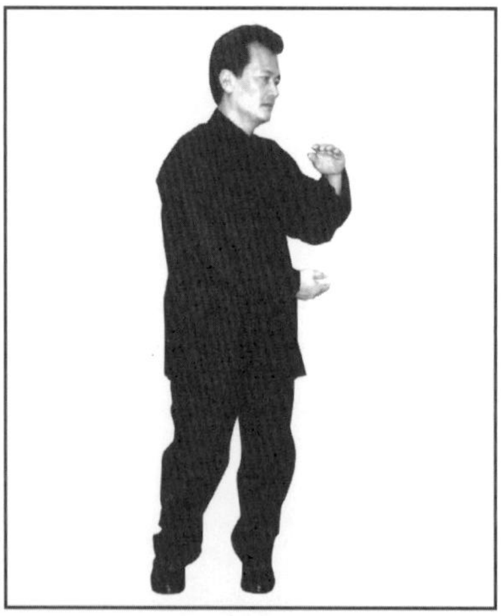

圖一三三

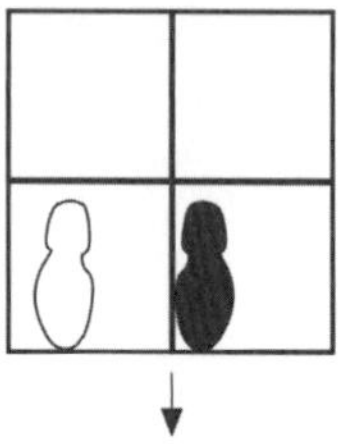

順序	右雲手之一
對應動作 腰胯	保持前姿定勢。
對應動作 下肢	右腳提起，向左平移半步。
對應動作 上肢	保持前姿定勢。
圖號	一三三

圖一三三

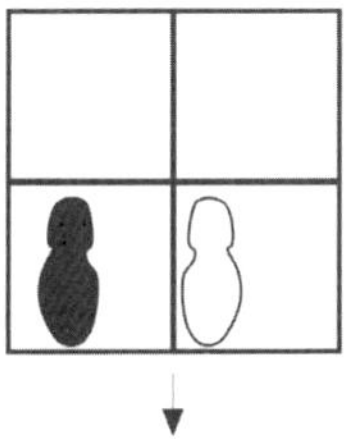

順序	右雲手之二
對應動作：腰胯	鬆左胯，坐右胯。
對應動作：下肢	身體重量逐漸由左腳平送移付右腳；屈膝落實，使左腳成虛。
對應動作：上肢	右手小臂隨勢上拉橫於胸前，右腕並外旋二分之一圈，使掌心向下；左手小臂同時先向左平伸後鬆落，左腕並內旋二分之一圈，使掌心朝上，再隨勢盪移至小腹前；雙手一上一下，成合抱狀。
圖號	一三三

圖一三四

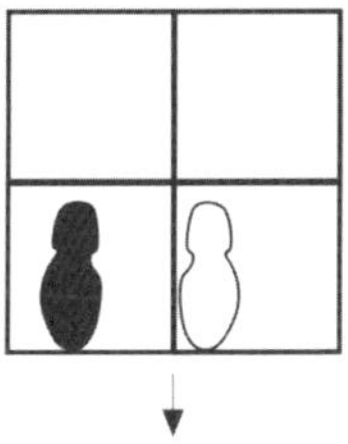

順序	右雲手之三
對應動作：腰胯	以右胯為軸心，上身保持中正，由腰帶動向右旋轉到底。
對應動作：下肢	保持前姿勢。
對應動作：上肢	雙手姿勢不變，僅隨腰胯旋轉，平移至右側，成右抱狀。
圖號	一三四

圖一三五

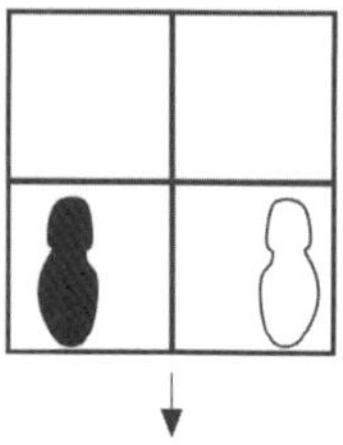

順序	左雲手之一
對應動作：腰胯	保持前姿定勢。
對應動作：下肢	左腳提起，向左平移半步。
對應動作：上肢	保持前姿定勢。
圖號	一三五

圖一三六

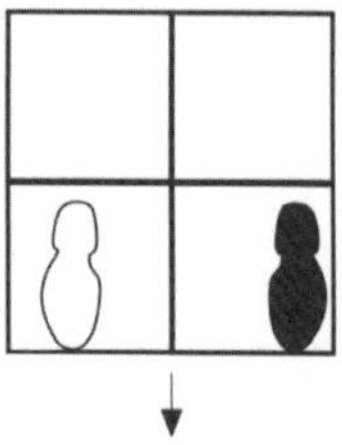

順序	左雲手之二
對應動作：腰胯	鬆右胯，坐左胯。
對應動作：下肢	身體重量逐漸由右腳平送移付左腳，屈膝落實；使右腳成虛。
對應動作：上肢	左手小臂隨勢上拉橫於胸前，左腕並外旋二分之一圈，使掌心向下；右手小臂同時先向右平伸後鬆落，右腕並內旋二分之一圈，使掌心朝上，再隨勢盪移至小腹前；雙手一上一下，成合抱狀。
圖號	一三六

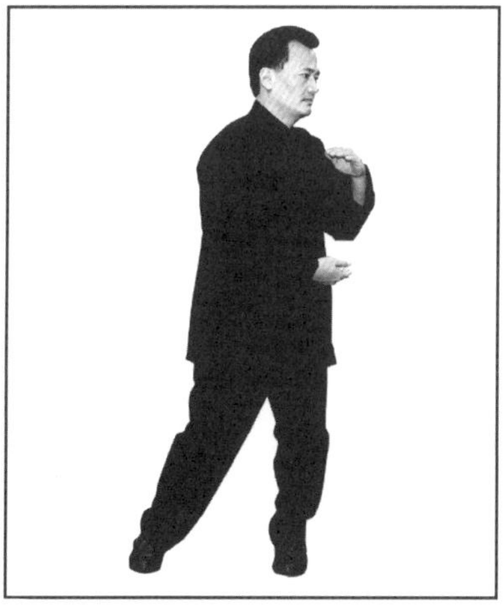

圖一三七

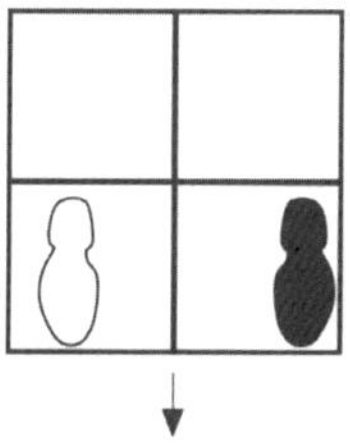

順序		左雲手之三
對應動作	腰胯	以左胯為軸心，上身保持中正，由腰帶動，向左旋轉到底。
	下肢	保持前姿定勢。
	上肢	雙手姿勢不變，僅隨腰胯旋轉，平移至左側，成左抱狀。
圖號		一三七

右雲手

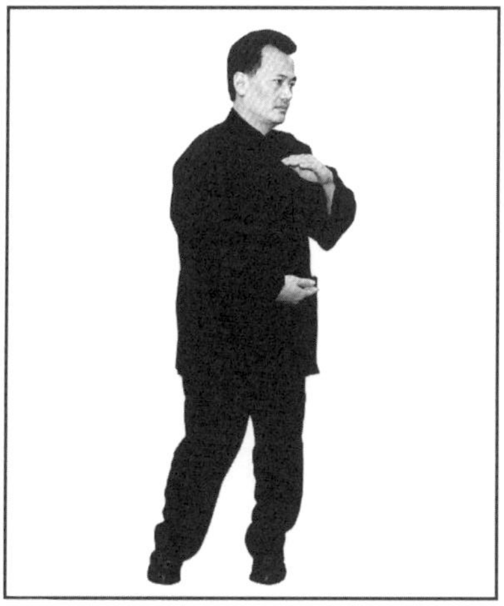

圖一三八

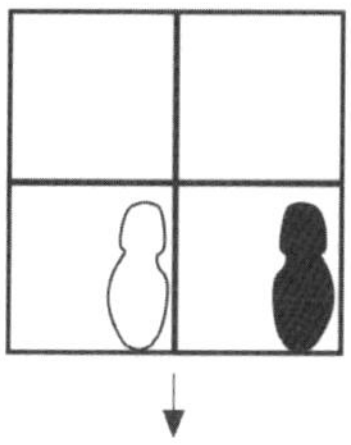

順序		右雲手之一
對應動作	腰胯	保持前姿定勢。
	下肢	右腳提起，向左平移半步。
	上肢	保持前姿定勢。
圖號		一三八

圖一三九

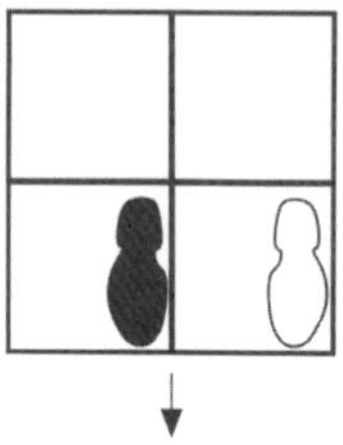

順序		右雲手之二
對應動作	腰胯	鬆左胯，坐右胯。
	下肢	身體重量逐漸由左腳平送移付右腳，屈膝落實；使左腳成虛。
	上肢	右手小臂隨勢上拉橫於胸前，右腕並外旋二分之一圈，使掌心向下；左手小臂同時先向左平伸後鬆落，左腕並內旋二分之一圈，再使掌心朝上，隨勢盪移至小腹前；雙手一上一下，成合抱狀。
圖號		一三九

圖一四〇

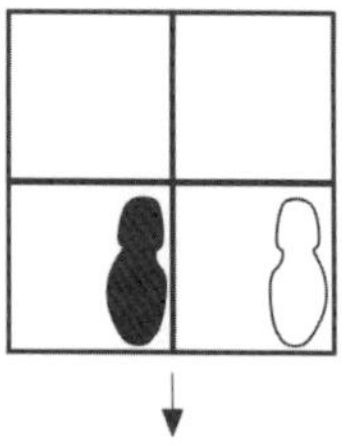

順序		右雲手之三
對應動作	腰胯	以右胯爲軸心，上身保持中正，由腰帶動，向右旋轉到底。
	下肢	保持前姿定勢。
	上肢	雙手姿勢不變，僅隨腰胯旋轉，平移至右側，成右抱狀。
圖號		一四〇

圖一四一

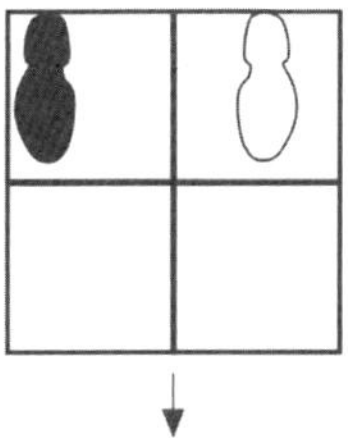

順序	對應動作：腰胯	對應動作：下肢	對應動作：上肢	圖號
左雲手之一	保持前姿定勢。	左腳提起，向左平移半步。	保持前姿定勢。	一四一

圖一四二

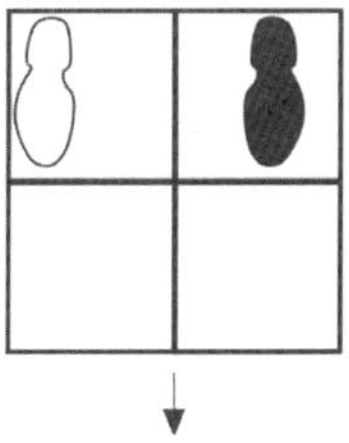

順序	對應動作：腰胯	對應動作：下肢	對應動作：上肢	圖號
左雲手之二	鬆右胯，坐左胯。	身體重量逐漸由右腳平送移付左腳，屈膝落實；使右腳成虛。	左手小臂隨勢上拉橫於胸前，左腕並外旋二分之一圈，使掌心向下；右手小臂同時先向右平伸後鬆落，右腕並內旋二分之一圈，使掌心朝上，再隨勢盪移至小腹前；雙手一上一下，成合抱狀。	一四二

圖一四三

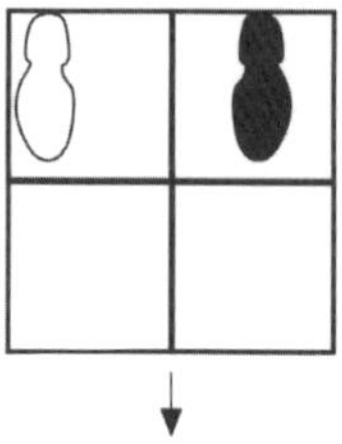

順序		左雲手之三
對應動作	腰胯	以左胯爲軸心，上身保持中正，由腰帶動，向左旋轉到底。
	下肢	保持前姿定勢。
	上肢	雙手姿勢不變，僅隨腰胯旋轉，平移至左側，成左抱狀。
圖號		一四三

單鞭

圖一四四

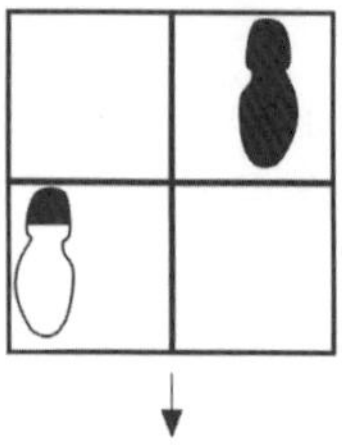

順序		單鞭之一
對應動作	腰胯	保持前姿定勢。
	下肢	右腳提起，朝腳尖方向，前移半步，腳跟著地。
	上肢	保持前姿定勢。
圖號		一四四

圖一四五

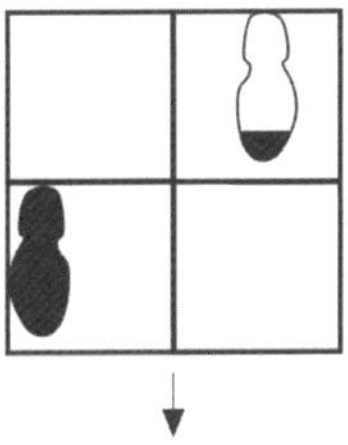

順序	單鞭之二
對應動作 腰胯	鬆左胯，坐右胯。
對應動作 下肢	身體重量逐漸由左腳平送移付右腳（腳掌隨勢落地），屈膝落實；使左腳成虛，腳跟略上提。
對應動作 上肢	兩臂先垂直鬆落，雙手再隨勢由左下朝右上盪移；右腕垂落，五指趁勢聚攏成吊手，盪升至右腋前半尺處；左腕同時內旋二分之一圈，使掌心朝上，盪止於右胯前。
圖號	一四五

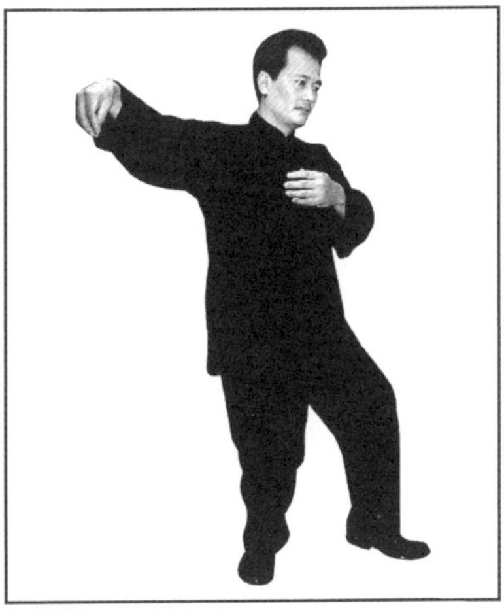

圖一四六

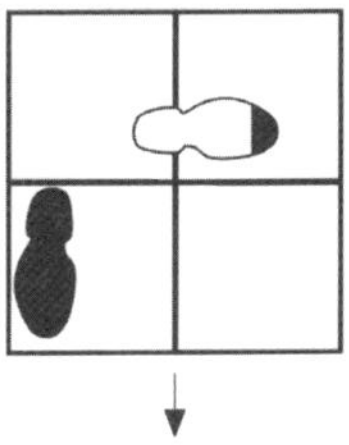

順序	單鞭之三
對應動作 腰胯	以右胯爲軸心，上身保持中正，由腰帶動，向左轉正。
對應動作 下肢	左腳尖保持點地，腳跟隨勢內旋九十度。
對應動作 上肢	左腕隨勢外旋四分之一圈，使掌心向後，小臂同時由下斜盪而上至胸前，成掤手狀；右吊手同時向身體右側方伸展。
圖號	一四六

圖一四七

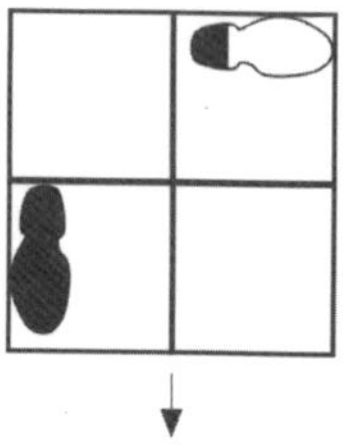

順序	單鞭之四
對應動作：腰胯	保持前姿定勢。
對應動作：下肢	左腳提起，朝左前方平移半步，腳跟著地。
對應動作：上肢	保持前姿定勢。
圖號	一四七

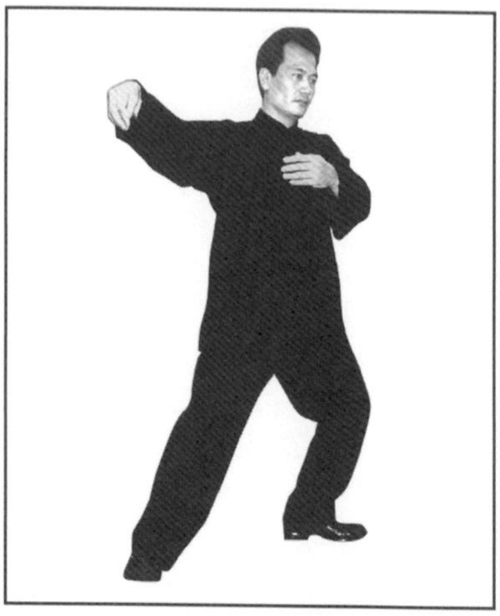

圖一四八

順序	單鞭之五
對應動作：腰胯	鬆右胯，坐左胯。
對應動作：下肢	身體重量逐漸由右腳平送移付左腳（腳掌隨勢落地），屈膝落實；使右腳成虛，腳尖微翹。
對應動作：上肢	保持前姿定勢。
圖號	一四八

廿三、「單鞭下勢」

圖一四九

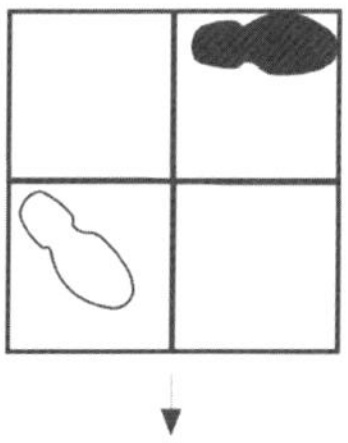

順序		單鞭之六
對應動作	腰胯	以左腳落實之剎那，以左胯為軸心，上身保持中正，由腰帶動，向左轉。
	下肢	右腳跟保持著地，腳尖隨腰胯左轉四十五度後落地。
	上肢	左臂隨勢落肘向左揮移，前伸於左胸前，左腕同時外旋四分之一圈，使掌心朝前下按；右吊手則保持原勢，隨腰胯轉動，平移至正右方︵兩臂伸展方向成九十度︶。
圖號		一四九

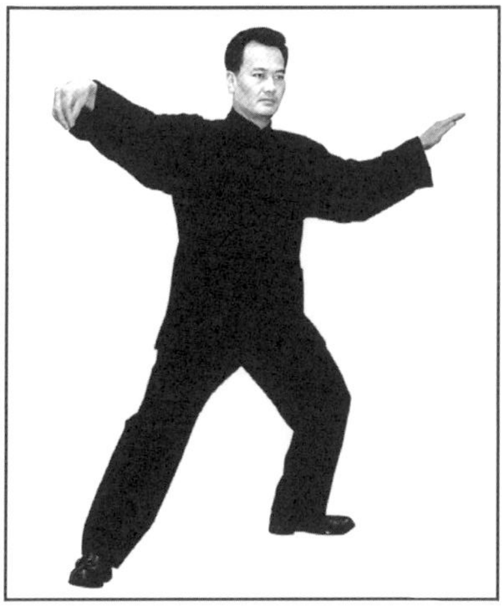

圖一五〇

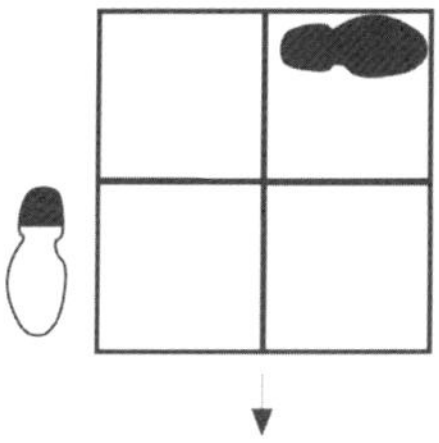

順序		單鞭下勢之一
對應動作	腰胯	以左胯為軸心，上身保持中正，由腰帶動，向正右方旋轉。
	下肢	右腳跟保持著地，腳尖上翹，先隨勢右轉四十五度︵使兩腳尖方向分開成九十度︶；腳跟並隨即直線後移半步。
	上肢	左臂略向前平伸，掌心向下；右吊手保持原姿勢，僅隨腰胯轉動，向右後方平移。
圖號		一五〇

圖一五一

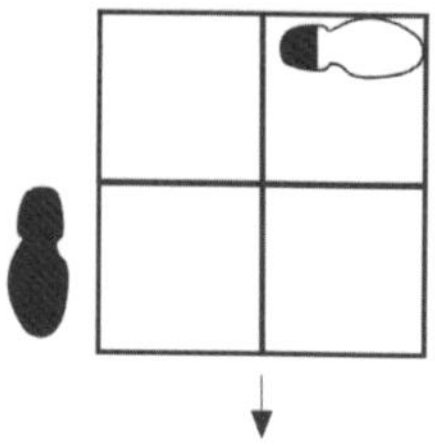

順序		單鞭下勢之二
對應動作	腰胯	鬆左胯，坐右胯。
	下肢	身體重量逐漸由左腳平送移付右腳（腳掌隨勢落地），屈膝落實；使左腳成虛，腳尖微翹。
	上肢	右吊手保持原勢不變；左腕先內旋二分之一圈，使掌心朝上，左臂並隨勢由左前方向右後方上拉，繞一半圈後，使左手小臂掌心向下，橫落胸前，左腕復內旋四分之一圈，使掌心向後，成左掤手狀。
圖號		一五一

圖一五二

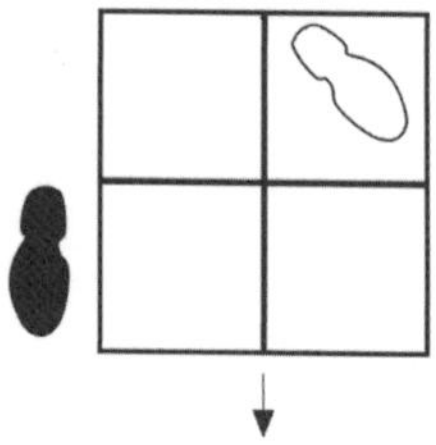

順序		單鞭下勢之三
對應動作	腰胯	以右胯為軸心，上身保持中正，由腰帶動，向右旋轉到底。
	下肢	左腳跟保持著地，腳尖隨勢右轉四十五度後落地。
	上肢	右吊手不變，僅隨腰胯旋轉，續向右後方平移；左臂隨勢鬆落，左手落於襠前。
圖號		一五二

圖一五三

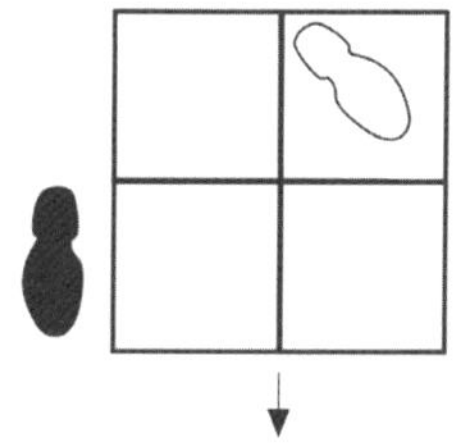

順序	單鞭下勢之四
對應動作・腰胯	上身保持中正，腰胯向下沈降。
對應動作・下肢	右腿向下屈膝蹲坐。
對應動作・上肢	右吊手姿勢不變，僅隨勢下降；左手同時續向下鬆垂至兩腳中間。
圖號	一五三

圖一五四

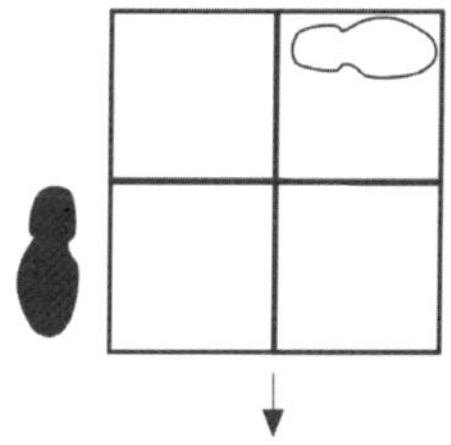

順序	單鞭下勢之五
對應動作・腰胯	以右胯爲軸心，上身保持中正，由腰帶動，向左轉正。
對應動作・下肢	右腿保持蹲坐；左腳跟保持著地，腳尖微翹，隨勢左轉四十五度後落地（左膝略伸展，使左腿成伸直狀）。
對應動作・上肢	右吊手不變，僅隨腰胯左轉，向左平移；左腕外旋二分之一圈，使掌心朝前，並隨左臂伸展之勢前移至左腳背之上（至定勢時，掌心朝上）。
圖號	一五四

廿四、「左金雞獨立」

順序		左金雞獨立之一
對應動作	腰胯	鬆右胯，坐左胯。
	下肢	左腳尖先向左打開四十五度後落地；並即將身體重量逐漸由右腳推升移付左腳，屈膝落實；使右腳成虛，腳尖微翹。
	上肢	左腕外旋四分之一圈，使掌心向右，並隨勢提升至左胸前，落肘成豎掌；右手吊同時鬆開，成掌隨勢垂落，向前盪移至右大腿外側，右腕並外旋二分之一圈使掌心向後。
圖號		一五五

圖一五五

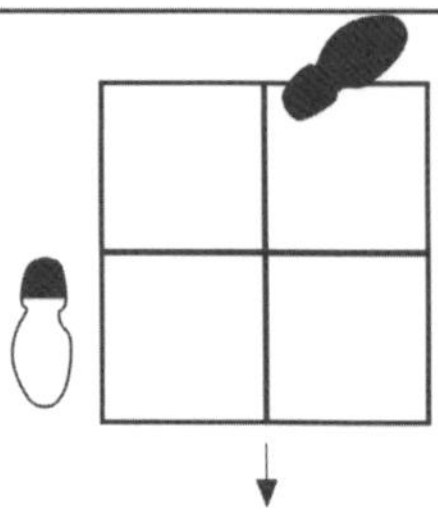

順序		左金雞獨立之二
對應動作	腰胯	左腳落實之剎那，以左胯為軸心，上身保持中正，由腰帶動，略向左沉轉。
	下肢	右腳跟保持著地，腳尖先隨勢左轉四十五度後落地，並即提起（先提腳跟，再提腳尖）前移一步，落於左腳跟旁，腳尖點地。
	上肢	保持前姿定勢。
圖號		一五六

圖一五六

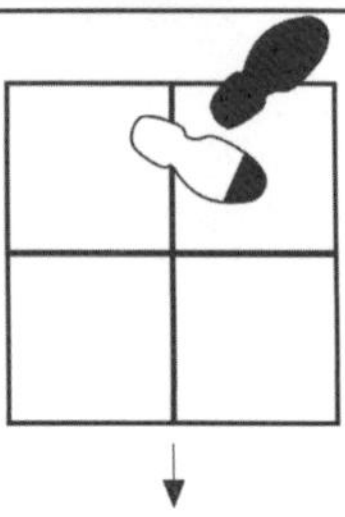

順序		左金雞獨立之三
對應動作	腰胯	保持前姿定勢。
	下肢	右腿屈膝前抬（膝蓋約上抬至與腰平），腳踝略伸展，使腳背朝前，腳尖下垂。
	上肢	右腿屈膝前抬之同時，左腕外旋四分之一圈，使掌心朝前，並即下按止於左大腿外側；右腕則內旋四分之一圈，使掌心向左，亦同時提升至右胸前成豎掌（右肘並垂落，貼近右膝）。
圖號		一五七

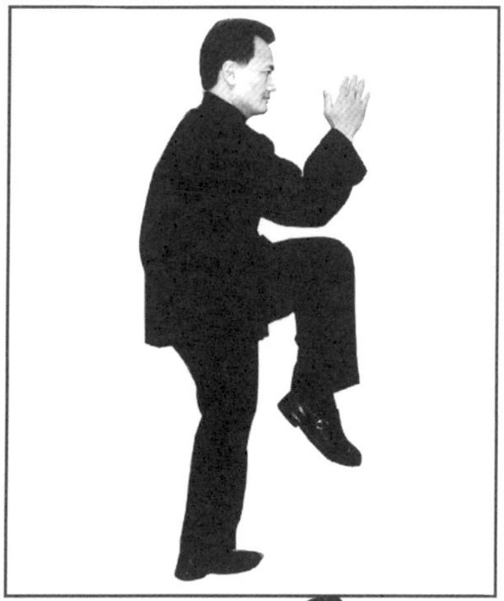

圖一五七

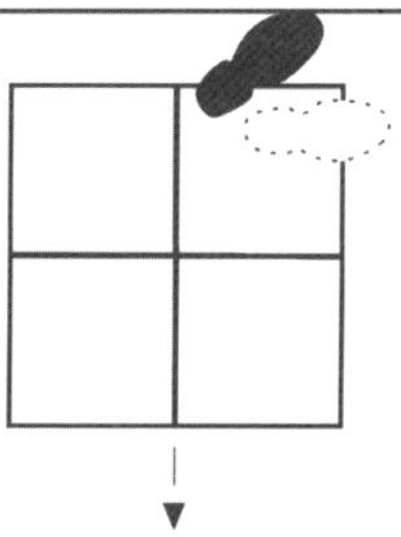

廿五、「右金雞獨立」

順序		右金雞獨立之一
對應動作	腰胯	保持前姿定勢。
	下肢	右腿鬆落，右腳後移半步落下（腳尖朝右前方點地，腳跟上提）。
	上肢	右手保持豎掌，右腕外旋四分之一圈，使掌心朝前；左手仍鬆垂於左大腿外側，左腕內旋四分之一圈，使掌心向右。
圖號		一五八

圖一五八

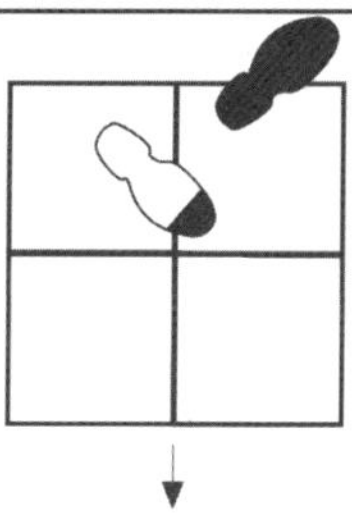

圖一五九

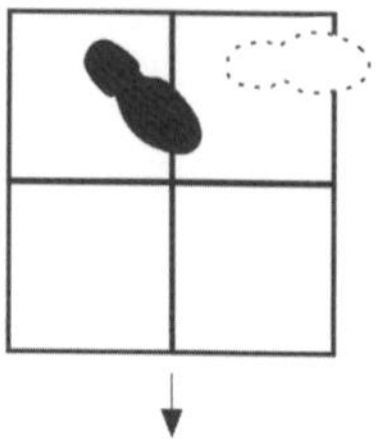

順序	右金雞獨立之二
對應動作・腰胯	鬆左胯，坐右胯。
對應動作・下肢	身體重量逐漸由左腳後坐移付右腳（腳跟隨勢落地），屈膝落實；使左腳成虛，左腿並即屈膝上抬，至膝蓋約與腰平，腳踝略伸展，使腳背朝前，腳尖朝下垂。
對應動作・上肢	右腕隨後坐之勢下按，使掌心向下，止於右大腿外側；左手隨左腿上抬之同時，亦提升至胸前成豎掌（左肘並垂落，貼近左膝）。
圖號	一五九

廿六、「右分腳」

圖一六〇

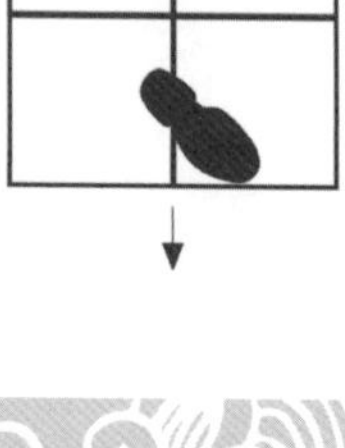

順序	右分腳之一
對應動作・腰胯	保持前姿定勢。
對應動作・下肢	左腿鬆落，左腳移至左後方一步處落下，腳尖朝左前方點地，腳跟上提。
對應動作・上肢	保持前姿定勢。
圖號	一六〇

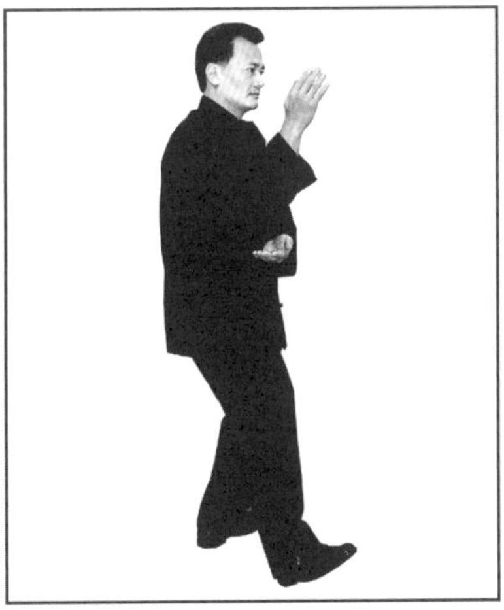

圖一六一

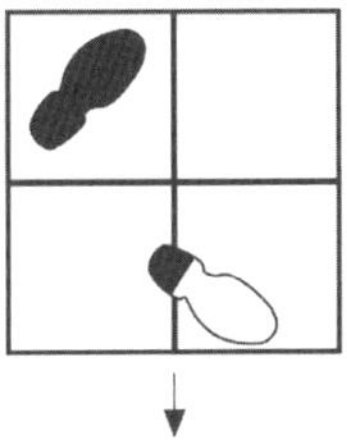

順序		右分腳之二
對應動作	腰胯	鬆右胯，坐左胯。
	下肢	身體重量逐漸由右腳平送移付左腳（腳跟隨勢落地），屈膝落實；使右腳成虛，腳尖微翹。
	上肢	右腕內旋四分之一圈，使掌心向左，右手並隨勢提升至胸前成豎掌；右手小臂同時由左向右橫落，左腕並內旋二分之一圈，使掌心朝上，落於右肘之下（成擺式）。
圖號		一六一

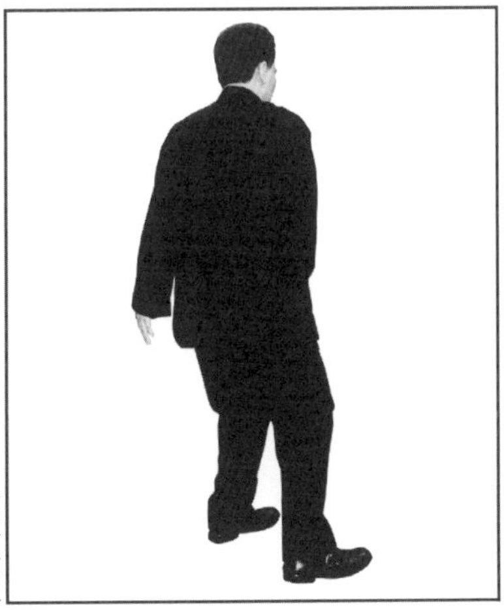

圖一六二

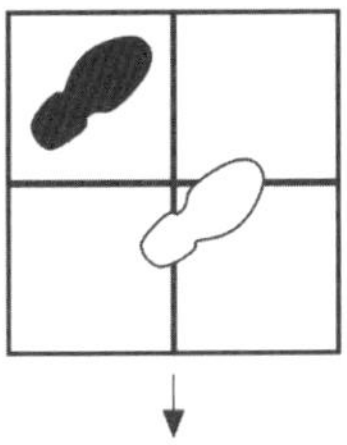

順序		右分腳之三
對應動作	腰胯	以左胯為軸心，上身保持中正，由腰帶動，向左旋轉到底。
	下肢	右腳跟保持著地，腳尖隨腰胯左轉九十度後落地。
	上肢	雙手先擺，再隨勢盪落，右手盪止於左胯前，掌心向後；左手盪移至左臂後，掌心朝前。
圖號		一六二

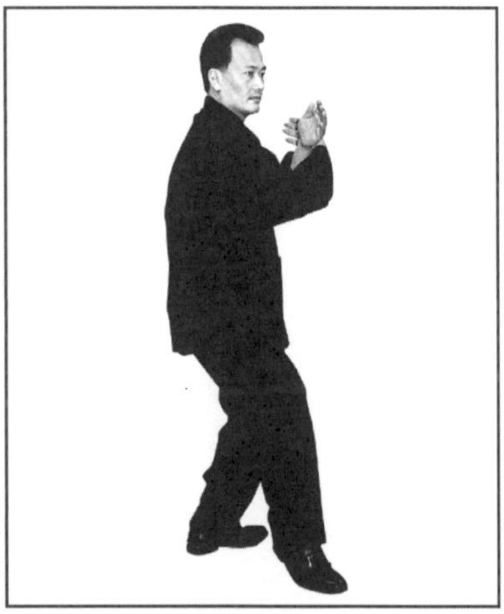

圖一六三

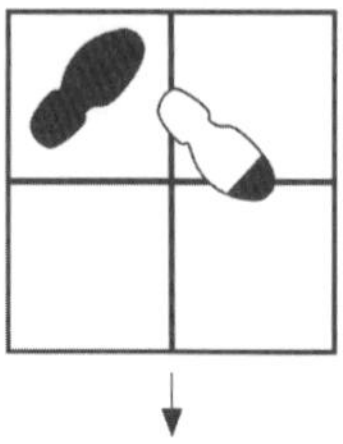

順序		右分腳之四
對應動作	腰胯	腰胯向左旋轉到底之剎那，復向右回轉到底。
	下肢	右腳尖保持點地，腳跟上提隨勢內旋九十度。
	上肢	右手小臂隨勢提升平胸，掌心向後成右掤；左手同時自左後側方，由下而上繞一半圈後，隨勢橫落胸前，使左腕接於右腕之上（左腕並內旋二分之一圈，使掌心向後）。
圖號		一六三

圖一六四

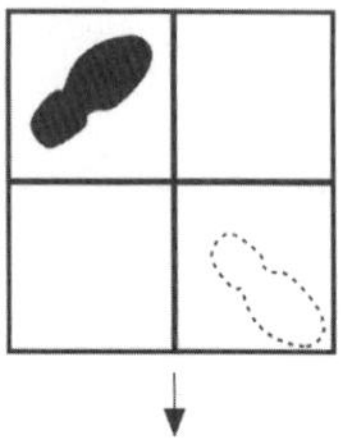

順序		右分腳之五
對應動作	腰胯	左胯略沈。
	下肢	右腿向右前方上抬，至膝蓋與大腿平後，膝蓋略伸，小腿前踢，踝關節並略伸展，使腳尖與腳背平。
	上肢	兩腕先略上升，並同時外旋二分之一圈，使掌心皆朝前；兩臂即向左右兩側弧形伸展分開，至右臂與右腿平行前伸，掌心朝前下按；左手則成豎掌，移位於左耳後側。
圖號		一六四

廿七、「左分腳」

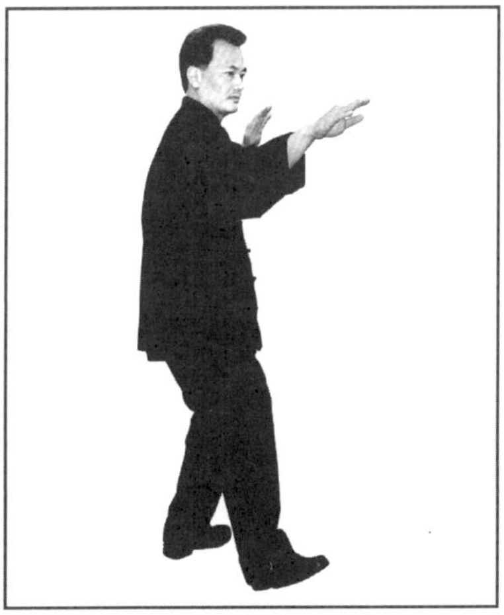

圖一六五

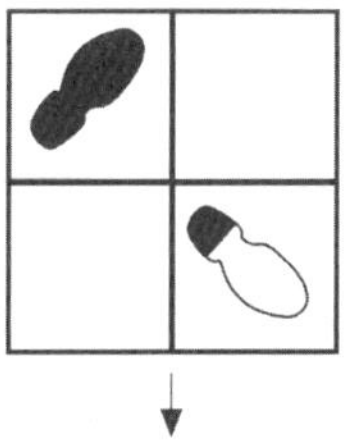

順序	左分腳之一
對應動作 腰胯	保持前姿定勢。
對應動作 下肢	右腿屈膝鬆落，右腳收回至左小腿側（不落地），復向右前方一步處落下，腳跟著地，腳尖微翹，方向朝右前。
對應動作 上肢	保持前姿定勢。
圖號	一六五

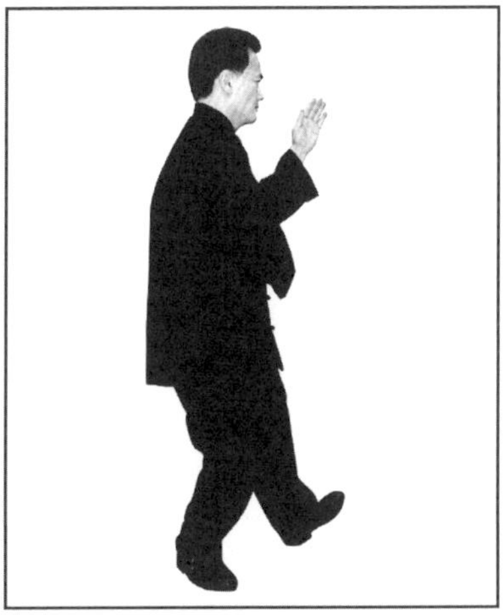

圖一六六

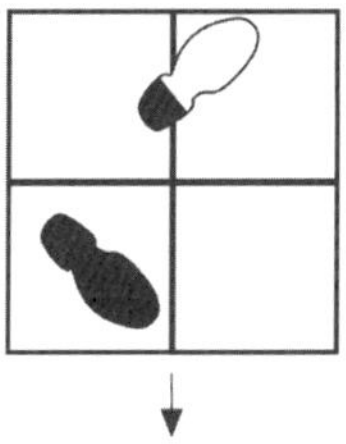

順序	左分腳之二
對應動作 腰胯	鬆左胯，坐右胯。
對應動作 下肢	身體重量逐漸由左腳平送移付右腳（腳掌隨勢落地），屈膝落實；使左腳成虛，並即向左前方平移一步，腳跟著地，腳尖微翹，方向朝左前。
對應動作 上肢	左手仍成豎掌，隨勢平移至左胸前，左腕並內旋四分之一圈，使掌心向右；右手小臂則由右向左回收橫落，右腕同時內旋二分之一圈，使掌心朝上，落於左肘之下（成擺式）。
圖號	一六六

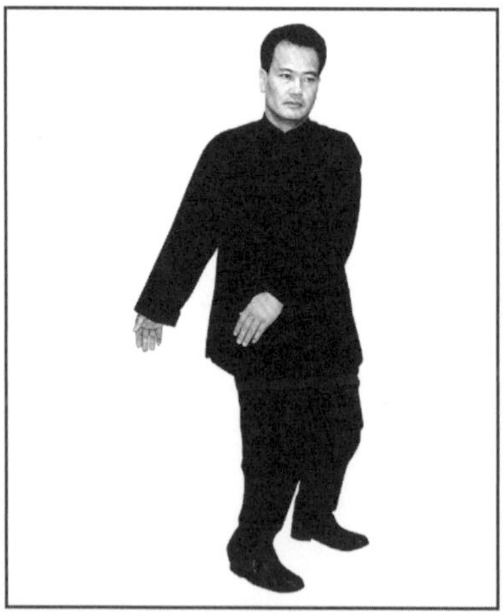

圖一六七

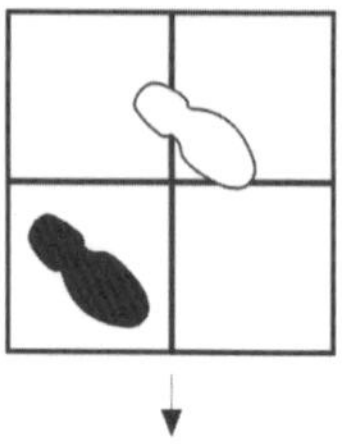

順序	左分腳之三
對應動作・腰胯	以右胯爲軸心，上身保持中正，由腰帶動，向右旋轉到底。
對應動作・下肢	左腳跟保持著地，腳尖隨腰胯右轉九十度後落地。
對應動作・上肢	雙手先擺，再隨勢盪落，左手盪止於右胯前，掌心向後；右手盪移至右臂後，掌心朝前。
圖號	一六七

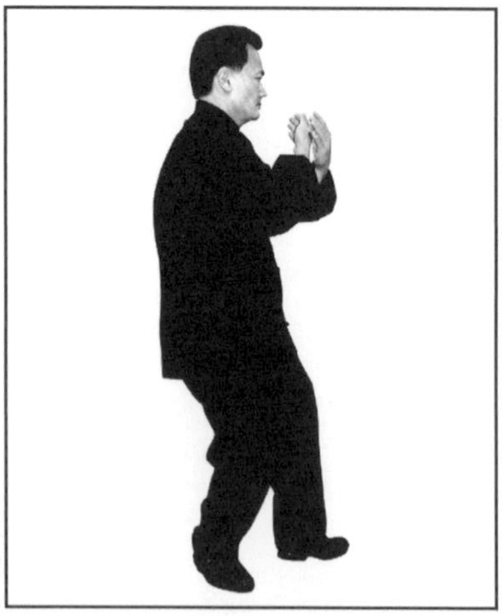

圖一六八

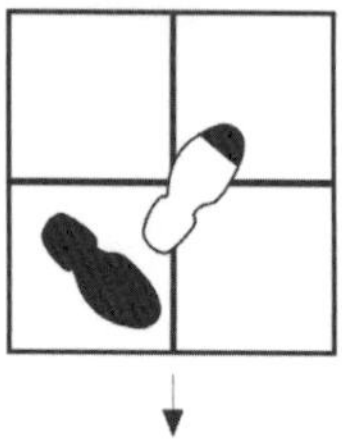

順序	左分腳之四
對應動作・腰胯	腰胯向右旋轉到底之剎那，復向左回轉到底。
對應動作・下肢	左腳尖保持點地，腳跟上提隨勢內旋九十度。
對應動作・上肢	左手小臂隨勢提升平胸，掌心向後成左掤手；右手同時自右後側方，由下而上繞一半圈後，隨勢橫落於胸前，使腕接於左腕之上（右腕並內旋二分之一圈，使掌心向後）。
圖號	一六八

順序	左分腳之五
對應動作 腰胯	右胯略沈。
對應動作 下肢	左腿向左前方上抬，至膝蓋與大腿平後，膝蓋略伸，小腿前踢，踝關節並略伸展，使腳尖與腳背平。
對應動作 上肢	兩腕先略上升，並同時外旋二分之一圈，使掌心皆朝前；兩臂即向左右兩側弧形伸展分開，至左臂與左腿平行前伸，掌心朝前下按；右手則成豎掌，移位於右耳後側。
圖號	一六九

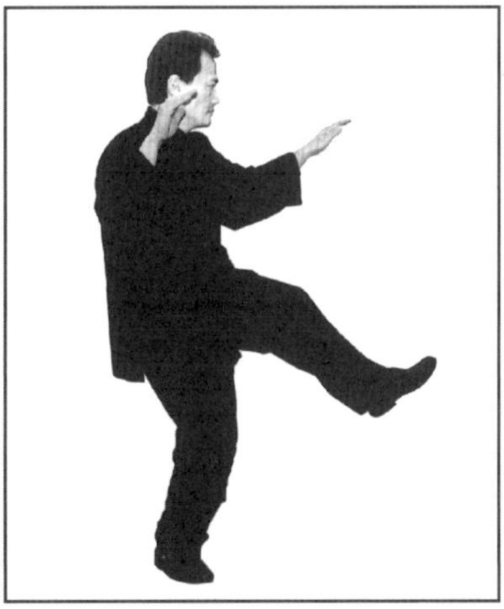

圖一六九

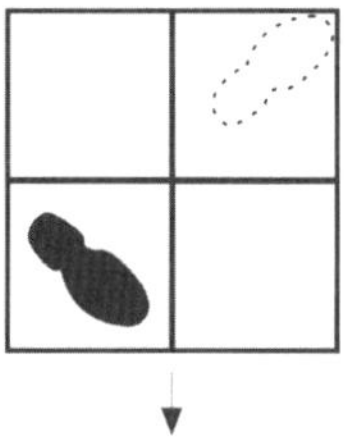

廿八、「轉身蹬腳」

順序	轉身蹬腳之一
對應動作 腰胯	保持前姿定勢。
對應動作 下肢	左腿屈膝鬆落，左腳回收至右腳跟後半步處，腳尖朝左前方點地。
對應動作 上肢	雙臂同時鬆落；右腕內旋二分之一圈，使掌心朝前，盪移至右臂後；左手則盪移至右胯前，掌心向後。
圖號	一七〇

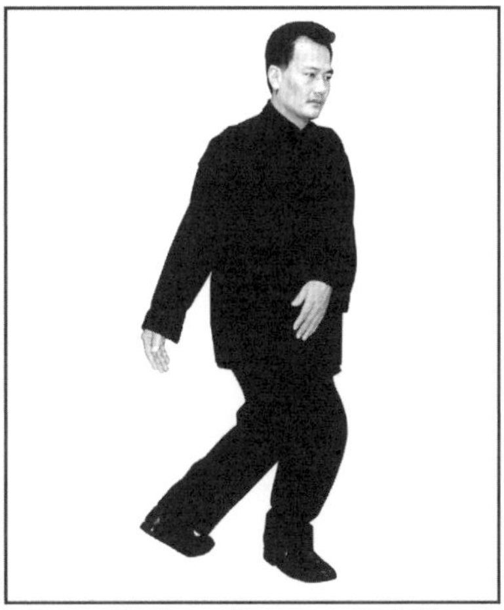

圖一七〇

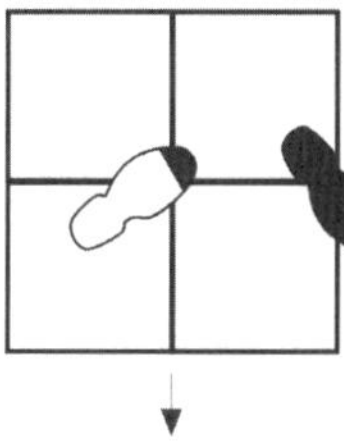

圖一七一

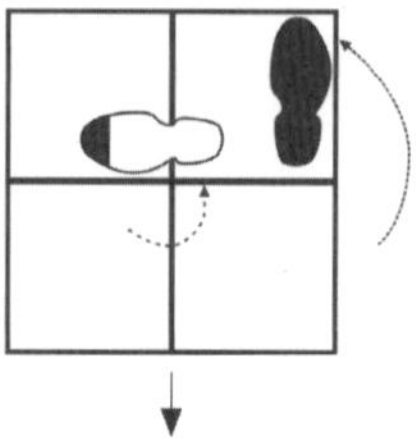

順序	轉身蹬腳之二
對應動作：腰胯	以右腳跟爲軸心（右胯保持坐沉，固定不動），上身保持中正，由腰帶動，向左旋轉，至面向正後方。
對應動作：下肢	右腳跟保持著地（並爲此式旋轉之軸心）腳尖上翹，隨腰左轉一三五度後落地（並即屈膝落實，使全身重量置於其上）；左腳尖保持點地，腳跟同時隨勢內旋一三五度。
對應動作：上肢	右臂隨身軀左旋之勢，由右向左繞圈盪升後，橫於胸前，略屈右肘，小臂下落，右腕同時內旋四分之一圈，使掌心向後成掤手狀；左手則保持前姿勢，仍定位於右胯前。
圖號	一七一

圖一七二

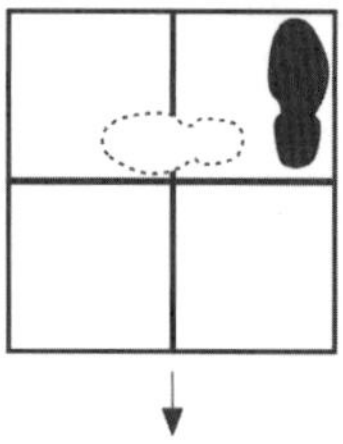

順序	轉身蹬腳之三
對應動作：腰胯	保持前姿定勢。
對應動作：下肢	左腿屈膝上抬，至約與腰平。
對應動作：上肢	左手小臂隨勢拉升，使兩腕相交，成十字手狀（左腕在外，右腕在內），雙手掌心皆向後。
圖號	一七二

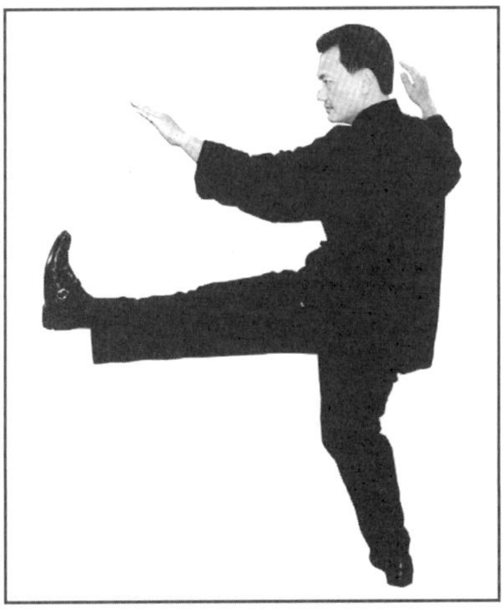

圖一七三

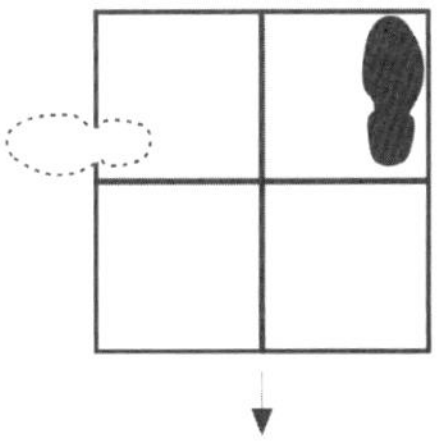

順序	對應動作：腰胯	對應動作：下肢	對應動作：上肢	圖號
轉身蹬腳之四	右胯略沈。	左腿屈膝上抬，至約與腰平之剎那，將膝蓋打直，以腳跟向正前方蹬踢。	兩腕同時外旋二分之一圈，使掌心皆朝前，兩臂即隨勢前後分開，右手拉至右耳後側，成豎掌狀；左手則隨左臂朝前平伸下按（左臂伸展方向與左腳蹬踢方向平行）。	一七三

圖一七四

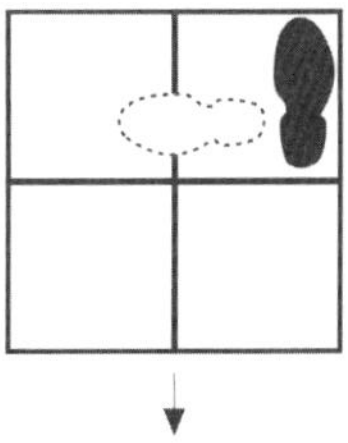

順序	對應動作：腰胯	對應動作：下肢	對應動作：上肢	圖號
左摟膝拗步之一	保持前姿定勢。	左腿膝蓋以下部分盪回至右小腿側，左腳踝鬆開，腳尖略垂。	右手豎掌保持不動；左臂鬆落，左腕並外旋四分之一圈，使掌心向左，回收右胯前。	一七四

圖一七五

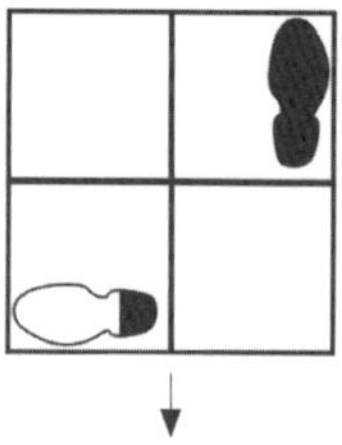

順序	左摟膝拗步之二
對應動作：腰胯	保持前姿定勢。
對應動作：下肢	左腳向左前方平移一步，腳跟著地。
對應動作：上肢	保持前姿定勢。
圖號	一七五

圖一七六

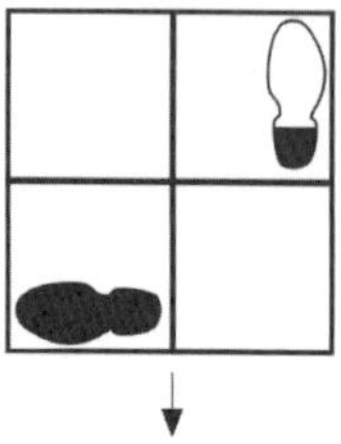

順序	左摟膝拗步之三
對應動作：腰胯	鬆右胯，坐左胯。
對應動作：下肢	身體重量逐漸由右腳平送移付左腳（腳掌隨勢落地），屈膝落實；使右腳成虛，腳尖微翹。
對應動作：上肢	左手隨勢由右胯前平移至左胯前。
圖號	一七六

圖一七七

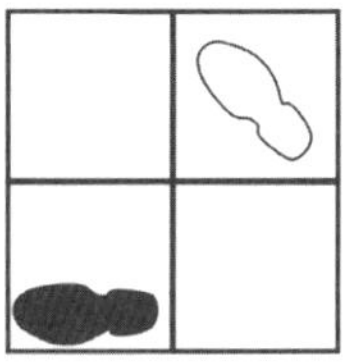

順序	左摟膝拗步之四
對應動作：腰胯	左腳落實之剎那，以左胯爲軸心，上身保持中正，由腰帶動，向左轉正。
對應動作：下肢	右腳跟保持著地，腳尖隨腰胯左轉四十五度後落地。
對應動作：上肢	右手成美人手狀，腕部約與肩平，落肘隨勢前按；左手則向左膝作摟開狀，隨勢平移至左大腿外側，左腕並内旋四分之一圈，使掌心向後。
圖號	一七七

右摟膝拗步

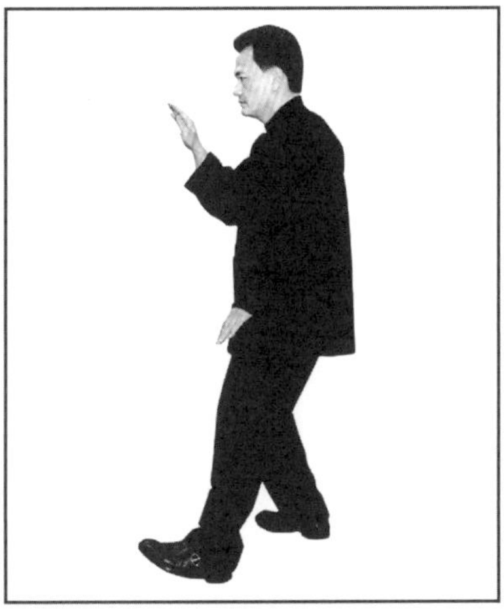

圖一七八

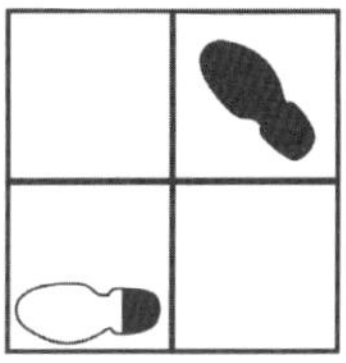

順序	右摟膝拗步之一
對應動作：腰胯	鬆左胯，坐右胯。
對應動作：下肢	身體重量逐漸由左腳平送移付右腳，屈膝落實；使左腳成虛，腳尖微翹。
對應動作：上肢	保持前姿定勢。
圖號	一七八

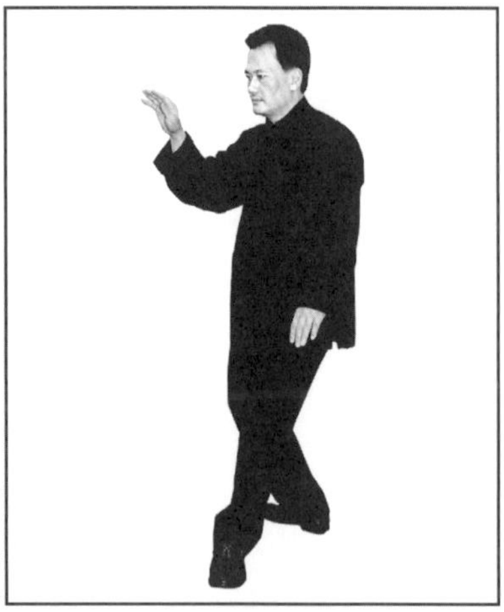

圖一七九

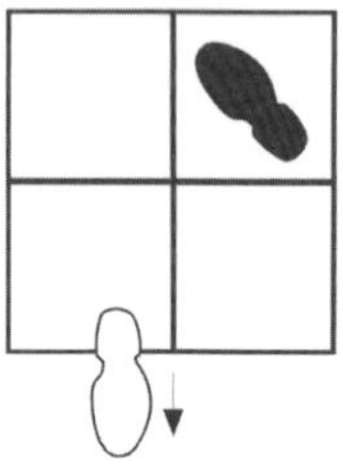

順序	右摟膝拗步之二
對應動作 腰胯	右腳落實之剎那，以右胯爲軸心，上身保持中正，由腰帶動，向左旋轉到底。
對應動作 下肢	左腳跟保持著地，腳尖隨腰胯左轉九十度後落地。
對應動作 上肢	保持前姿定勢，僅隨腰胯轉動，向左平移。
圖號	一七九

圖一八〇

順序	右摟膝拗步之三
對應動作 腰胯	鬆右胯，坐左胯。
對應動作 下肢	身體重量逐漸由右腳平送移付左腳，屈膝落實；使右腳成虛。
對應動作 上肢	保持前姿定勢。
圖號	一八〇

圖一八一

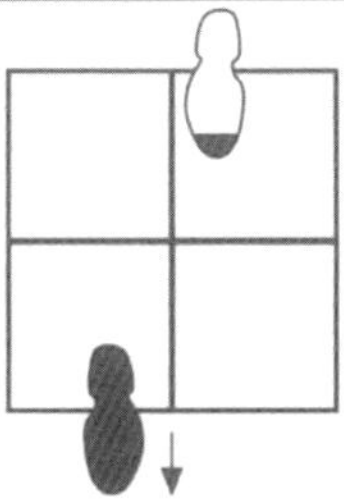

順序	右摟膝拗步之四
對應動作：腰胯	左腳落實之剎那，以左胯爲軸心，上身保持中正，由腰帶動向左旋轉到底。
對應動作：下肢	右腳尖保持點地，腳跟上提，並隨勢外旋一三五度。
對應動作：上肢	右臂鬆落，隨勢向左下方盪移；右腕並外旋四分之一圈，使右掌心向右前，盪止於左胯前；左腕則內旋二分之一圈，使左掌心朝前，同時盪移至左臀後。
圖號	一八一

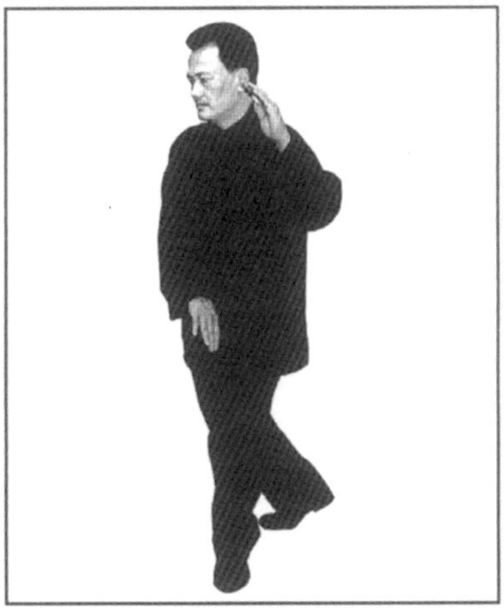

圖一八二

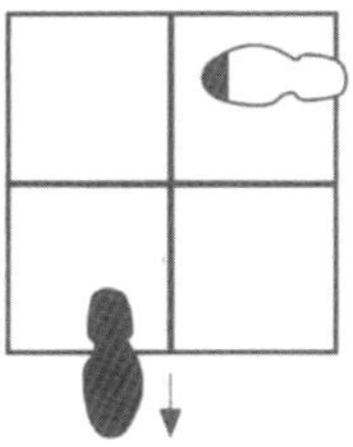

順序	右摟膝拗步之五
對應動作：腰胯	腰胯向左旋轉到底之剎那，復向右回轉。
對應動作：下肢	右腳尖保持點地，腳跟復隨勢內旋九十度。
對應動作：上肢	左手於左後側方，由下而上繞一半圈，掌心朝前，盪升至左耳外側，成豎掌。
圖號	一八二

圖一八三

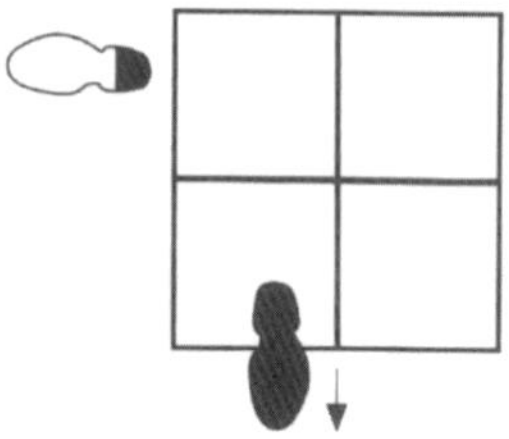

順序		右摟膝拗步之六
對應動作	腰胯	保持前姿定勢。
	下肢	右腳提起，向前平移一步，腳跟著地。
	上肢	保持前姿定勢。
圖號		一八三

圖一八四

順序		右摟膝拗步之七
對應動作	腰胯	鬆左胯，坐右胯。
	下肢	身體重量逐漸由左腳平送移付右腳（腳掌隨勢落地），屈膝落實；使左腳成虛，腳尖微翹。
	上肢	右手隨勢由左胯前平移至右胯前。
圖號		一八四

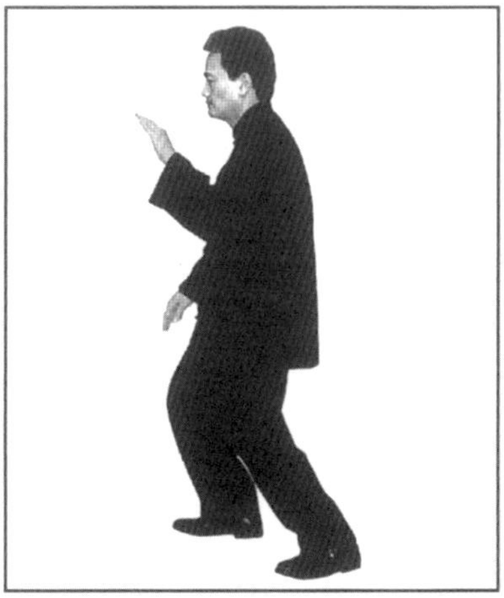

圖一八五

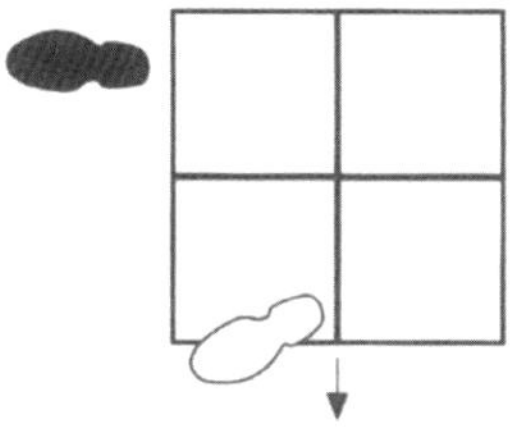

順序		右摟膝拗步之八
對應動作	腰胯	右腳落實之剎那，以右胯爲軸心，上身保持中正，由腰帶動，向右轉正。
	下肢	左腳跟保持著地，腳尖隨腰胯右轉四十五度後落地。
	上肢	左手成美人手狀，腕部約與肩平，落肘隨勢前按；右手則向右膝作摟開狀，隨勢平移至右大腿外側，右腕並內旋四分之一圈，使掌心向後。
圖號		一八五

廿九、「進步栽捶」

圖一八六

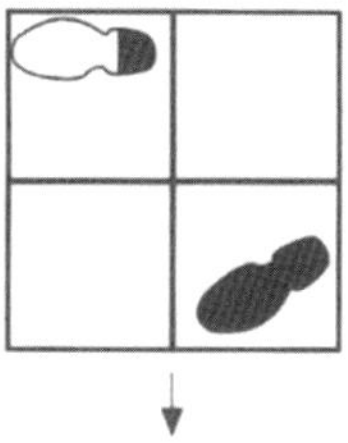

順序		進步栽捶之一
對應動作	腰胯	鬆右胯，坐左胯。
	下肢	身體重量逐漸由右腳平送移付左腳，屈膝落實；使右腳成虛，腳尖微翹。
	上肢	保持前姿定勢。
圖號		一八六

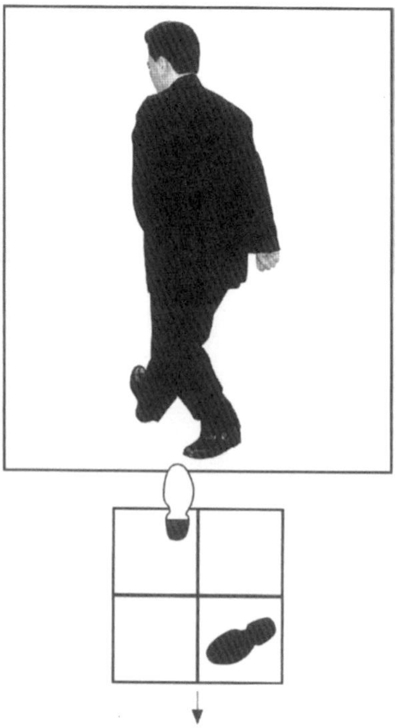

圖一八七

順序	進步栽捶之二
對應動作：腰胯	左腳落實之剎那，以左胯爲軸心，上身保持中正，由腰帶動，向右旋轉到底。
對應動作：下肢	右腳跟保持著地，腳尖隨腰胯右轉九十度。
對應動作：上肢	左臂鬆落，左腕外旋四分之一圈，使左掌心向左，盪移至右胯前；右手則隨勢平移至右臂後，成握拳狀，右腕並內旋四分之一圈，使右拳虎口朝前。
圖號	一八七

圖一八八

順序	進步栽捶之三
對應動作：腰胯	鬆左胯，坐右胯。
對應動作：下肢	身體重量逐漸由左腳平送移付右腳（腳掌隨勢落地），屈膝落實；使左腳成虛。
對應動作：上肢	保持前姿定勢。
圖號	一八八

圖一八九

順序	進步栽捶之四
對應動作：腰胯	右腳落實之剎那，以右胯爲軸心，上身保持中正，由腰帶動，向右旋轉到底。
對應動作：下肢	左腳尖保持點地，腳跟略上提，並隨勢外旋四十五度。
對應動作：上肢	保持前姿定勢，僅隨腰胯轉動，略向右平移。
圖號	一八九

圖一九〇

順序	進步栽捶之五
對應動作：腰胯	保持前姿定勢。
對應動作：下肢	左腳提起，向前平移一步，腳跟著地。
對應動作：上肢	保持前姿定勢。
圖號	一九〇

圖一九一

順序	進步栽捶之六
對應動作 腰胯	鬆右胯，坐左胯。
對應動作 下肢	身體重量逐漸由右腳平送移付左腳（腳掌隨勢落地），屈膝落實；使右腳成虛，腳尖微翹。
對應動作 上肢	右拳由右臂後，盪移至右大腿外側；左手則由右胯前，平移至左胯前。
圖號	一九一

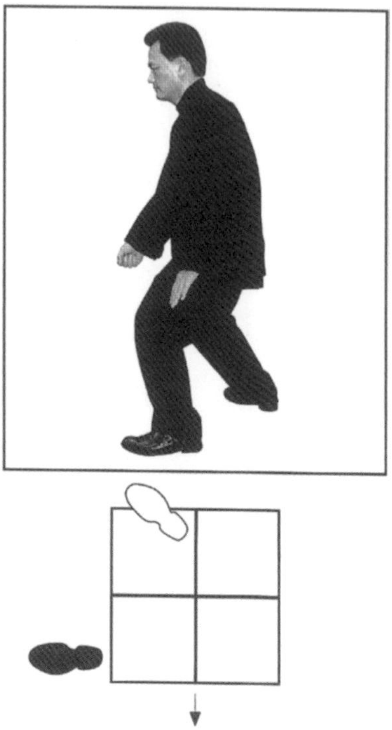

圖一九二

順序	進步栽捶之七
對應動作 腰胯	左腳落實之剎那，以左胯為軸心，上身保持中正，由腰帶動，向左轉正。
對應動作 下肢	右腳跟保持著地，腳尖隨腰胯左轉四十五度後落地。
對應動作 上肢	左手隨勢向左膝作摟開狀，平移至左大腿外側，左腕並內旋四分之一圈，使掌心向後；右臂則仍續鬆落，右拳保持虎口朝前，隨勢盪移至右胯前一尺處（有隨腰胯旋轉，向下沈擊之意）。
圖號	一九二

圖一九三

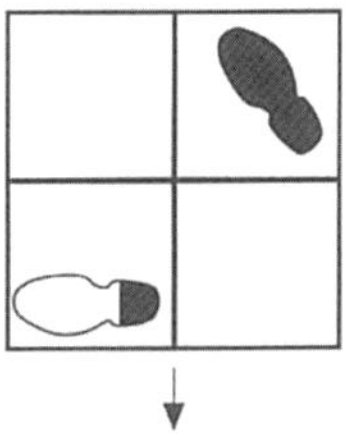

順序	右掤之一
對應動作 腰胯	鬆左胯，坐右胯。
對應動作 下肢	身體重量逐漸由左腳平送移付右腳，屈膝落實；使左腳成虛，腳尖微翹。
對應動作 上肢	雙手小臂隨勢落肘提升於胸前；右拳鬆開，右腕內旋四分之一圈，使掌心向後；左手掌心朝前成豎掌；雙手一前一後，掌心相對，距離約半尺。
圖號	一九三

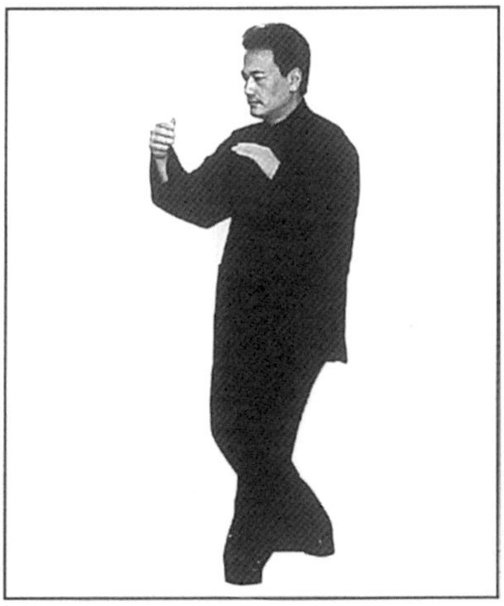

圖一九四

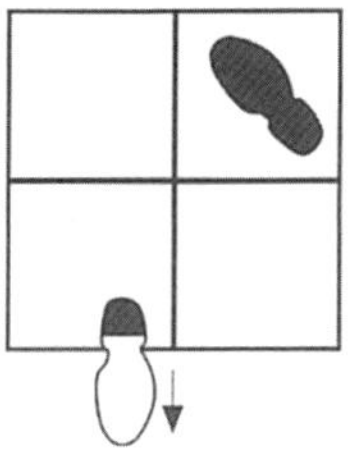

順序	右掤之二
對應動作 腰胯	右腳落實之剎那，以右胯爲軸心，上身保持中正，由腰帶動，向左旋轉到底。
對應動作 下肢	左腳跟保持著地，腳尖隨腰胯左轉九十度。
對應動作 上肢	保持前姿定勢，僅隨腰胯轉動，向左平移。
圖號	一九四

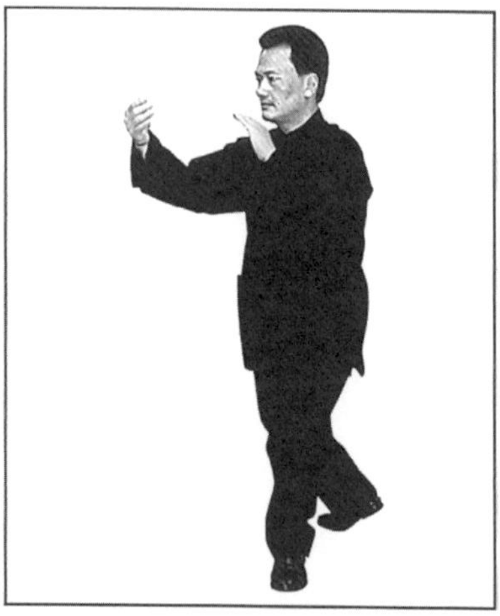

圖一九五

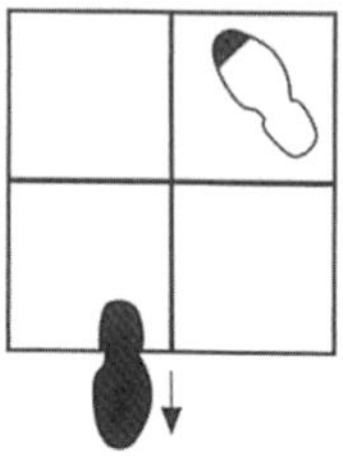

順序	右掤之三
對應動作・腰胯	鬆右胯，坐左胯。
對應動作・下肢	身體重量逐漸由右腳平送移付左腳（腳掌隨勢落地），屈膝落實；使右腳成虛，腳跟略上提。
對應動作・上肢	保持前姿定勢。
圖號	一九五

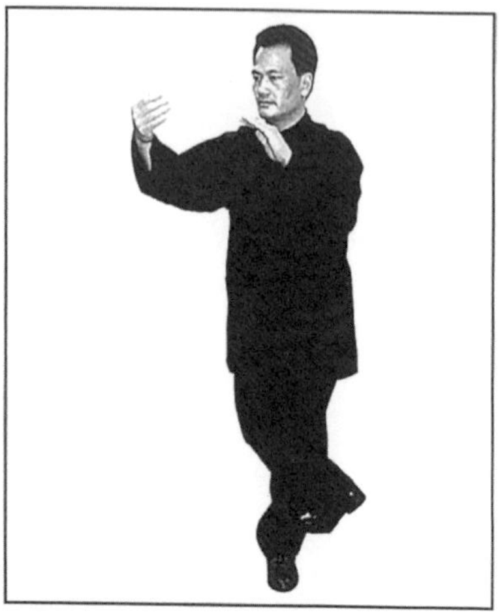

圖一九六

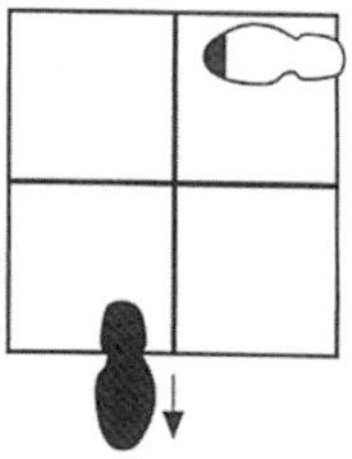

順序	右掤之四
對應動作・腰胯	左腳落實之剎那，以左胯爲軸心，上身保持中正，由腰帶動，略向左沈轉。
對應動作・下肢	右腳尖保持點地，腳跟隨勢外旋四十五度。
對應動作・上肢	保持前姿定勢，僅隨腰胯轉動，向左平移。
圖號	一九六

圖一九七

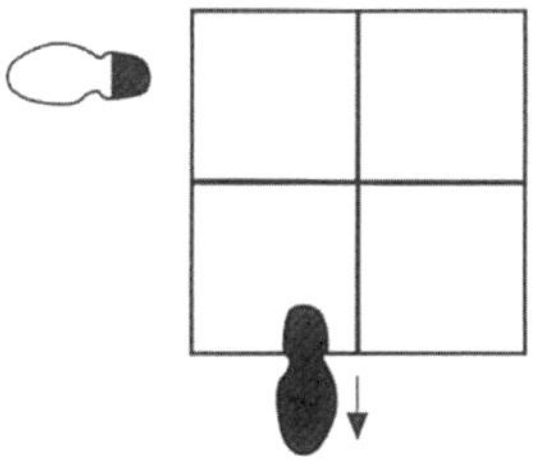

順序	右掤之五
對應動作・腰胯	保持前姿定勢。
對應動作・下肢	右腳提起，向前平移一大步，腳跟著地，腳尖上翹。
對應動作・上肢	保持前姿定勢。
圖號	一九七

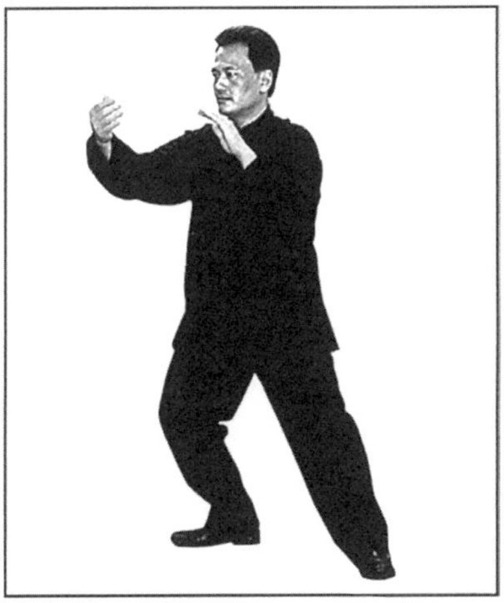

圖一九八

順序	右掤之六
對應動作・腰胯	鬆左胯，坐右胯。
對應動作・下肢	身體重量逐漸由左腳平送移付右腳（腳掌隨勢落地），屈膝落實；使左腳成虛，腳尖微翹。
對應動作・上肢	保持前姿定勢。
圖號	一九八

圖一九九

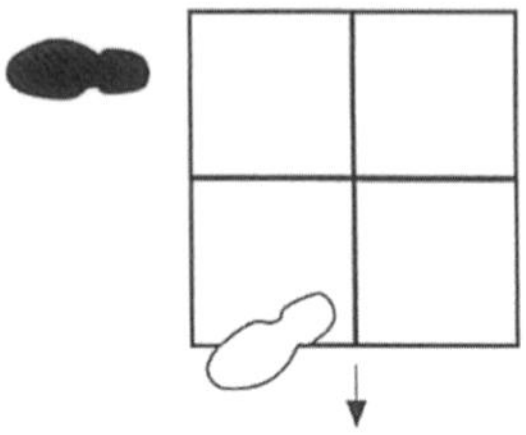

順序		右掤之七
對應動作	腰胯	右腳落實之剎那，以右胯爲軸心，上身保持中正，由腰帶動，向右轉正。
	下肢	左腳跟保持著地，腳尖隨腰胯右轉四十五度後落地。
	上肢	保持前姿定勢，僅隨腰胯轉動，向右平移至胸前。
圖號		一九九

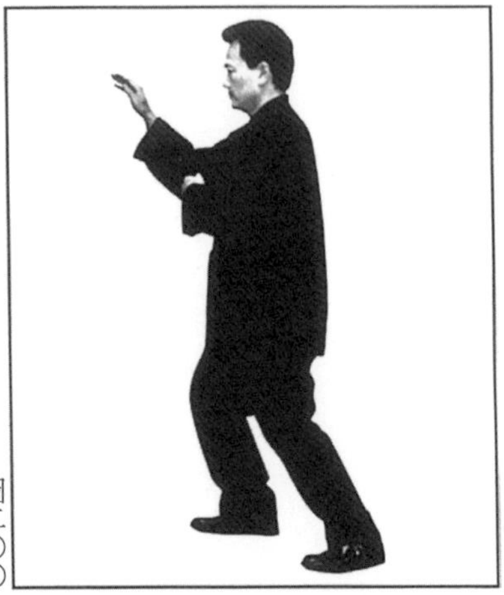

圖二〇〇

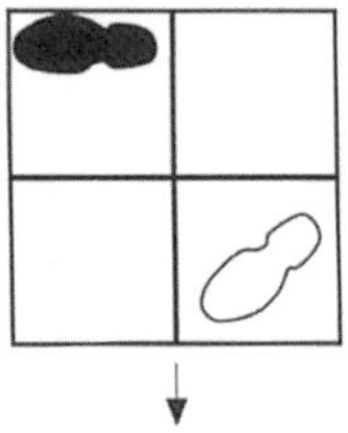

順序		攌之一
對應動作	腰胯	保持前姿定勢，唯右胯再略向右沈轉。
	下肢	保持前姿定勢。
	上肢	右手小臂隨勢落肘並略向右揮移，右腕同時外旋二分之一圈，使掌心朝前下按（此時右半身成外三合狀）；左腕同時內旋二分之一圈，使掌心向後，左手小臂並隨勢掉落，橫置胸前。
圖號		二〇〇

圖二〇一

順序	攦之二
對應動作 腰胯	鬆右胯，坐左胯。
對應動作 下肢	身體重量逐漸由右腳平送移付左腳；屈膝落實，使右腳成虛。
對應動作 上肢	兩臂隨勢往前回收，右肘略落；使右手成豎掌，左手小臂亦略下沈，使左手貼近右肘；兩腕並同時各自內旋四分之一圈，使右手掌心向左，左手掌心朝上。
圖號	二〇一

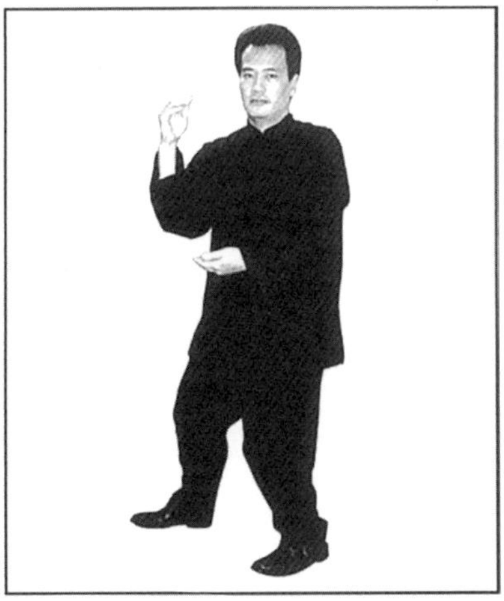

圖二〇二

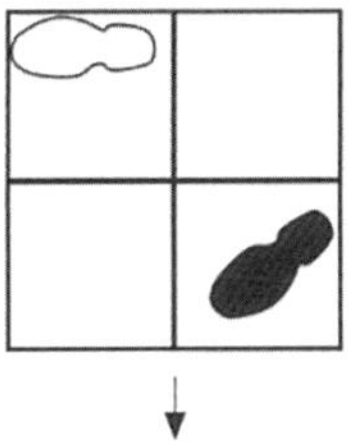

順序	攦之三
對應動作 腰胯	以左胯爲軸心，上身保持中正，由腰帶動，向左後方旋轉到底。
對應動作 下肢	保持前姿定勢。
對應動作 上肢	保持前姿定勢，僅隨腰胯轉動，向左平移。
圖號	二〇二

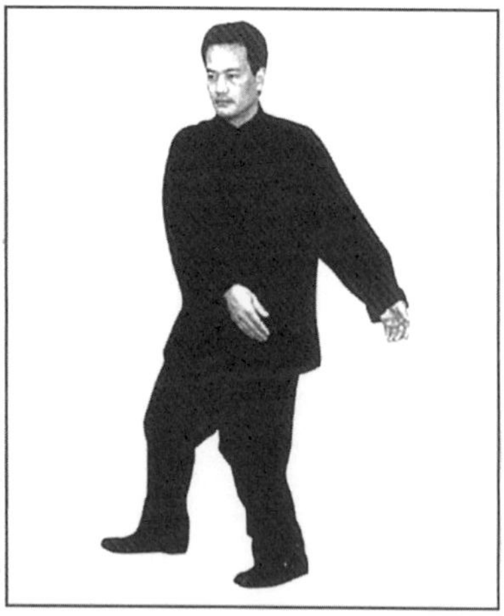

圖二〇三

順序	攌之四
對應動作：腰胯	保持前姿定勢。
對應動作：下肢	保持前姿定勢。
對應動作：上肢	腰胯向左後方旋轉到底，至轉不動之剎那，兩臂隨勢向左下方鬆垂盪落；右手掌心向後，盪止於左大腿外側；左手掌心朝前，盪至左臀後。
圖號	二〇三

圖二〇四

上步攬雀尾之三—擠

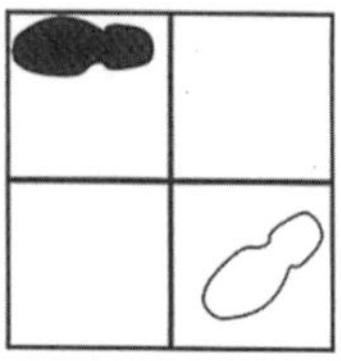

順序	擠之一
對應動作：腰胯	鬆左胯，坐右胯。
對應動作：下肢	身體重量逐漸由左腳平送移付右腳，屈膝落實；使左腳成虛。
對應動作：上肢	右手小臂隨勢由下而上，落肘提升至胸前，掌心向後成掤手狀；左手小臂同時於左後側方，由下而上繞一半圈，使成豎掌，移位於左耳外側，掌心朝前。
圖號	二〇四

圖二〇五

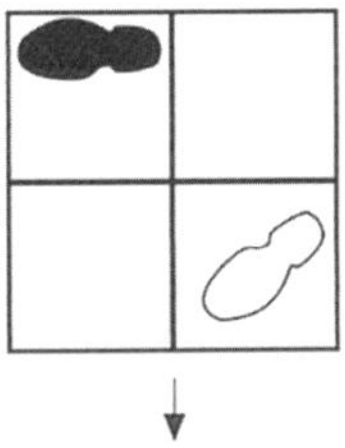

順序	擠之二
對應動作：腰胯	右腳落實之剎那，以右胯爲軸心，上身保持中正，由腰帶動，向右轉正。
對應動作：下肢	保持前姿勢。
對應動作：上肢	左掌心隨勢逐漸接近右手，並貼上右掌心（雙掌相貼之處爲左掌左半部及右掌下半部），並繼續落肘往前推送至距胸前一尺處，。
圖號	二〇五

圖二〇六

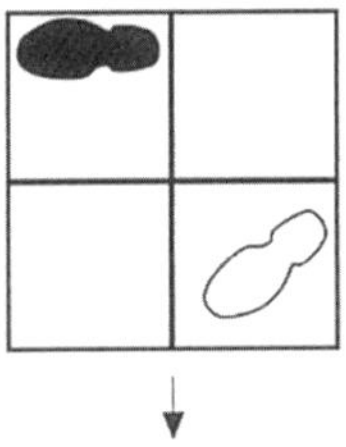

順序	按之一
對應動作：腰胯	保持前姿勢。
對應動作：下肢	保持前姿勢。
對應動作：上肢	右腕外旋二分之一圈，使右掌心向下；左掌心則輕貼於右掌背之上。
圖號	二〇六

圖二〇七

順序	按之二
對應動作 — 腰胯	鬆右胯，坐左胯。
對應動作 — 下肢	身體重量逐漸由右腳平送移付左腳，屈膝落實；使右腳成虛。
對應動作 — 上肢	雙手隨勢左右分開（高低與肩平，距離同肩寬），兩肘同時略降，並拉回近兩脅外側，使雙手掌心朝前，成豎掌狀。
圖號	二〇七

圖二〇八

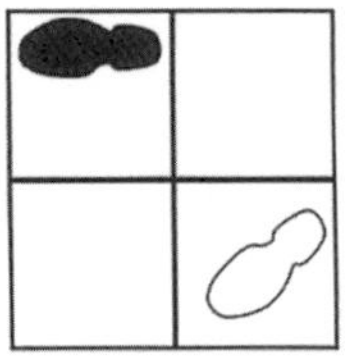

順序	按之三
對應動作 — 腰胯	鬆左胯，坐右胯。
對應動作 — 下肢	身體重量逐漸由左腳平送移付右腳，屈膝落實；使左腳成虛。
對應動作 — 上肢	兩臂保持豎掌，向前平送（至定勢時除左手、左腳外，餘皆應符「外三合」之要求）。
圖號	二〇八

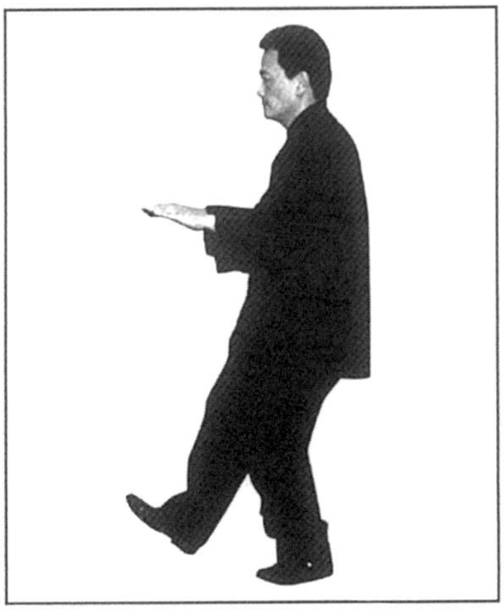

圖二〇九

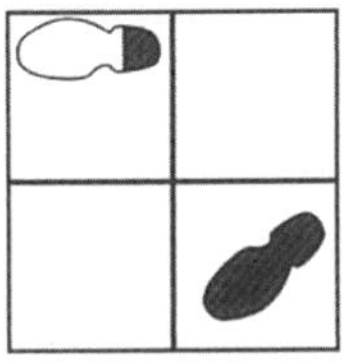

順序	單鞭之一
對應動作 腰胯	鬆右胯，坐左胯。
對應動作 下肢	身體重量逐漸由右腳平送移付左腳，屈膝落實；使右腳成虛，腳尖上翹。
對應動作 上肢	兩肘隨勢略往回拉，雙手同時平落至胸前，掌心向下。
圖號	二〇九

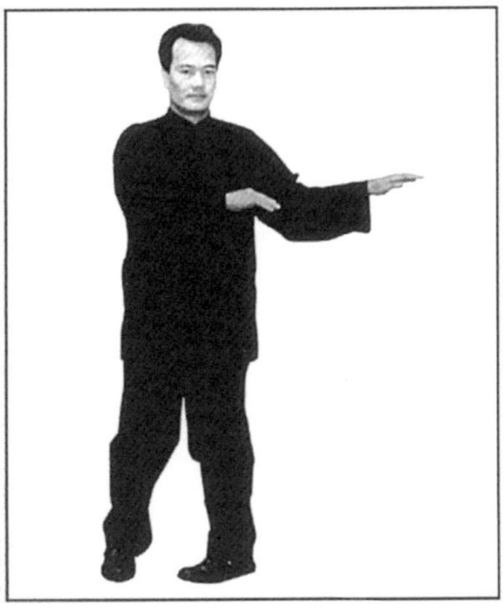

圖二一〇

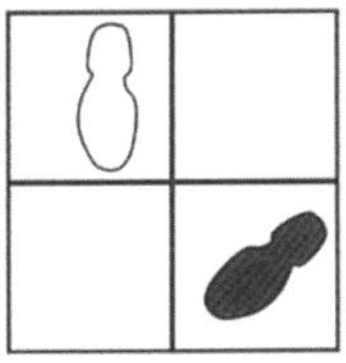

順序	單鞭之二
對應動作 腰胯	以左胯爲軸心，上身保持中正，由腰帶動，向左旋轉到底。
對應動作 下肢	右腳跟保持著地，左腳尖隨腰胯左轉九十度後落地。
對應動作 上肢	雙手小臂隨勢向左平移，使右手小臂橫置胸前，左手小臂則與之平行，移位於身體左側。
圖號	二一〇

圖二一一

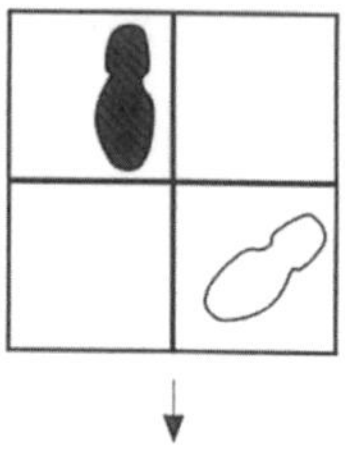

順序	對應動作：腰胯	對應動作：下肢	對應動作：上肢	圖號
單鞭之三	鬆左胯，坐右胯。	身體重量逐漸由左腳平送移付右腳，屈膝落實；使左腳成虛。	鬆落左臂，左腕並內旋二分之一圈，使掌心朝上，隨勢盪移至右胯前；右臂同時略向右回收，使右手平移至右腋前；雙手成合抱狀。	二一一

圖二一二

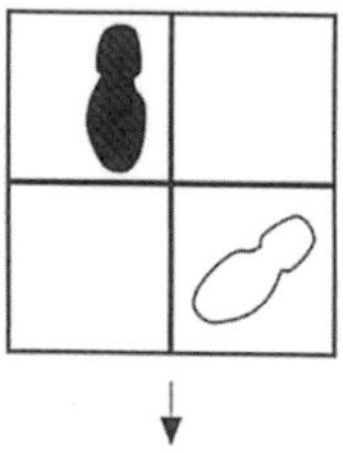

順序	對應動作：腰胯	對應動作：下肢	對應動作：上肢	圖號
單鞭之四	以右胯爲軸心，上身保持中正，由腰帶動向右旋轉到底。	保持前姿定勢。	保持前姿定勢，僅隨腰胯轉動，向右平移。	二一二

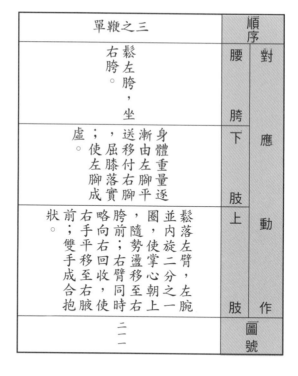

圖二一三

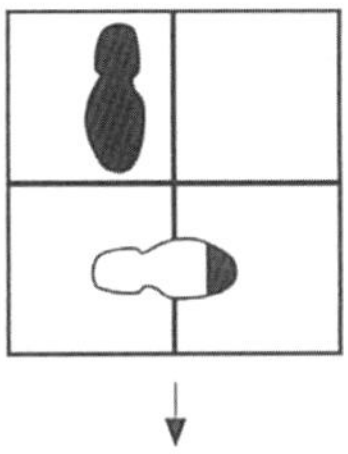

順序	單鞭之五
對應動作・腰胯	腰胯向右旋轉，至轉不動時，復向左回轉。
對應動作・下肢	左腳尖保持點地，腳跟提起，隨勢內旋一三五度。
對應動作・上肢	左腕隨勢外旋四分之一圈，使掌心向後，小臂同時由下斜盪而上至胸前，成掤手狀；右手則自腕垂落，五指趁勢聚攏成吊手，同時向身體右側方伸展。
圖號	二一三

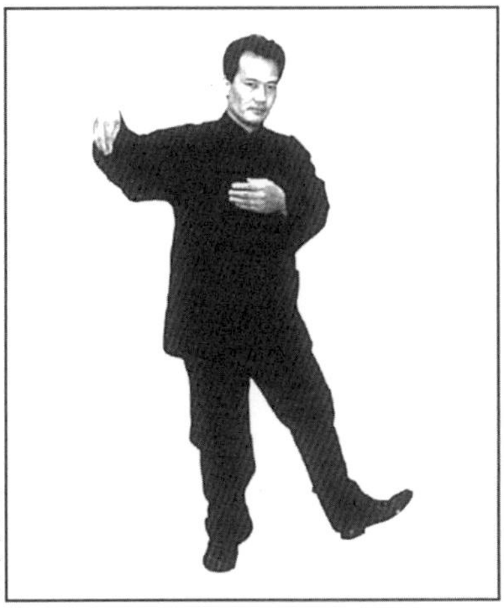

圖二一四

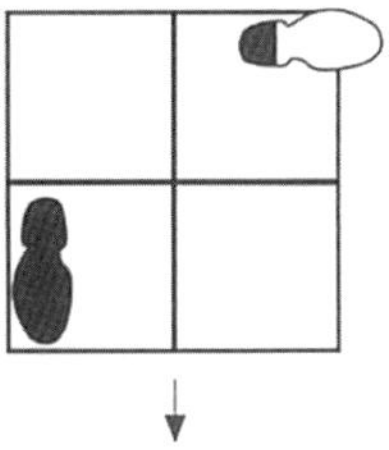

順序	單鞭之六
對應動作・腰胯	保持前姿定勢。
對應動作・下肢	左腳提起向左前方平移一步，腳跟著地，腳尖上翹。
對應動作・上肢	保持前姿定勢。
圖號	二一四

圖二一五

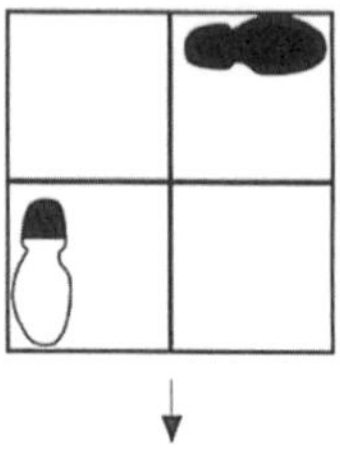

順序	單鞭之七
對應動作 腰胯	鬆右胯，坐左胯。
對應動作 下肢	身體重量逐漸由右腳平送移付左腳（腳掌隨勢落地），屈膝落實；使右腳成虛，腳尖微翹。
對應動作 上肢	保持前姿定勢。
圖號	二一五

圖二一六

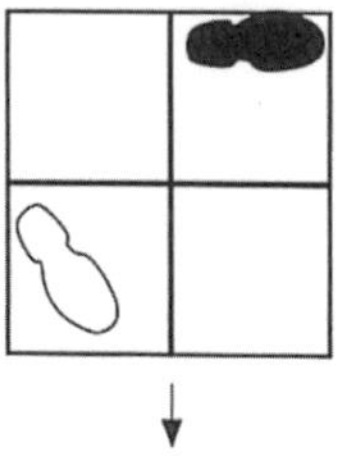

順序	單鞭之八
對應動作 腰胯	左腳落實之剎那，以左胯爲軸心，上身保持中正，由腰帶動，向左轉正。
對應動作 下肢	右腳跟保持著地，腳尖隨腰胯左轉四十五度後落地。
對應動作 上肢	左臂隨勢落肘向左揮移，前伸於左胸前，左腕同時外旋四分之一圈，使掌心朝前下按；右吊手則保持原勢，隨腰胯轉動，向正右方伸展。
圖號	二一六

三十、「玉女穿梭一」

圖二一七

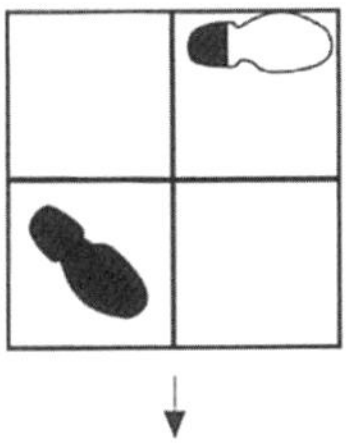

順序		玉女穿梭一之一
對應動作	腰胯	鬆左胯，坐右胯。
	下肢	身體重量逐漸由左腳平送移付右腳，屈膝落實；使左腳成虛，腳尖上翹。
	上肢	雙臂略沈，雙肘隨勢略向兩脅回收；右吊手同時鬆開成掌並豎直腕背；雙手掌心皆向下。
圖號		二一七

圖二一八

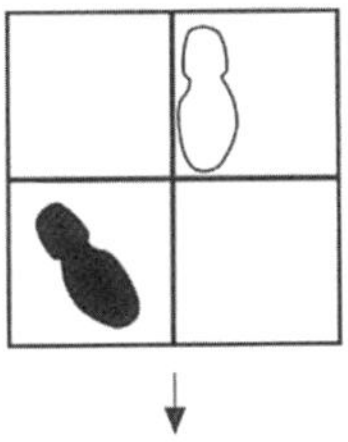

順序		玉女穿梭一之二
對應動作	腰胯	以右胯爲軸心，上身保持中正，由腰帶動，向右旋轉到底。
	下肢	左腳跟保持著地，腳尖隨腰胯右轉九十度後落地。
	上肢	右手姿勢不變，僅隨腰胯轉動，向右平移；左手小臂則隨勢由左至右，橫移胸前。
圖號		二一八

圖二一九

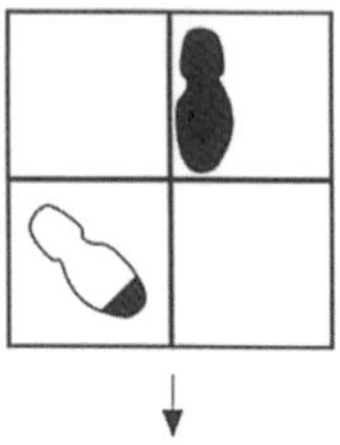

順序	玉女穿梭一之三
對應動作 腰胯	鬆右胯，坐左胯。
對應動作 下肢	身體重量逐漸由右腳平送移付左腳，屈膝落實；使右腳成虛，腳跟略上提。
對應動作 上肢	右手隨勢回收，提升於右肩前成豎掌，右腕並內旋四分之一圈，使掌心向左；左手小臂同時落下，橫置胸腹之間，左腕並內旋二分之一圈，使掌心朝上，落於右肘之下。
圖號	二一九

圖二二○

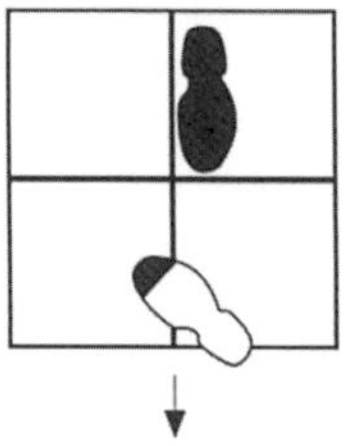

順序	玉女穿梭一之四
對應動作 腰胯	左腳落實之刹那，以左胯為軸心，上身保持中正，由腰帶動，向右旋轉到底。
對應動作 下肢	右腳尖保持點地，腳跟隨勢內旋一八○度。
對應動作 上肢	保持前姿定勢，僅隨腰胯轉動，向右平移。
圖號	二二○

圖二二一

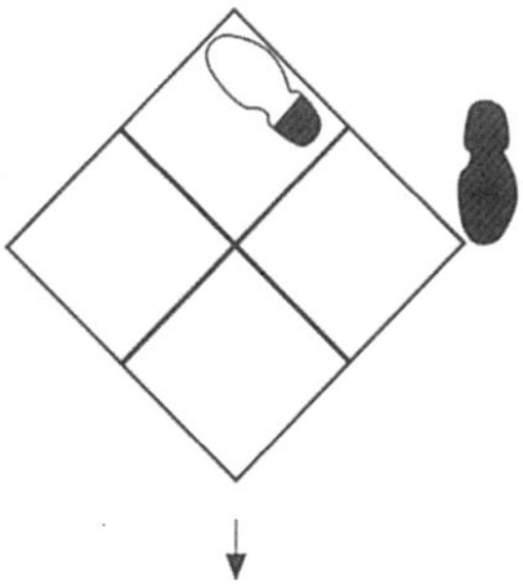

順序	玉女穿梭一之五
對應動作 腰胯	保持前姿定勢。
對應動作 下肢	右腳提起，向其腳尖之右前方，橫移一步，腳跟著地。
對應動作 上肢	保持前姿定勢。
圖號	二二一

圖二二二

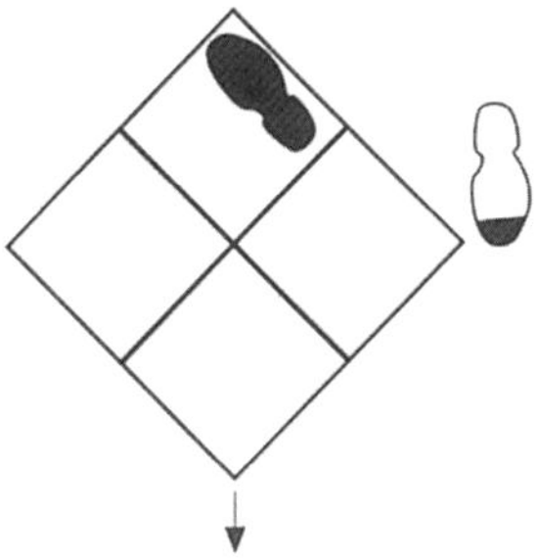

順序	玉女穿梭一之六
對應動作 腰胯	鬆左胯，坐右胯。
對應動作 下肢	身體重量逐漸由左腳平送移付右腳（腳掌隨勢落地），屈膝落實；使左腳成虛，腳跟略上提。
對應動作 上肢	保持前姿定勢。
圖號	二二二

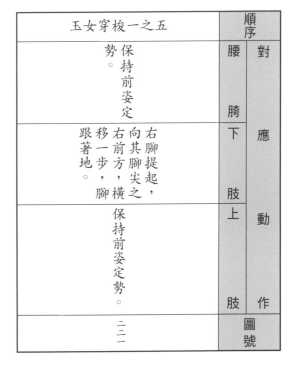

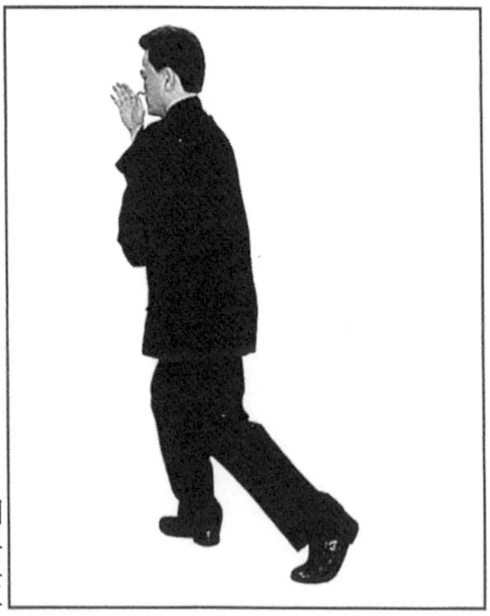

圖二二三

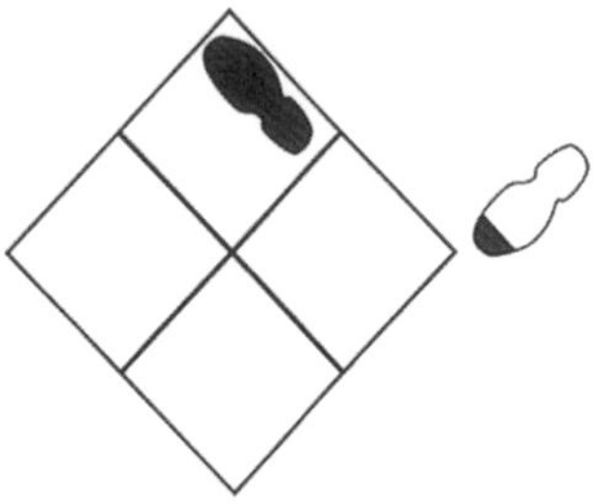

順序	玉女穿梭一之七
對應動作：腰胯	右腳落實之刹那，以右胯爲軸心，上身保持中正，由腰帶動，向右旋轉到底。
對應動作：下肢	左腳尖保持點地，腳跟隨勢外旋四十五度。
對應動作：上肢	保持前姿定勢，僅隨腰胯轉動，向右平移。
圖號	二二三

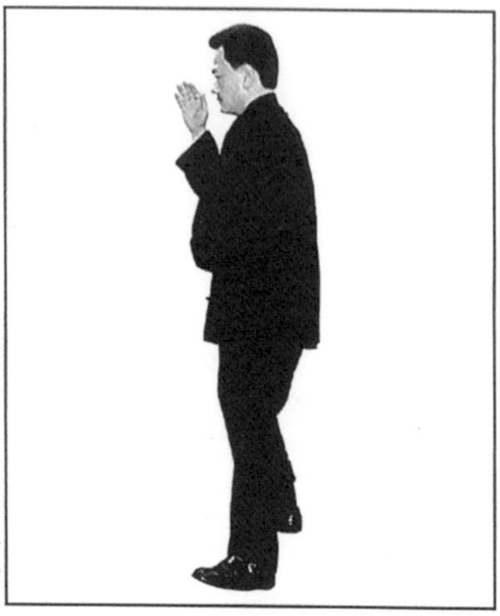

圖二二四

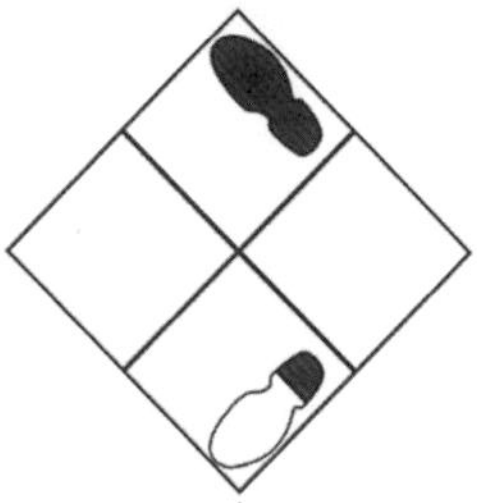

順序	玉女穿梭一之八
對應動作：腰胯	保持前姿定勢。
對應動作：下肢	左腳提起，向與右腳掌成九十度垂直之左前方，前移一步，腳跟著地。
對應動作：上肢	保持前姿定勢。
圖號	二二四

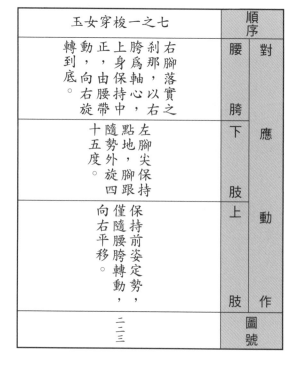

圖二二五

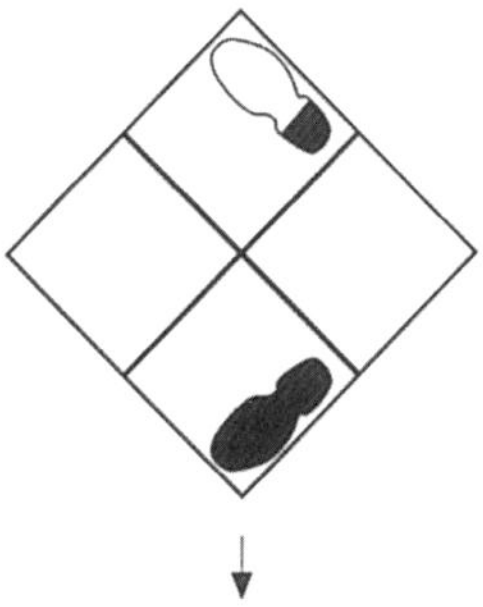

順序	玉女穿梭一之九
對應動作：腰胯	鬆右胯，坐左胯。
對應動作：下肢	身體重量逐漸由右腳平送移付左腳（腳掌隨勢落地），屈膝落實；使右腳成虛，腳尖微翹。
對應動作：上肢	左手隨勢由右下而左上，提升至頭部前方。
圖號	二二五

圖二二六

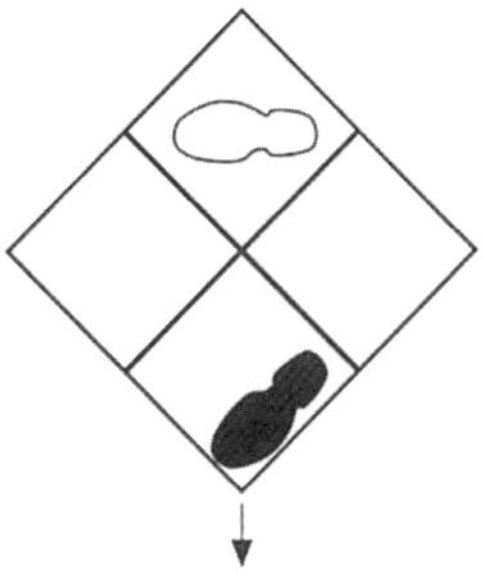

順序	玉女穿梭一之十
對應動作：腰胯	左腳落實之剎那，以左胯爲軸心，上身保持中正，由腰帶動，向左轉正。
對應動作：下肢	右腳跟保持著地，腳尖隨腰胯左轉四十五度後落地。
對應動作：上肢	左手小臂隨勢落肘向左揮移，止於左額前方，左腕並外旋二分之一圈，使掌心朝前，意在以手掌外緣橫擊；右手亦同時掌心朝前，隨勢按擊。
圖號	二二六

卅一、「玉女穿梭二」

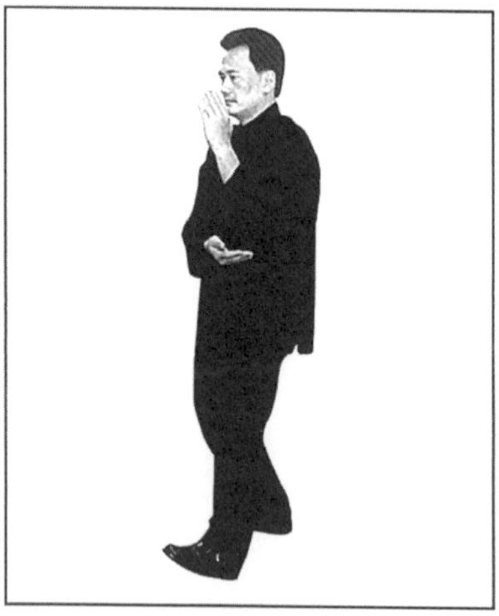

圖二二七

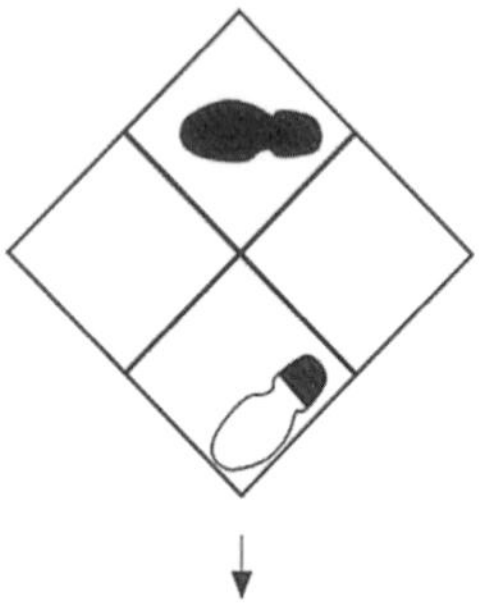

順序		玉女穿梭二之一
對應動作	腰胯	鬆左胯，坐右胯。
	下肢	身體重量逐漸由左腳平送移付右腳，屈膝落實；使左腳成虛，腳尖上翹。
	上肢	兩臂同時落肘回收，左手位於左肩前，成豎掌，左腕並內旋四分之一圈，使掌心向右；右手小臂同時落下，橫置胸腹之間，右腕並內旋二分之一圈，使掌心朝上，落於左肘之下。
圖號		二二七

圖二二八

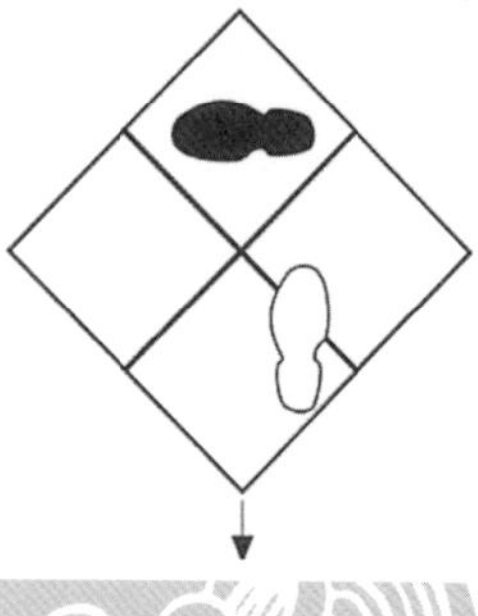

順序		玉女穿梭二之二
對應動作	腰胯	右腳落實之剎那，以右胯為軸心，上身保持中正，由腰帶動，向右旋轉到底。
	下肢	左腳跟保持著地，腳尖隨腰胯右轉一三五度後落地。
	上肢	保持前姿定勢，僅隨腰胯轉動，向右平移。
圖號		二二八

圖二二九

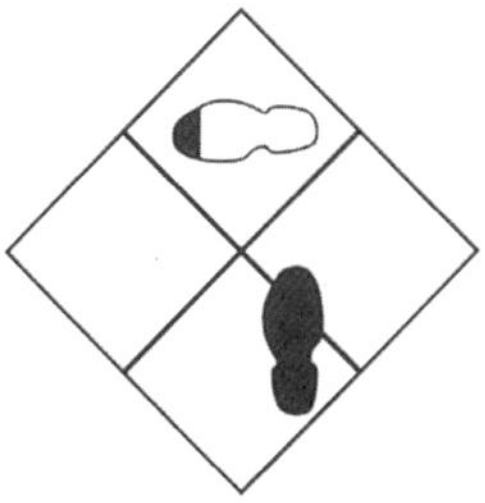

順序		玉女穿梭二之三
對應動作	腰胯	鬆右胯，坐左胯。
	下肢	身體重量逐漸由右腳平送移付左腳，屈膝落實；使右腳成虛，腳跟略上提。
	上肢	保持前姿定勢。
圖號		二二九

圖二三○

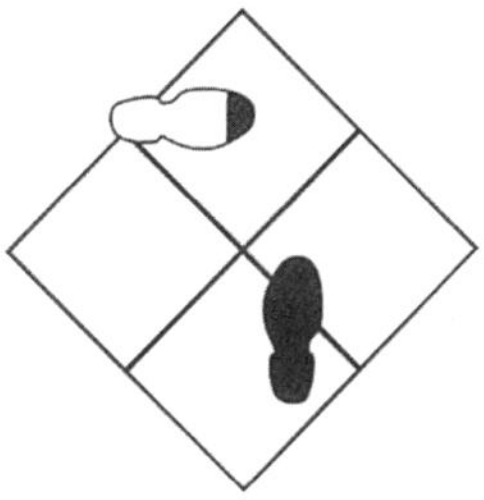

順序		玉女穿梭二之四
對應動作	腰胯	左腳落實之剎那，以左胯爲軸心，上身保持中正，由腰帶動，向右旋轉到底。
	下肢	右腳尖保持點地，腳跟隨勢內旋一八○度。
	上肢	保持前姿定勢，僅隨腰胯轉動，向右平移。
圖號		二三○

圖二三一

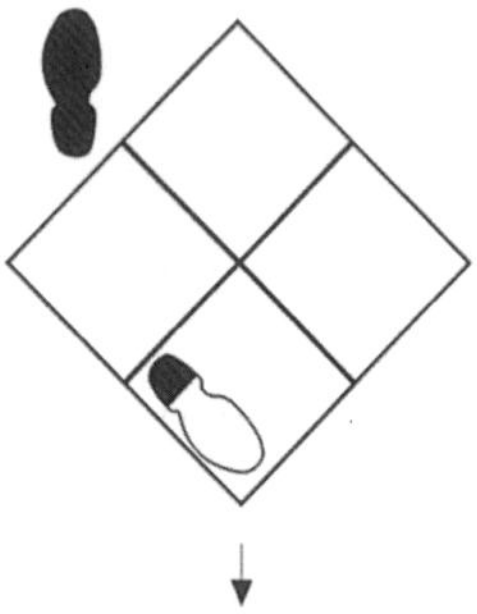

順序		玉女穿梭二之五
對應動作	腰胯	保持前姿定勢。
	下肢	右腳提起，向與左腳尖方向成一三五度之右前方，橫移約一步半之距離，腳跟著地。
	上肢	保持前姿定勢。
圖號		二三一

圖二三二

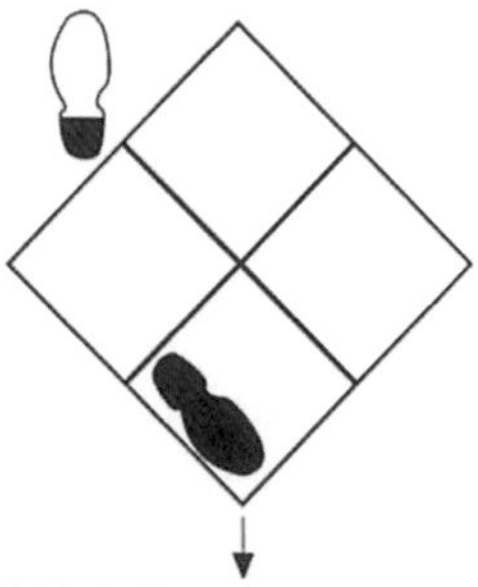

順序		玉女穿梭二之六
對應動作	腰胯	鬆左胯，坐右胯。
	下肢	身體重量逐漸由左腳平送移付右腳（腳掌隨勢落地），屈膝落實；使左腳成虛，腳尖微翹。
	上肢	右手隨勢由左下而右上，提升至頭部前方。
圖號		二三二

卌二、「玉女穿梭三」

順序	玉女穿梭二之七
對應動作：腰胯	右腳落實之剎那，以右胯爲軸心，上身保持中正，由腰帶動，向右轉正。
對應動作：下肢	左腳跟保持著地，腳尖隨腰胯右轉九十度後落地。
對應動作：上肢	右手小臂隨勢落肘向右揮移，止於右額前方，右腕並外旋二分之一圈，使掌心朝前，意在以手掌外緣橫擊；左手亦同時掌心朝前，隨勢按擊。
圖號	二三三

圖二三三

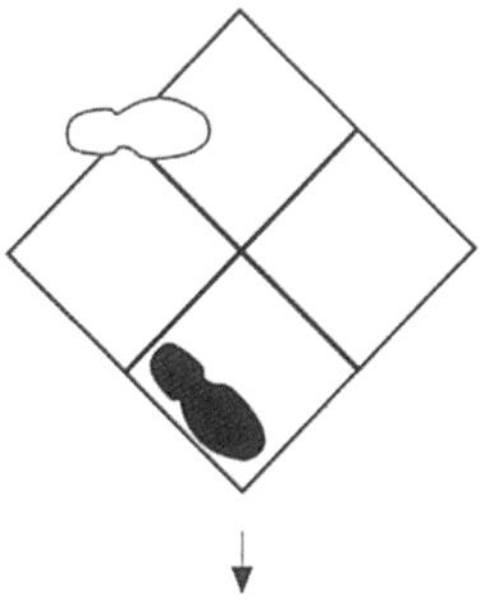

順序	玉女穿梭三之一
對應動作：腰胯	鬆右胯，坐左胯。
對應動作：下肢	身體重量逐漸由右腳平送移付左腳，屈膝落實；使右腳成虛，腳尖上翹。
對應動作：上肢	兩臂同時落肘回收，右手位於右肩前，成豎掌，右腕並內旋四分之一圈，使掌心向左；左手小臂同時落下，橫置胸腹之間，左腕並內旋二分之一圈，使掌心朝上，落於右肘之下。
圖號	二三四

圖二三四

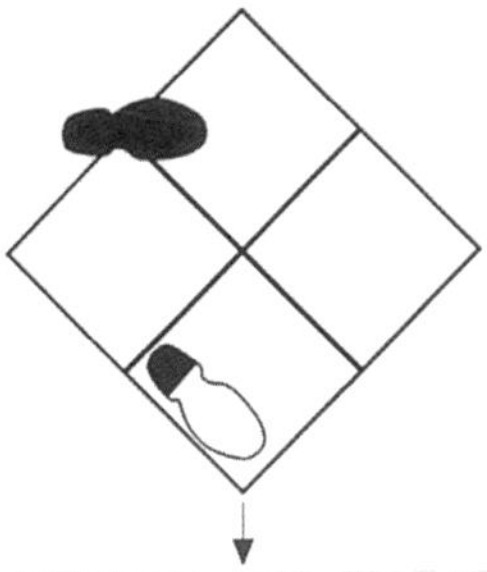

圖二三五

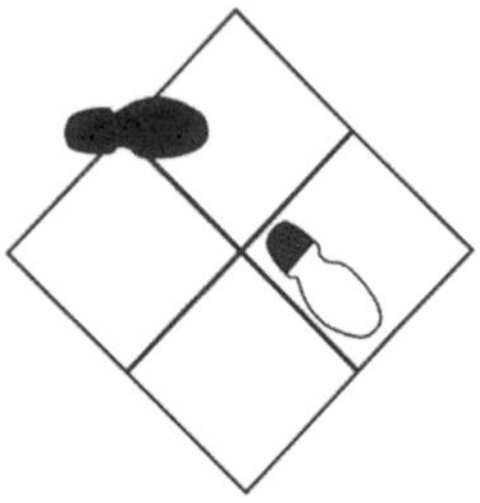

順序	玉女穿梭三之二
對應動作 腰胯	保持前姿定勢。
對應動作 下肢	右腳提起，向左平移半步，腳跟著地。
對應動作 上肢	保持前姿定勢。
圖號	二三五

圖二三六

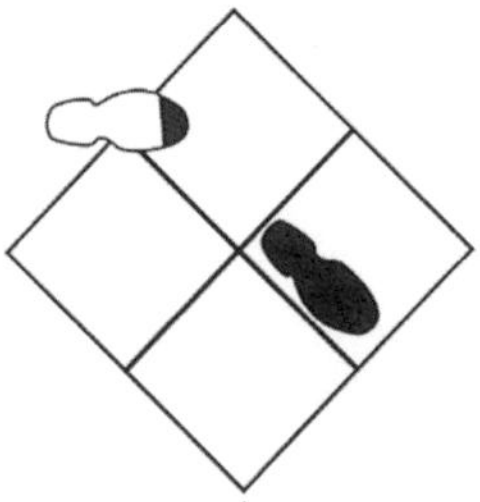

順序	玉女穿梭三之三
對應動作 腰胯	鬆左胯，坐右胯。
對應動作 下肢	身體重量逐漸由左腳平送移付右腳（腳掌隨勢落地），屈膝落實；使左腳成虛，腳跟略上提。
對應動作 上肢	保持前姿定勢。
圖號	二三六

圖二三七

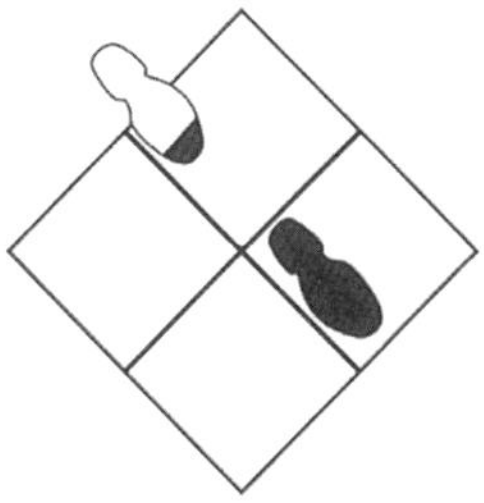

順序	玉女穿梭三之四
對應動作：腰胯	右腳落實之剎那，以右胯為軸心，上身保持中正，由腰帶動，向右旋轉到底。
對應動作：下肢	左腳尖保持點地，腳跟隨勢外旋四十五度。
對應動作：上肢	保持前姿定勢，僅隨腰胯轉動，向右平移。
圖號	二三七

圖二三八

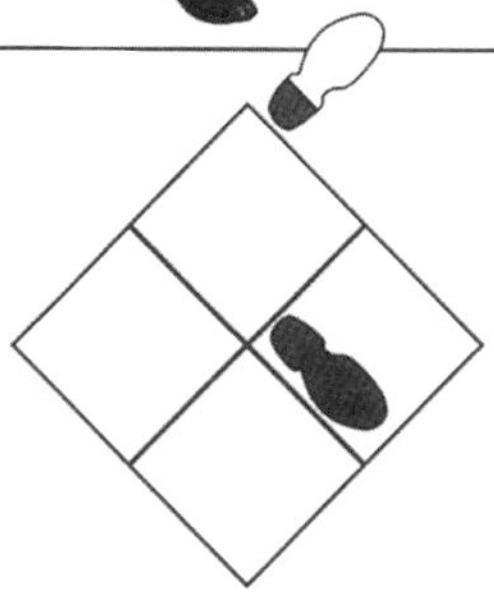

順序	玉女穿梭三之五
對應動作：腰胯	保持前姿定勢。
對應動作：下肢	左腳提起，向與右腳掌成九十度垂直之左前方，平移一步，腳跟著地。
對應動作：上肢	保持前姿定勢。
圖號	二三八

順序	玉女穿梭三之六
對應動作 腰胯	鬆右胯，坐左胯。
對應動作 下肢	身體重量逐漸由右腳平送移付左腳（腳掌隨勢落地），屈膝落實；使右腳成虛，腳尖微翹。
對應動作 上肢	左手隨勢由右下而左上，提升至頭部前方。
圖號	二三九

圖二三九

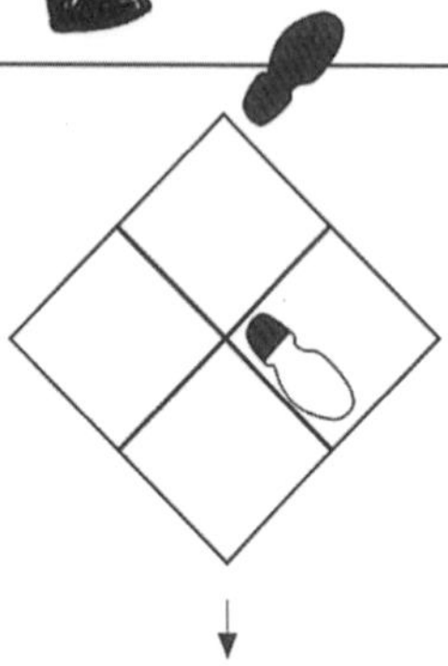

順序	玉女穿梭三之七
對應動作 腰胯	左腳落實之剎那，以左胯爲軸心，上身保持中正，由腰帶動，向左轉正。
對應動作 下肢	右腳跟保持著地，腳尖隨腰胯左轉四十五度後落地。
對應動作 上肢	左手小臂隨勢落肘向左揮移，止於左額前方，左腕並外旋二分之一圈，使掌心朝前，意在以手掌外緣橫擊；右手亦同時掌心朝前，隨勢按擊。
圖號	二四〇

圖二四〇

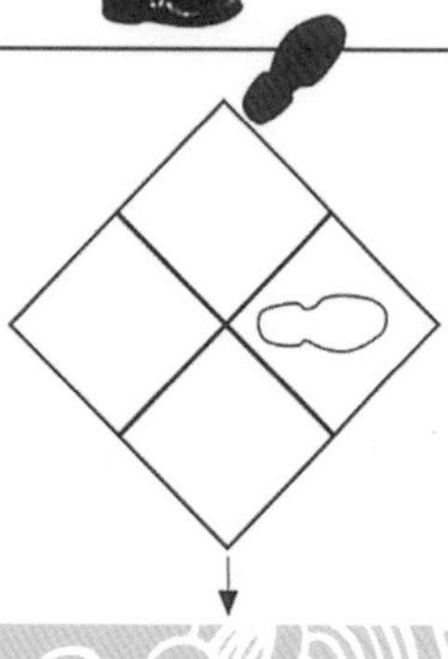

卅三、「玉女穿梭四」

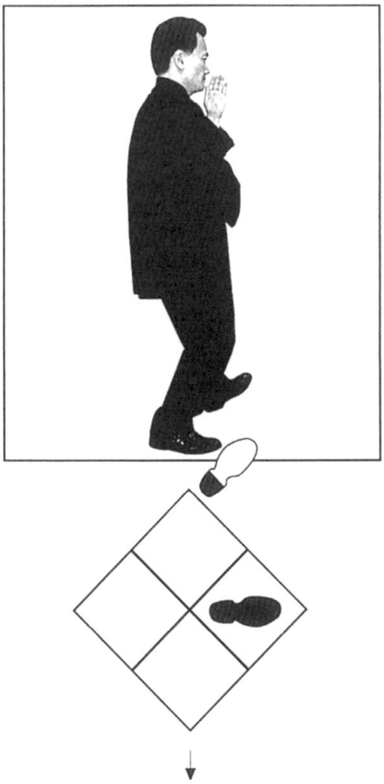

圖二四一

順序	玉女穿梭四之一
對應動作：腰胯	鬆左胯，坐右胯。
對應動作：下肢	身體重量逐漸由左腳平送移付右腳，屈膝落實；使左腳成虛，腳尖微翹。
對應動作：上肢	兩臂同時落肘回收，左手位於左肩前成豎掌，左腕並内旋四分之一圈，使掌心向右；右手小臂同時落下，横置胸腹之間，右腕並内旋二分之一圈，使掌心朝上，落於左肘之下。
圖號	二四一

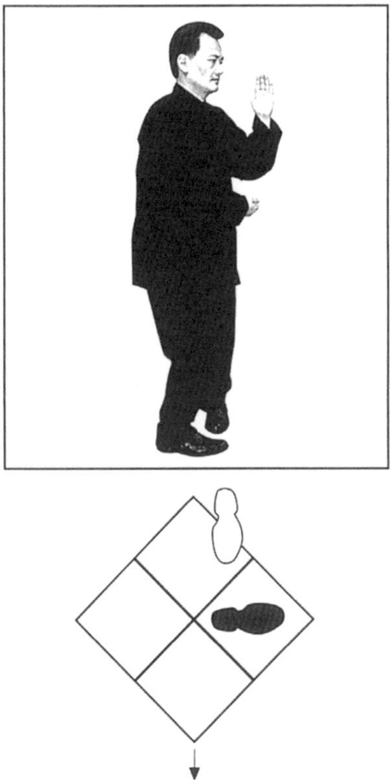

圖二四二

順序	玉女穿梭四之二
對應動作：腰胯	右腳落實之剎那，以右胯爲軸心，上身保持中正，由腰帶動，向右旋轉到底。
對應動作：下肢	左腳跟保持著地，腳尖隨腰胯右轉一三五度後落地。
對應動作：上肢	保持前姿定勢，僅隨腰胯轉動，向右平移。
圖號	二四二

圖二四三

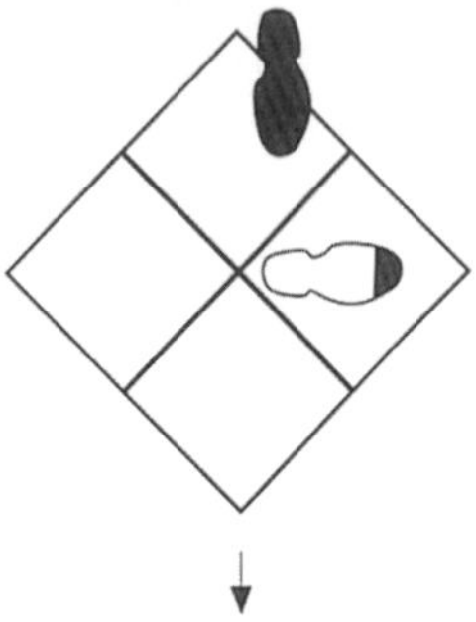

順序	玉女穿梭四之三
對應動作：腰胯	鬆右胯，坐左胯。
對應動作：下肢	身體重量逐漸由右腳平送移付左腳，屈膝落實；使右腳成虛，腳跟略上提。
對應動作：上肢	保持前姿定勢。
圖號	二四三

圖二四四

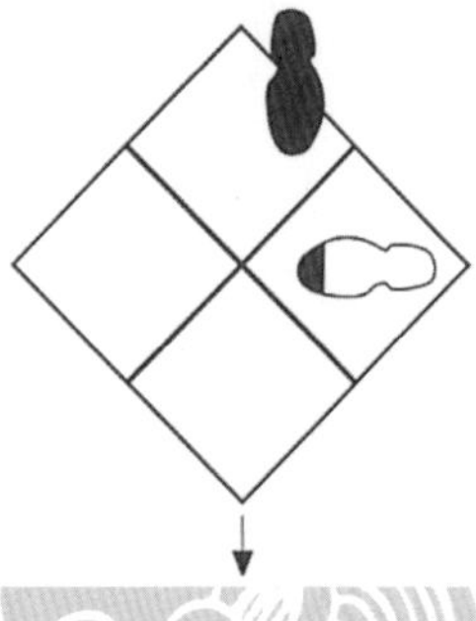

順序	玉女穿梭四之四
對應動作：腰胯	左腳落實之剎那，以左胯爲軸心，上身保持中正，由腰帶動，向右旋轉到底。
對應動作：下肢	右腳尖保持點地，腳跟隨勢內旋一八〇度。
對應動作：上肢	保持前姿定勢，僅隨腰胯轉動，向右平移。
圖號	二四四

圖二四五

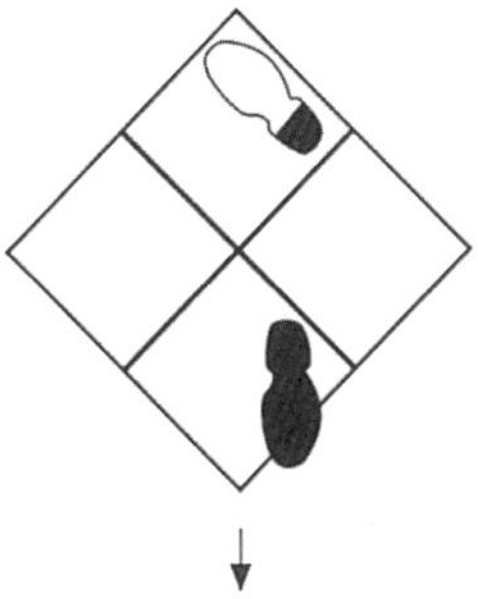

順序		玉女穿梭四之五
對應動作	腰胯	保持前姿定勢。
	下肢	右腳提起，向與左腳尖方向成一三五度向之右前方，橫移約一步半之距離，腳跟著地。
	上肢	保持前姿定勢。
圖號		二四五

圖二四六

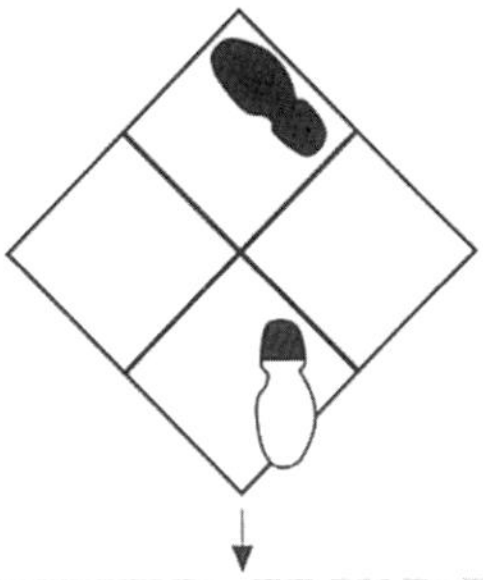

順序		玉女穿梭四之六
對應動作	腰胯	鬆左胯，坐右胯。
	下肢	身體重量逐漸由左腳平送移付右腳（腳掌隨勢落地），屈膝落實；使左腳成虛，腳尖微翹。
	上肢	右手隨勢由左下而右上，提升至頭部前方。
圖號		二四六

圖二四七

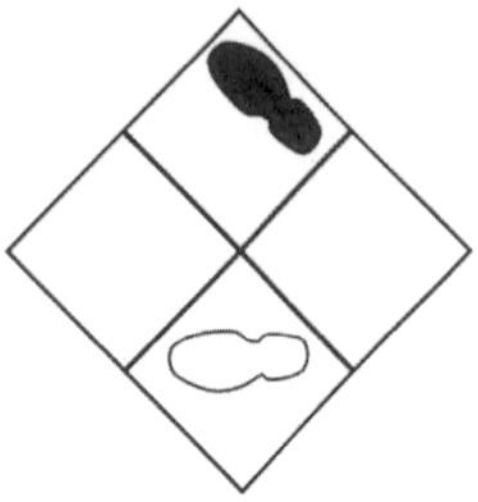

順序	玉女穿梭四之七
對應動作：腰胯	右腳落實之剎那，以右胯為軸心，上身保持中正，由腰帶動，向右轉正。
對應動作：下肢	左腳跟保持著地，腳尖隨腰胯右轉九十度後落地。
對應動作：上肢	右手小臂隨勢落肘向右揮移，止於右額前方，右腕並外旋二分之一圈，使掌心朝前，意在以手掌外緣橫擊；左手亦同時掌心朝前，隨勢按擊。
圖號	二四七

右抱

圖二四八

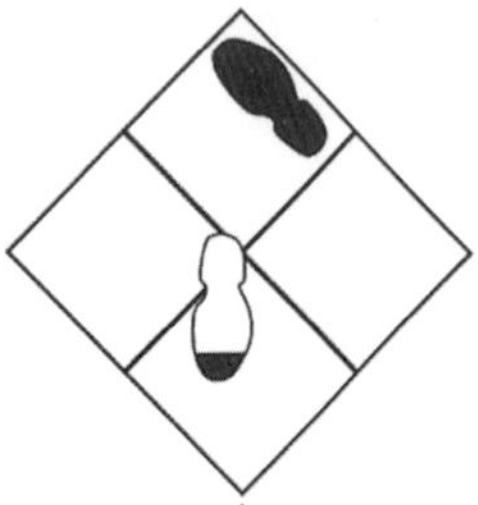

順序	右抱之一
對應動作：腰胯	以右胯為軸心，上身保持中正，由腰帶動，略向左沈轉。
對應動作：下肢	左腳尖保持點地，腳跟上提，隨勢內旋九十度。
對應動作：上肢	右手隨勢落肘拉回至右腋前，掌心向下；左腕同時內旋二分之一圈，使掌心朝上，鬆落右胯前；雙手一上一下，成合抱狀。
圖號	二四八

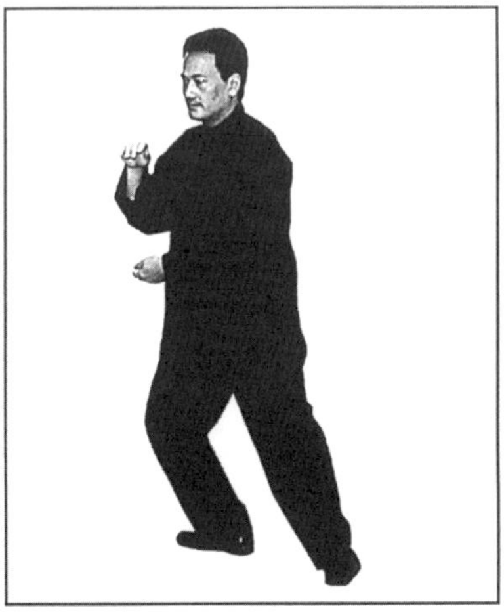

圖二四九

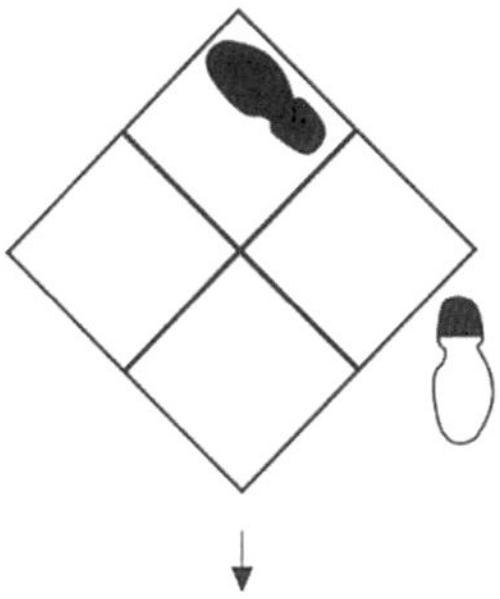

順序	左掤之一
對應動作：腰胯	保持前姿定勢。
對應動作：下肢	左腳提起，向左前方平移一步，腳跟著地，腳尖上翹。
對應動作：上肢	保持前姿定勢。
圖號	二四九

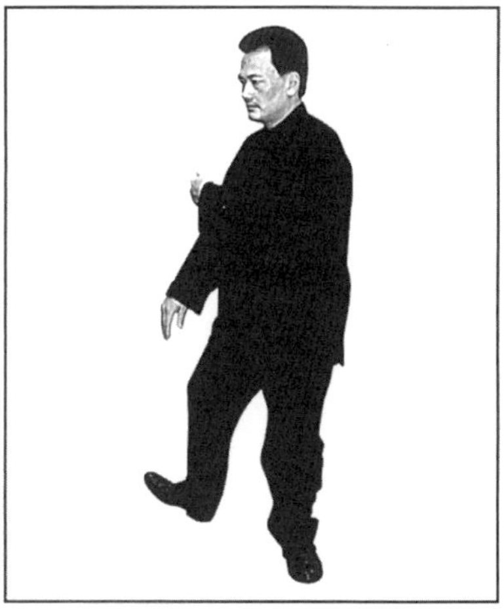

圖二五〇

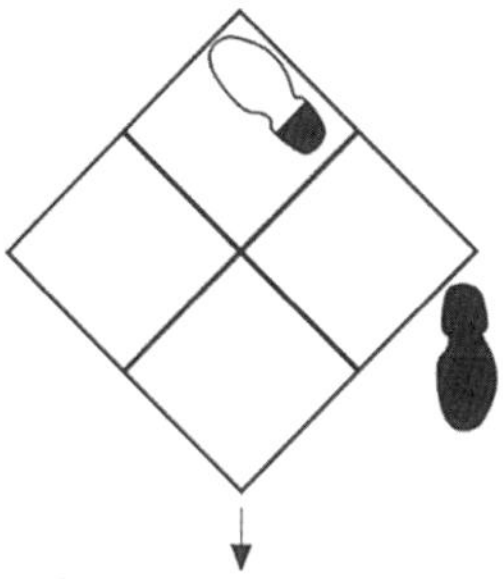

順序	左掤之二
對應動作：腰胯	鬆右胯，坐左胯。
對應動作：下肢	身體重量逐漸由右腳平送移付左腳（腳掌隨勢落地），屈膝落實；使右腳成虛，腳尖微翹。
對應動作：上肢	左腕隨勢外旋四分之一圈，使掌心向後，由下斜盪而上至右脅前；右手同時垂直降落至右胯前。
圖號	二五〇

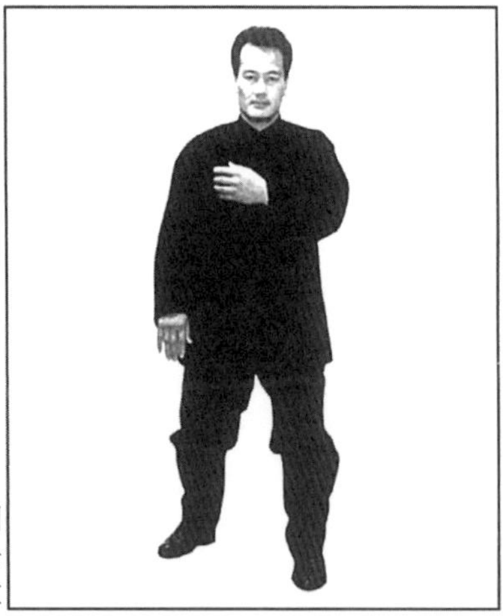

圖二五一

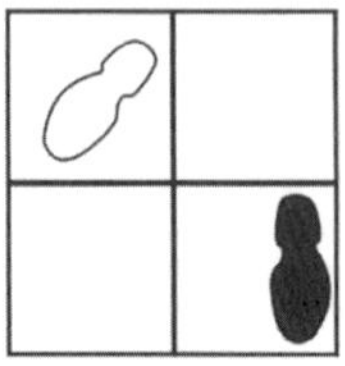

↓

順序	左掤之三
對應動作：腰胯	左腳落實之剎那，以左胯爲軸心，上身保持中正，由腰帶動，向左轉正。
對應動作：下肢	右腳跟保持著地，腳尖隨腰胯左轉九十度後落地。
對應動作：上肢	左手小臂隨勢略向上移，橫置胸前，距離約八吋，肘略垂，掌心向後，手腕約在正中位置；右手同時續降至右大腿外側，腕微上翹，掌心向後。
圖號	二五一

圖二五二

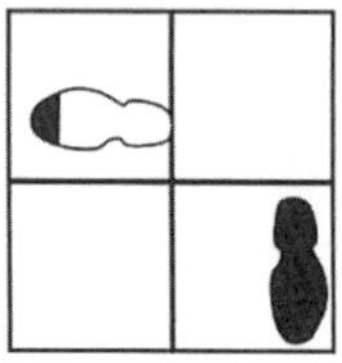

↓

左抱

順序	左抱之一
對應動作：腰胯	以左胯爲軸心，上身保持中正，由腰帶動，向右旋轉至面向正右方。
對應動作：下肢	右腳尖保持點地，腳跟提起，隨腰胯內旋四十五度。
對應動作：上肢	左腕隨勢外旋四分之一圈，使掌心向下，並拉回至左腕前；右腕同時內旋二分之一圈，使掌心朝上，盪移至左胯前；雙手一上一下，成合抱狀。
圖號	二五二

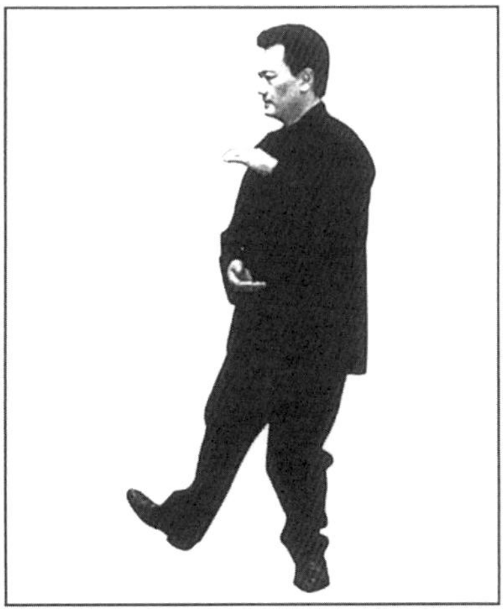

圖二五三

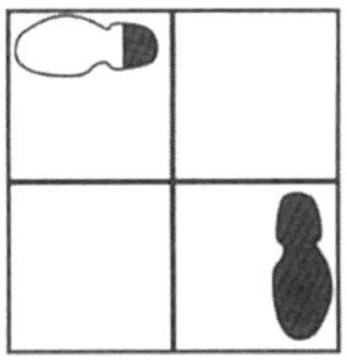

順序	右掤之一
對應動作・腰胯	保持前姿定勢。
對應動作・下肢	右腳提起，向右前方平移半步，腳跟著地，腳尖上翹。
對應動作・上肢	保持前姿定勢。
圖號	二五三

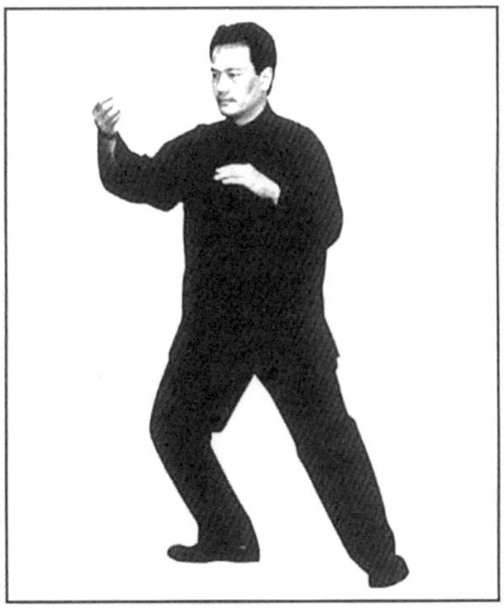

圖二五四

順序	右掤之二
對應動作・腰胯	鬆左胯，坐右胯。
對應動作・下肢	身體重量逐漸由左腳平送移付右腳（腳掌隨勢落地），屈膝落實；使左腳成虛，腳尖微翹。
對應動作・上肢	右手隨勢由下斜盪而上至胸前一尺處，掌心朝上；左肘同時略降，使左手成豎掌，掌心朝前。
圖號	二五四

圖二五五

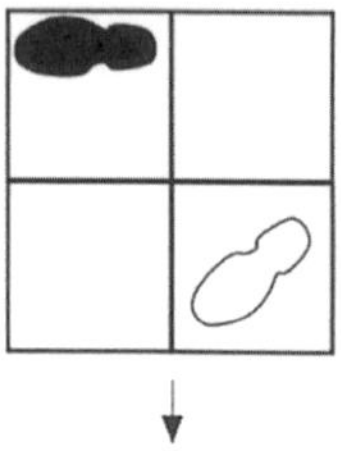

順序		右掤之三
對應動作	腰胯	右腳落實之剎那，以右胯為軸心，上身保持中正，由腰帶動，向右轉正。
	下肢	左腳跟保持著地，腳尖隨腰胯右轉四十五度後落地。
	上肢	右手隨勢向右平移至正前方，並略落右肘；以使掌心向後；左手豎掌同時略往前送；使雙手掌心相對，距離約半尺。
圖號		二五五

圖二五六

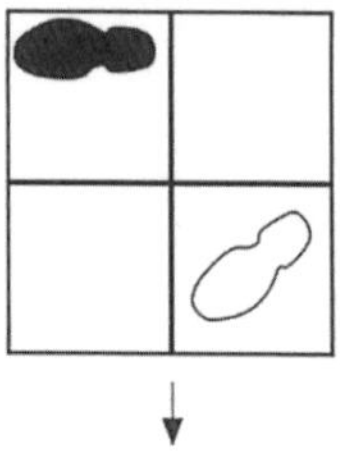

順序		攦之一
對應動作	腰胯	保持前姿定勢，唯右胯再略向右沈轉。
	下肢	保持前姿定勢。
	上肢	右手小臂隨勢落肘並略向右揮移，右腕同時外旋二分之一圈，使掌心朝前下按（此時右半身成外三合狀）；左腕同時內旋二分之一圈，使掌心向後，左手小臂並隨勢掉落，橫置胸前。
圖號		二五六

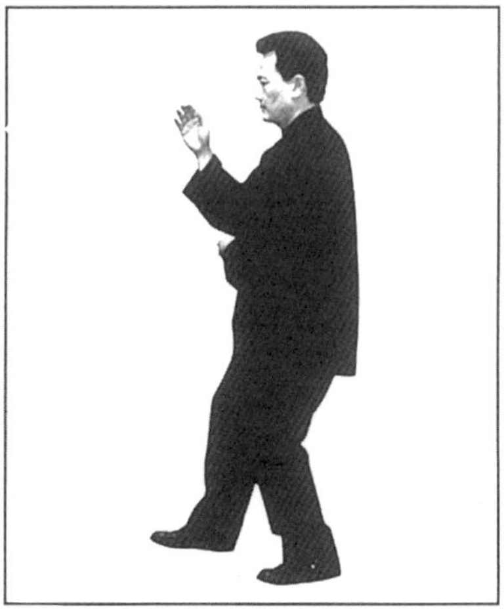

圖二五七

順序	攌之二
對應動作：腰胯	鬆右胯，坐左胯。
對應動作：下肢	身體重量逐漸由右腳平送移付左腳，屈膝落實；使右腳成虛。
對應動作：上肢	兩臂隨勢往胸前回收，右肘略落，使右手成豎掌；左手小臂亦略下沈，使左手貼近右肘；兩腕並同時各自內旋四分之一圈，使右手掌心向左，左手掌心朝上。
圖號	二五七

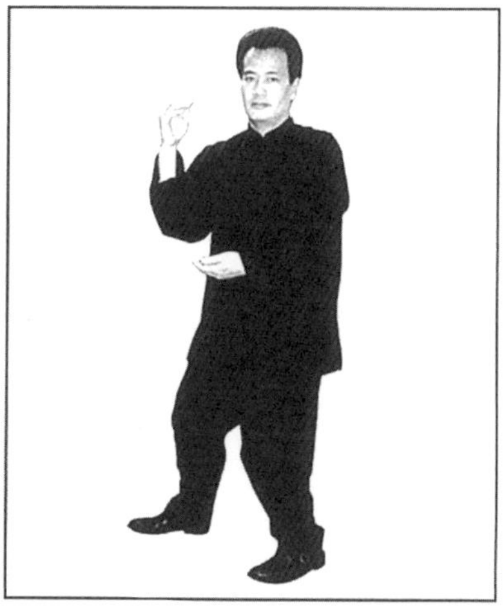

圖二五八

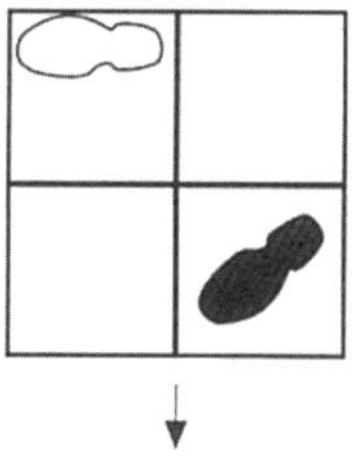

順序	攌之三
對應動作：腰胯	以左胯爲軸心，上身保持中正，由腰帶動，向左後方旋轉到底。
對應動作：下肢	保持前姿定勢。
對應動作：上肢	保持前姿定勢，僅隨腰胯轉動，向左平移。
圖號	二五八

攬雀尾之三—擠

圖二五九

順序	攦之四
對應動作 腰胯	保持前姿定勢。
對應動作 下肢	保持前姿定勢。
對應動作 上肢	腰胯向左後方旋轉到底，至轉不動之剎那，兩臂鬆隨勢向左下方垂盪落；右手掌心向後，盪止於左大腿外側；左手掌心朝前，盪至左臂後。
圖號	二五九

圖二六○

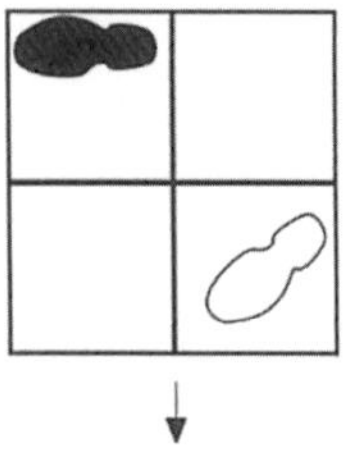

順序	擠之一
對應動作 腰胯	鬆左胯，坐右胯。
對應動作 下肢	身體重量逐漸由左腳平送移付右腳，屈膝落實；使左腳成虛。
對應動作 上肢	右手小臂隨勢由下而上，落肘提升至胸前，掌心向後成掤手狀；左手小臂同時於左後側方，由下而上繞一半圈，使成豎掌，移位於左耳外側，掌心朝前。
圖號	二六○

圖二六一

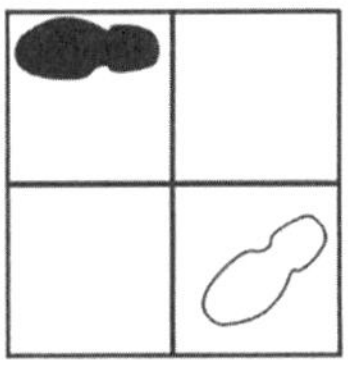

順序		擠之二
對應動作	腰胯	右腳落實之剎那，以右胯為軸心，上身保持中正，由腰帶動，向右轉正。
	下肢	保持前姿勢。
	上肢	左掌心隨勢逐漸接近右手，並貼上右掌心（雙掌相貼之處為左掌左半部及右掌下半部），並繼續落肘往前推送，至胸前一尺處。
圖號		二六一

圖二六二

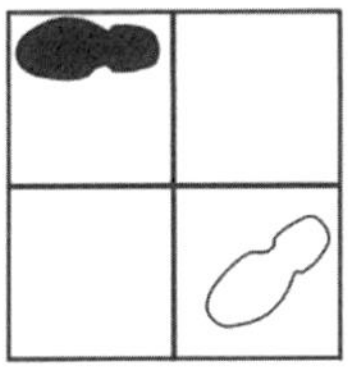

順序		按之一
對應動作	腰胯	保持前姿勢。
	下肢	保持前姿勢。
	上肢	右腕外旋二分之一圈，使右掌心向下；左掌心則輕貼於右掌背之上。
圖號		二六二

圖二六三

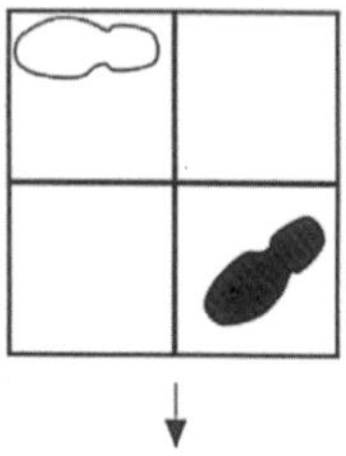

順序		按之二
對應動作	腰胯	鬆右胯，坐左胯。
	下肢	身體重量逐漸由右腳平送移付左腳，屈膝落實；使右腳成虛。
	上肢	雙手隨勢左右分開（高低與肩平、距離同肩寬），兩肘同時略降，並拉回近兩脅外側，使雙手掌心朝前，成豎掌狀。
圖號		二六三

圖二六四

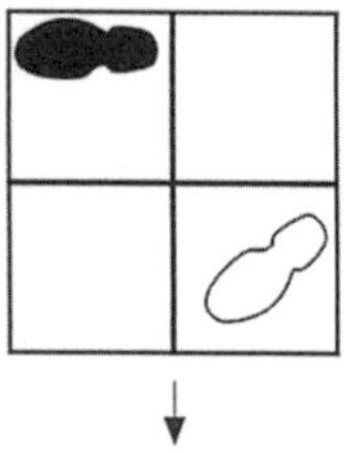

順序		按之三
對應動作	腰胯	鬆左胯，坐右胯。
	下肢	身體重量逐漸由左腳平送移付右腳，屈膝落實；使左腳成虛。
	上肢	兩臂保持豎掌，向前平送（至定勢時除左手、左腳外，餘皆應符「外三合」之要求）。
圖號		二六四

圖二六五

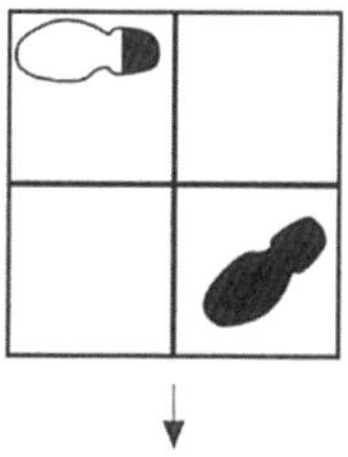

順序		單鞭之一
對應動作	腰胯	鬆右胯，坐左胯。
	下肢	身體重量逐漸由右腳平送移付左腳，屈膝落實；使右腳成虛，腳尖上翹。
	上肢	兩肘隨勢略往回拉，雙手同時平落至胸前，掌心向下。
圖號		二六五

圖二六六

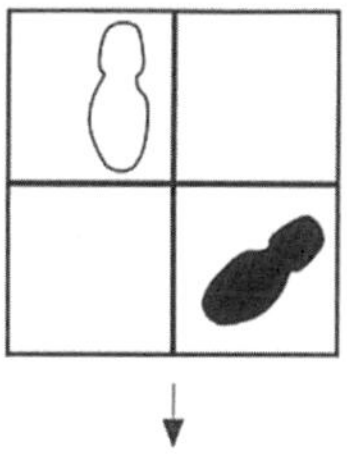

順序		單鞭之二
對應動作	腰胯	以左胯為軸心，上身保持中正，由腰帶動，向左旋轉到底。
	下肢	右腳跟保持著地，腳尖隨腰胯左轉九十度後落地。
	上肢	雙手小臂隨勢向左平移，使右手小臂橫置胸前，左手小臂則與之平行，移位於身體左側。
圖號		二六六

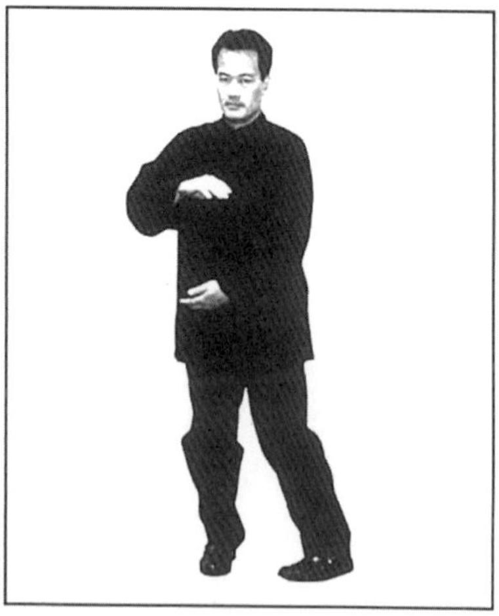

圖二六七

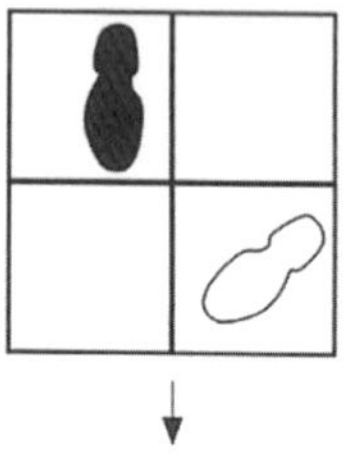

順序		單鞭之三
對應動作	腰胯	鬆左胯，坐右胯。
	下肢	身體重量逐漸由左腳平送移付右腳，屈膝落實；使左腳成虛。
	上肢	鬆落左臂，左腕並內旋二分之一圈，使掌心朝上，隨勢盪移至右胯前；右臂同時略向右回收，使右手平移至右腋前，雙手成合抱狀。
圖號		二六七

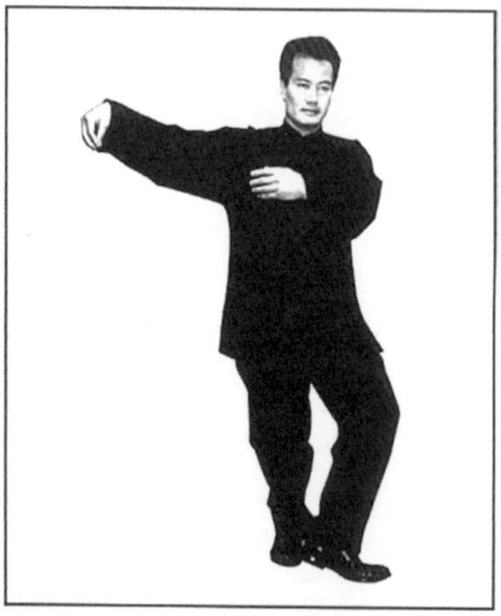

圖二六八

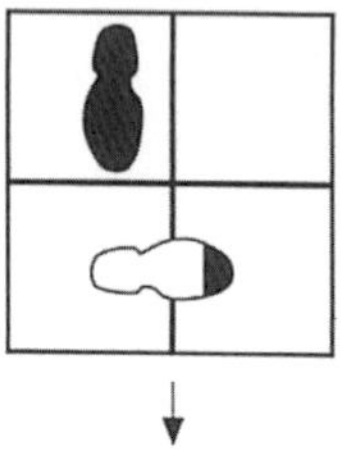

順序		單鞭之四
對應動作	腰胯	以右胯爲軸心，上身保持中正，由腰帶動，向右旋轉到底後，復向左回轉。
	下肢	腰胯右轉時左腳爲虛，仍鬆貼於地不動，腰胯向左回轉時，左腳尖保持點地，腳跟提起，隨勢內旋一三五度。
	上肢	腰胯右轉時，保持前姿定勢，僅隨勢向右平移；腰胯向左回轉時，左腕外旋四分之一圈，使掌心向後，小臂同時由下斜盪而上至胸前，成掤手狀；右手則自腕垂落，五指趁勢聚攏成吊手，同時向身體右側方伸展。
圖號		二六八

圖二六九

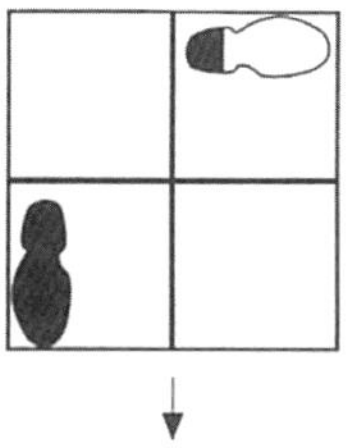

順序	單鞭之五
對應動作 腰胯	保持前姿定勢。
對應動作 下肢	左腳提起，向左前方平移一步，腳跟著地，腳尖上翹。
對應動作 上肢	保持前姿定勢。
圖號	二六九

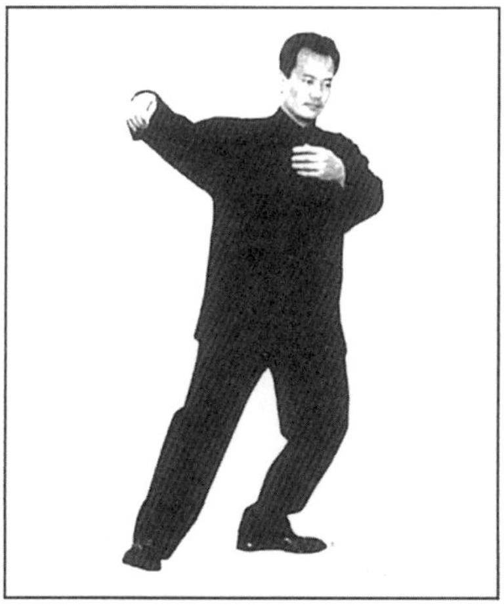

圖二七〇

順序	單鞭之六
對應動作 腰胯	鬆右胯，坐左胯。
對應動作 下肢	身體重量逐漸由右腳平送移付左腳（腳掌隨勢落地），屈膝落實；使右腳成虛，腳尖微翹。
對應動作 上肢	保持前姿定勢。
圖號	二七〇

圖二七一

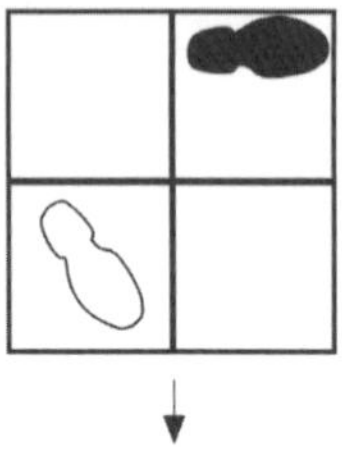

順序	單鞭之七
對應動作・腰胯	左腳落實之剎那，以左胯爲軸心，上身保持中正，由腰帶動，向左轉正。
對應動作・下肢	右腳跟保持著地，腳尖隨腰胯左轉四十五度後落地。
對應動作・上肢	左臂隨勢落肘向左揮移，前伸於左胸前，左腕同時外旋四分之一圈，使掌心朝前下按；右吊手則保持原勢，隨腰胯轉動，向正右方伸展（兩臂伸展方向成九十度）。
圖號	二七一

單鞭下勢

圖二七二

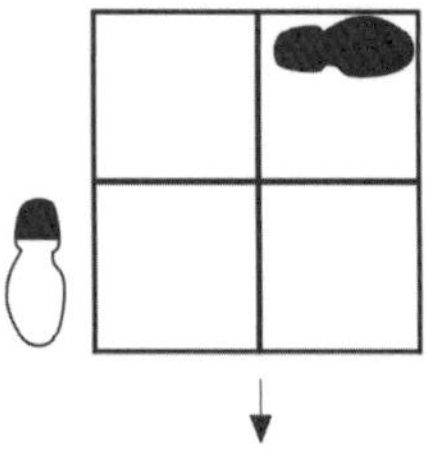

順序	單鞭下勢之一
對應動作・腰胯	以左胯爲軸心，上身保持中正，由腰帶動，向正右方旋轉。
對應動作・下肢	右腳跟保持著地，腳尖上翹，先隨勢右轉四十五度（使兩腳尖方向分開成九十度）；腳跟並隨即直線後移半步。
對應動作・上肢	左臂略向前平伸，掌心向下；右吊手保持原姿勢，僅隨腰胯轉動，向右後方平移。
圖號	二七二

圖二七三

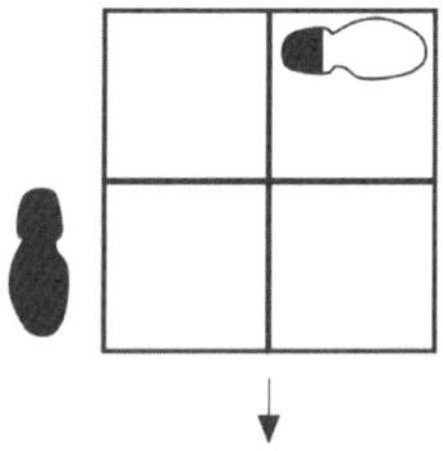

順序		單鞭下勢之二
對應動作	腰胯	鬆左胯，坐右胯。
	下肢	身體重量逐漸由左腳平送移付右腳（腳掌隨勢落地），屈膝落實；使左腳成虛，腳尖微翹。
	上肢	右吊手保持原勢不變；左腕先內旋二分之一圈，使掌心朝上，左臂並隨勢由左前方向右後方上拉，繞一半圈後，使左手小臂掌心向下，橫落胸前，左腕復內旋四分之一圈，使掌心向後成左掤手狀。
圖號		二七三

圖二七四

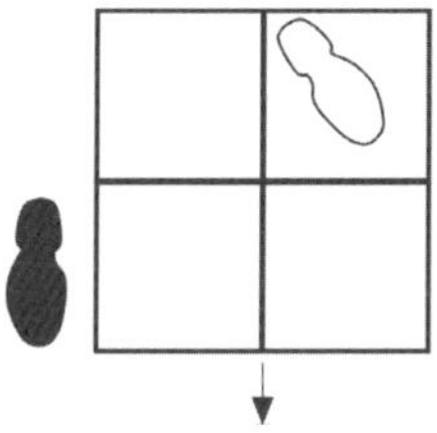

順序		單鞭下勢之三
對應動作	腰胯	以右胯爲軸心，上身保持中正，由腰帶動，向右旋轉到底。
	下肢	左腳跟保持著地，腳尖隨勢右轉四十五度後落地。
	上肢	右吊手不變，僅隨腰胯旋轉，續向右後方平移；左臂隨勢鬆落，左手落於襠前。
圖號		二七四

圖二七五

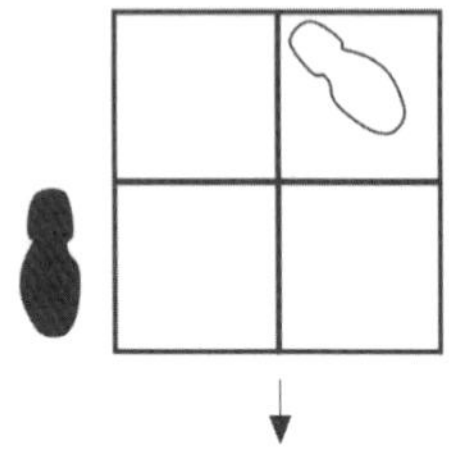

順序		單鞭下勢之四
對應動作	腰胯	上身保持中正，腰胯向下沈降。
	下肢	右腿向下屈膝蹲坐。
	上肢	右吊手姿勢不變，僅隨勢下降；左手同時續向下鬆垂至兩腳中間。
圖號		二七五

圖二七六

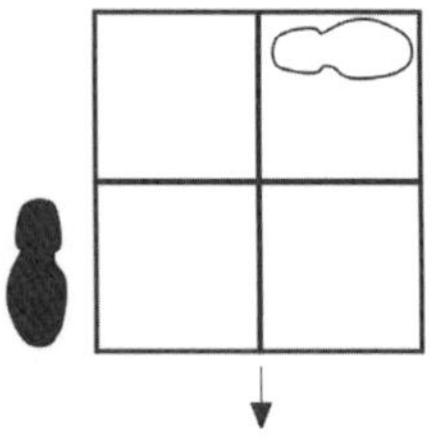

順序		單鞭下勢之五
對應動作	腰胯	以右胯爲軸心，上身保持中正，由腰帶動，向左轉正。
	下肢	右腿保持蹲坐；左腳跟保持著地，腳尖微翹，隨勢左轉四十五度後落地（左膝略伸展，使左腿成伸直狀）。
	上肢	右吊手不變，僅隨腰胯左轉，向左平移；左腕外旋二分之一圈，使掌心朝前，並隨左臂伸展之勢，前移至左腳背之上（至定勢時，掌心朝上）。
圖號		二七六

卌四、「上步七星」

順序		上步七星之一
對應動作	腰胯	鬆右胯，坐左胯。
	下肢	左腳尖先向左打開四十五度後落地；並即將身體重量逐漸由右腳推升移付左腳，屈膝落實；使右腳成虛，腳尖微翹。
	上肢	左手隨勢拉升至左膝前；右吊手鬆開成掌，由後往前盪移至右膝前；兩腕並同時外旋二分之一圈，使雙手掌心皆向後。
圖號		二七七

圖二七七

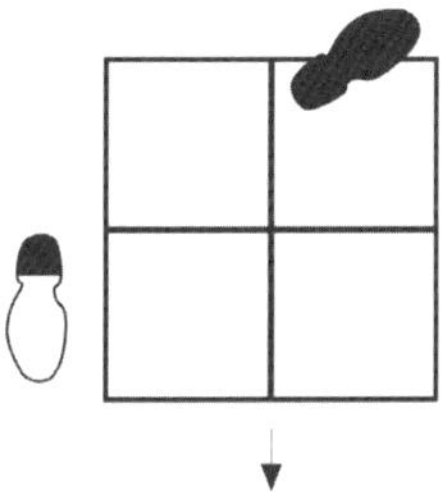

順序		上步七星之二
對應動作	腰胯	左腳落實之剎那，以左胯為軸心，上身保持中正，由腰帶動，略向左沉轉。
	下肢	右腳跟保持著地，腳尖隨腰胯左轉四十五度後落地。
	上肢	保持前姿定勢，僅隨腰胯轉動，略向左平移。
圖號		二七八

圖二七八

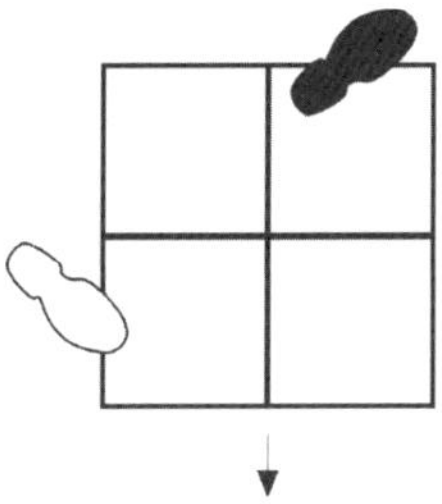

圖二七九

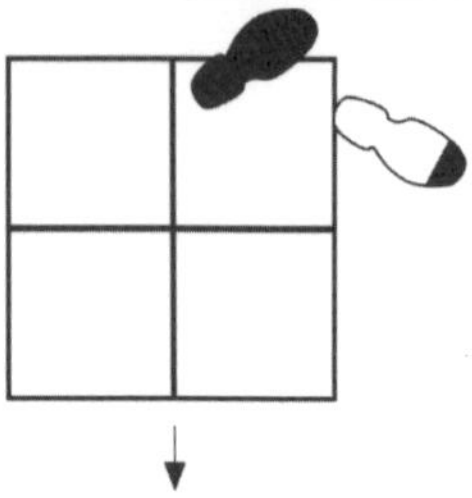

順序		上步七星之三
對應動作	腰胯	保持前姿定勢。
	下肢	右腳提起，由後向前盪移，至距身前半步處落下，腳尖點地，方向朝右前方（膝略彎屈）。
	上肢	雙手隨勢由下而上握拳盪升，並交叉於胸前（至定勢，右腕在外，左腕在內，雙拳虎口皆向後）。
圖號		二七九

卅五、「退步跨虎」

圖二八〇

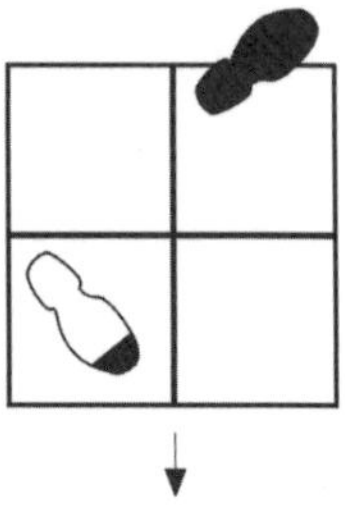

順序		退步跨虎之一
對應動作	腰胯	保持前姿定勢。
	下肢	右腳提起，向右後方平退一大步，腳尖點地（方向朝右前方）。
	上肢	保持前姿定勢。
圖號		二八〇

圖二八一

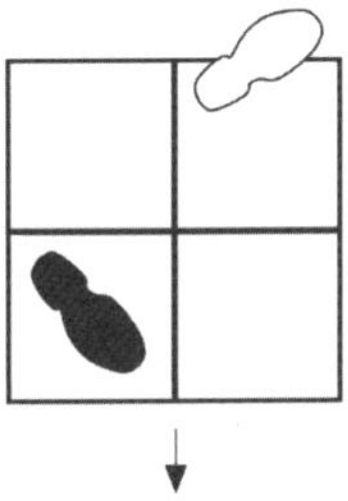

順序	退步跨虎之二
對應動作・腰胯	鬆左胯，坐右胯。
對應動作・下肢	身體重量逐漸由左腳平送移付右腳（腳跟隨勢落地），屈膝落實；使左腳成虛。
對應動作・上肢	雙拳打開成掌；右腕內旋四分之一圈，使掌心向後；左腕同時外旋四分之一圈，使掌心朝前；兩腕並保持交叉，隨勢向右下方鬆落，止於右胯前（至定勢，右手在內，掌心朝前；左手在外，掌心向後）。
圖號	二八一

圖二八二

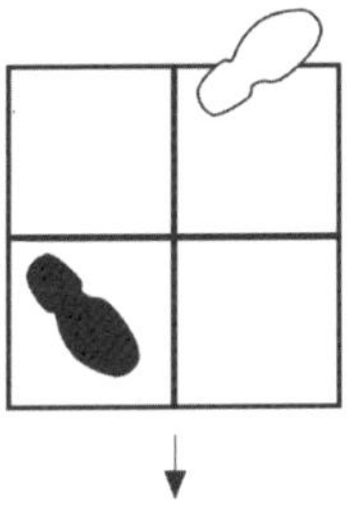

順序	退步跨虎之三
對應動作・腰胯	以右胯爲軸心，上身保持中正，由腰帶動，向右旋轉到底。
對應動作・下肢	保持前姿定勢。
對應動作・上肢	右手隨勢自右後側方，由下而上盪轉一大半圈，止於右耳後方，掌心朝前；左腕同時外旋四分之一圈，使掌心向左，仍位於右胯前。
圖號	二八二

順序	對應動作：腰胯	對應動作：下肢	對應動作：上肢	圖號
退步跨虎之四	右胯向右旋轉到底之剎那，復向左回轉，並轉正。	左腳提起，向右平移小半步，腳尖點地，方向朝前。	左手隨勢向左盪移，止於左腿外側，左腕並內旋四分之一圈，使掌心向後；右手同時向前平移至右額前，成按掌狀。	二八三

圖二八三

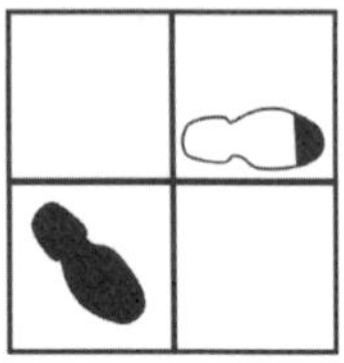

卅六、「轉身擺蓮」

順序	對應動作：腰胯	對應動作：下肢	對應動作：上肢	圖號
轉身擺蓮之一	以右胯爲軸心，上身保持中正，由腰帶動，向左旋轉到底。	保持前姿定勢。	右手隨勢鬆落，向左盪移至左胯前，掌心向後；左手同時平移至左臂後。	二八四

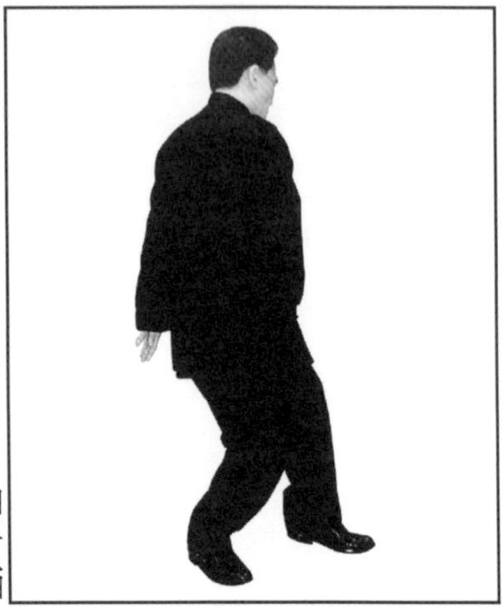

圖二八四

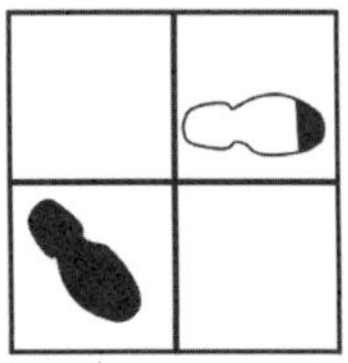

圖二八五

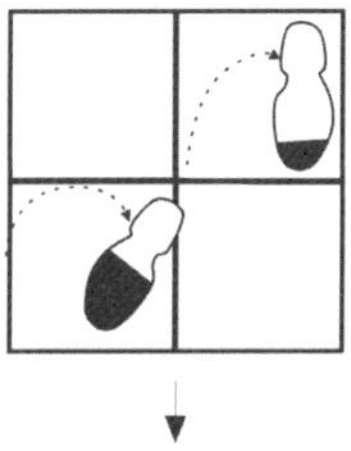

順序	轉身擺蓮之二
對應動作・腰胯	右胯保持坐沈，固定不動。
對應動作・下肢	右膝保持彎屈，右腳跟提起，以前腳掌著地為軸心，身軀保持中正，由腰帶動，向右旋轉九十度；左腳尖保持點地，腳跟亦同時隨勢外旋九十度。
對應動作・上肢	雙手鬆沈隨勢盪轉，分別移位於兩大腿外側前方。
圖號	二八五

圖二八六

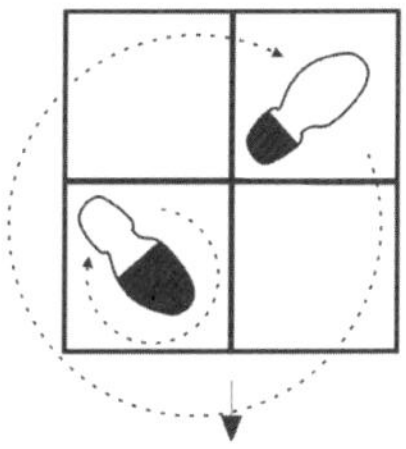

順序	轉身擺蓮之三
對應動作・腰胯	右胯仍續保持坐沈，固定不動。
對應動作・下肢	繼續以右腳前掌為軸心，身軀保持中正，由腰帶動，如陀螺般順時針方向盪轉二七○度；此時左腳並即提起懸空，隨勢貼地由左向右盪移一大圈後，落於身體左前方，以腳跟著地。
對應動作・上肢	雙臂隨旋轉之勢，盪升平腰，並同時由左向右盪移一大圈後，左手盪止於右腰前，右手盪移至右臀後。
圖號	二八六

圖二八七

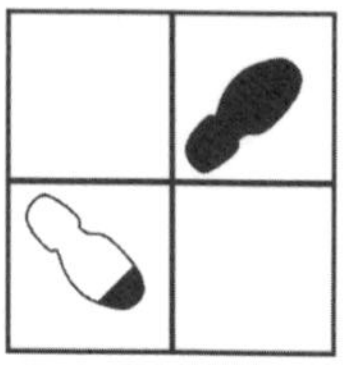

順序		轉身擺蓮之四
對應動作	腰胯	鬆右胯，坐左胯。
	下肢	身體重量逐漸由右腳平送移付左腳（腳掌隨勢落地），屈膝落實；使右腳成虛，腳尖點地。
	上肢	保持前姿定勢。
圖號		二八七

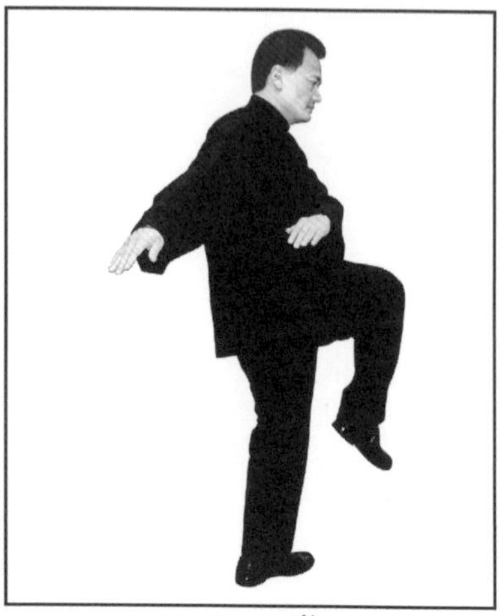

圖二八八

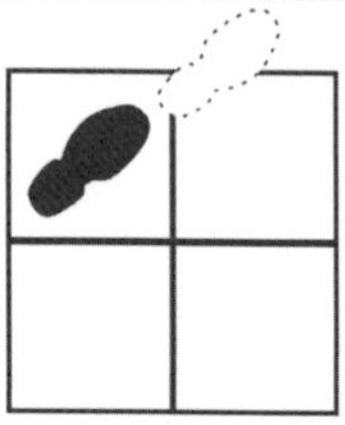

順序		轉身擺蓮之五
對應動作	腰胯	保持前姿定勢。
	下肢	右腿屈膝往前上抬至身體左前方（膝蓋約與腰平）。
	上肢	保持前姿定勢。
圖號		二八八

卅七、「彎弓射虎」

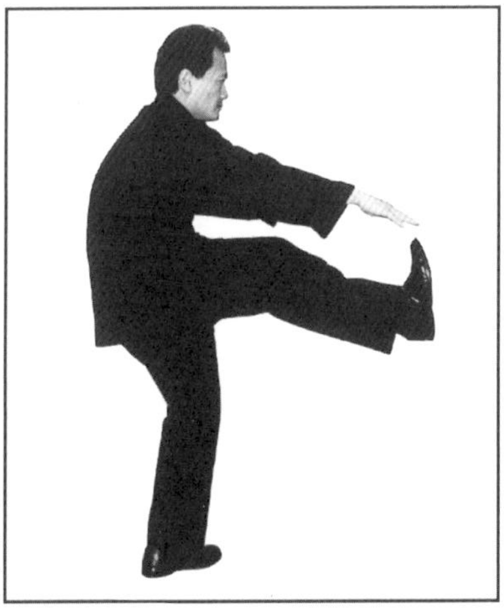

圖二八九

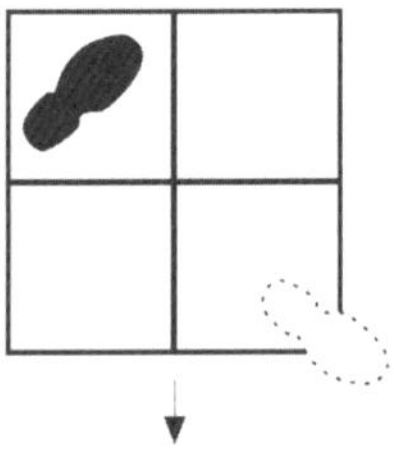

順序		轉身擺蓮之六
對應動作	腰胯	保持前姿定勢。
	下肢	右膝略打直，右腳保持腳尖朝上，右腿並即由左至右，平劃一弧形。
	上肢	雙手掌心保持向下，兩臂同時提升平肩，隨即由右向左橫掃（恰與右腳移動方向相反），在身前與右腳相交叉時，並輕觸右腳尖。
圖號		二八九

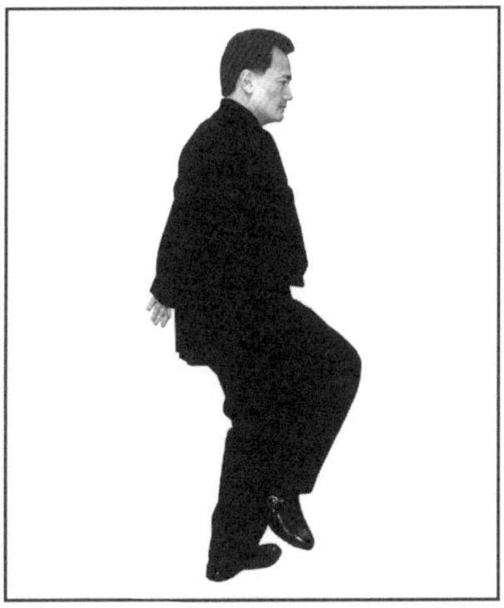

圖二九〇

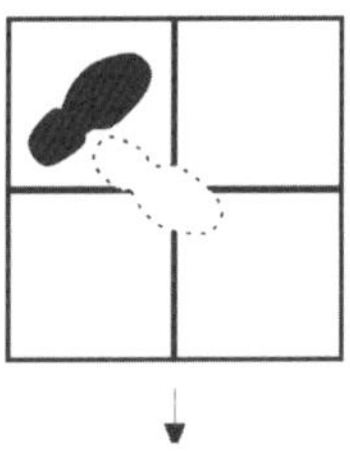

順序		彎弓射虎之一
對應動作	腰胯	保持前姿定勢。
	下肢	前勢右腳由左至右平劃弧形，止於右前方後，即將右腿屈膝收回，使右腳位於左小腿側（不落地）。
	上肢	前勢雙手由右向左橫掃，在身前輕觸右腳尖並續平移至左側方後，隨即鬆落，右手落於左胯前，左手落至左臀後，雙手掌心皆向後。
圖號		二九〇

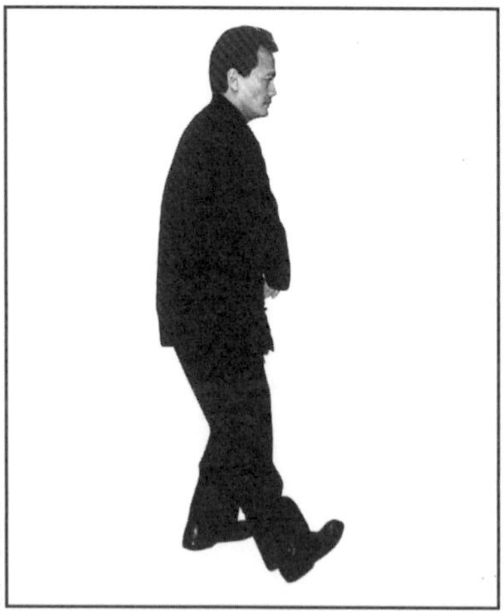

圖二九一

順序	彎弓射虎之二
對應動作・腰胯	保持前姿定勢。
對應動作・下肢	復將右腳提起，朝右前方落下，腳跟著地，腳尖上翹。
對應動作・上肢	保持前姿定勢。
圖號	二九一

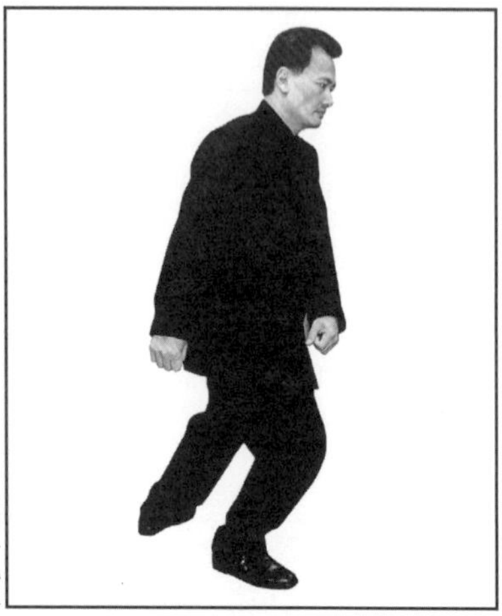

圖二九二

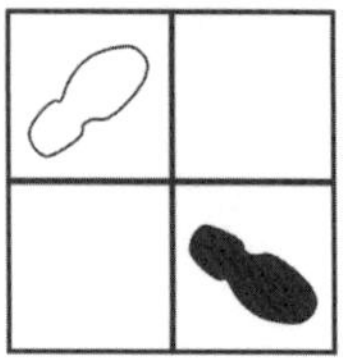

順序	彎弓射虎之三
對應動作・腰胯	鬆左胯，坐右胯（右胯坐實後，並略向右沉轉）。
對應動作・下肢	身體重量逐漸由左腳平送移付右腳（腳掌隨勢落地），屈膝落實；使左腳成虛。
對應動作・上肢	雙手隨勢成半握拳狀，鬆垂向右平盪；右拳盪移於右臀後，右腕並內旋四分之一圈，使虎口朝前；左拳盪止於右胯前，虎口向右。
圖號	二九二

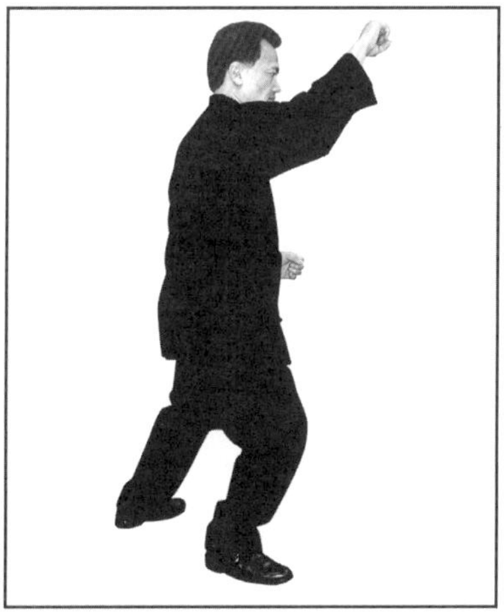

圖二九三

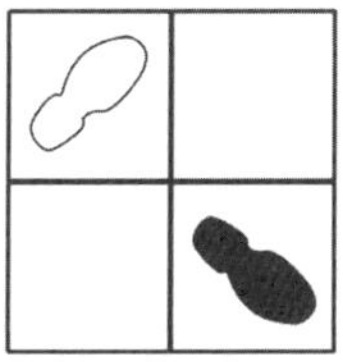

順序	彎弓射虎之四
對應動作：腰胯	以右胯爲軸心，上身保持中正，由腰帶動，向左旋轉到底。
對應動作：下肢	保持前姿定勢。
對應動作：上肢	右拳隨勢由右後下方朝右前上方，弧形盪升大半圈後，止於右額前（虎口向左）；左拳則由右向左拉升並隨左肘之後收，移位至左腰側，虎口朝上。
圖號	二九三

圖二九四

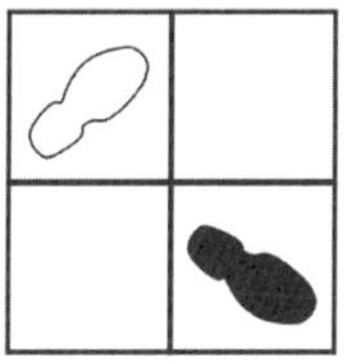

順序	彎弓射虎之五
對應動作：腰胯	右胯向左旋轉到底之剎那，復向右轉正。
對應動作：下肢	保持前姿定勢。
對應動作：上肢	右拳姿勢不變，僅隨勢略屈右肘並向後平移；左拳隨勢前伸做直擊狀，左腕並外旋四分之一圈，使虎口朝右，兩拳遙遙相對。
圖號	二九四

圖二九五

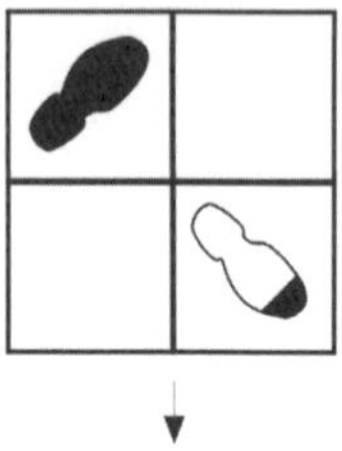

順序	進步搬攔捶之一
對應動作 腰胯	鬆右胯，坐左胯。
對應動作 下肢	身體重量逐漸由右腳平送移付左腳，屈膝落實；使右腳成虛，腳跟略上提，腳尖點地。
對應動作 上肢	兩臂隨勢向左下方鬆落，右拳落於左胯前，拳心向後；左拳打開成掌，落於左臂後，左腕同時內旋二分之一圈，使掌心朝前。
圖號	二九五

圖二九六

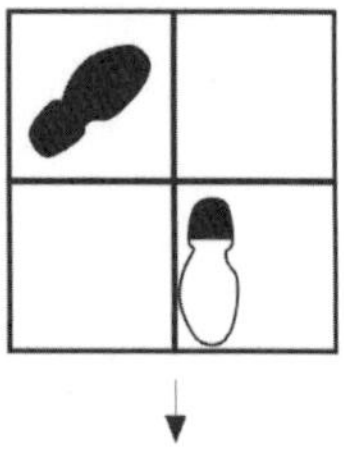

順序	進步搬攔捶之二
對應動作 腰胯	保持前姿定勢。
對應動作 下肢	右腳提起略回收後（腳不落地），復向原處落下，腳跟著地，腳尖上翹朝右。
對應動作 上肢	保持前姿定勢。
圖號	二九六

圖二九七

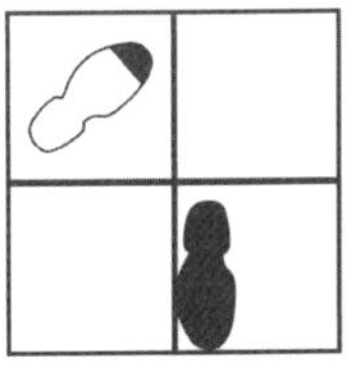

順序	進步搬攔捶之三
對應動作・腰胯	鬆左胯，坐右胯。
對應動作・下肢	身體重量逐漸由左腳平送移付右腳（腳掌隨勢落地），屈膝落實；使左腳成虛，腳跟略上提。
對應動作・上肢	右拳隨勢落肘提升，橫於胸前，拳心向後；左手同時於左後側方，由下繞圈而上，止於左耳外側，成豎掌，掌心朝前。
圖號	二九七

圖二九八

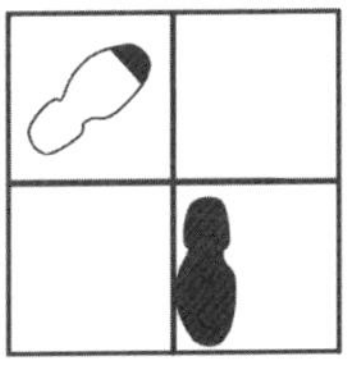

順序	進步搬攔捶之四
對應動作・腰胯	以右胯爲軸心，上身保持中正，由腰帶動，向右旋轉。
對應動作・下肢	保持前姿定勢。
對應動作・上肢	右肘略落，並以之爲軸心，隨腰胯右旋之勢翻轉右拳，使拳背由左至右上繞半圈後下落，復拉回至右腰側，至定勢時，拳心向上虎口朝右（謂之「搬」）；左手豎掌同時隨勢向前出擊（或拍、或按、或截皆可，隨勢應變，謂之「攔」）。
圖號	二九八

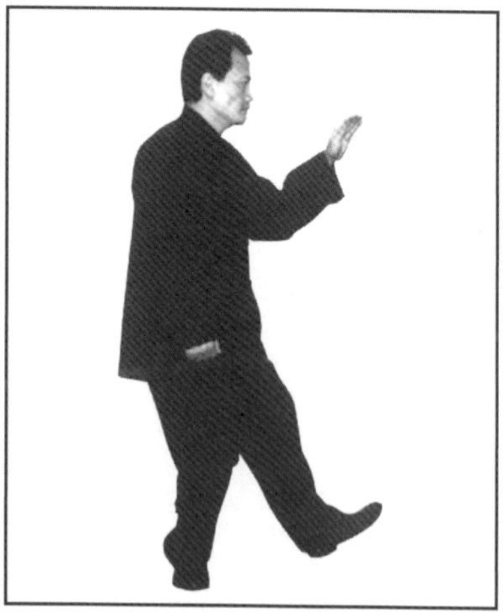

圖二九九

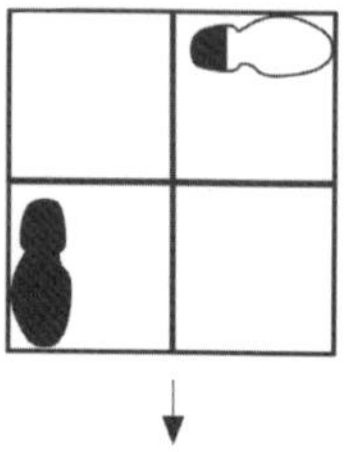

順序	進步搬攔捶之五
對應動作 腰胯	腰胯續向右旋轉到底。
對應動作 下肢	左腳提起，隨勢向前平移一步，以腳跟著地，腳尖上翹朝前。
對應動作 上肢	右拳隨勢鬆落，止於右大腿外側，右腕同時外旋四分之一圈，使拳背向右，虎口朝前；左手仍保持豎掌，掌心朝前，手臂略沈，隨腰胯盪轉，略向右平移，前伸於胸前。
圖號	二九九

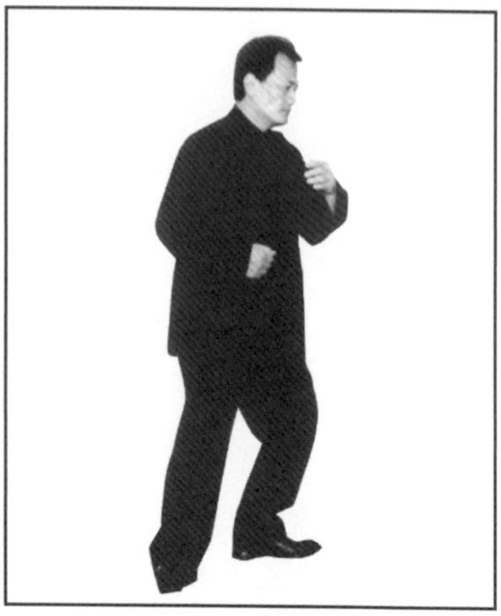

圖三〇〇

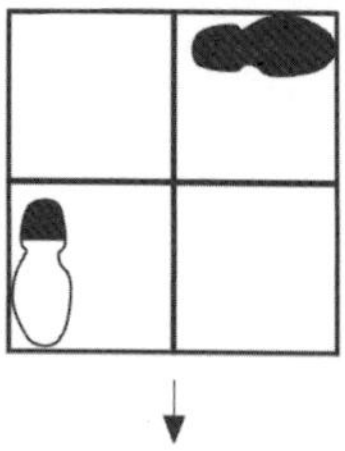

順序	進步搬攔捶之六
對應動作 腰胯	鬆右胯，坐左胯。
對應動作 下肢	身體重量逐漸由右腳平送移付左腳（腳掌隨勢落地），屈膝落實；使右腳成虛，腳尖微翹。
對應動作 上肢	右拳隨勢提升平腰；左手小臂同時回收胸前，左腕並內旋四分之一圈，使掌心向後，成左掤手狀。
圖號	三〇〇

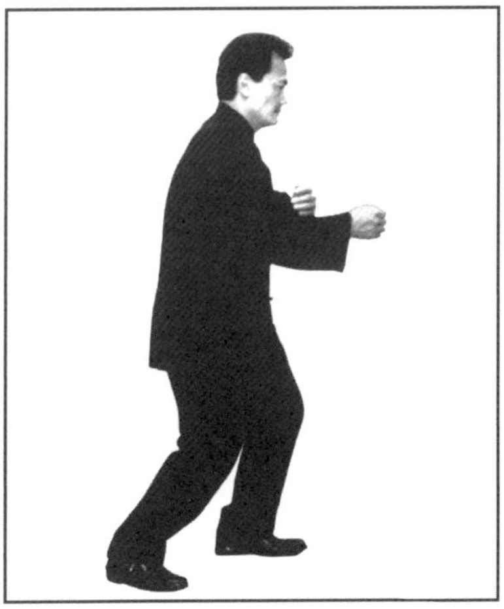

圖三〇一

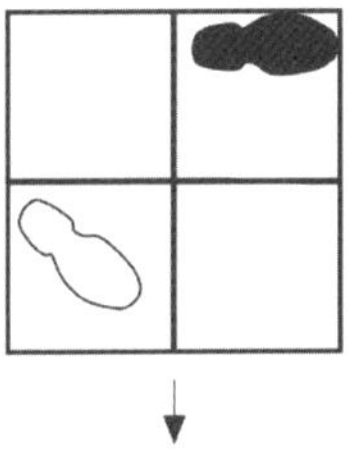

順序		進步搬攔捶之七
對應動作	腰胯	左腳落實之剎那，以左胯為軸心，上身保持中正，由腰帶動，向左轉正。
	下肢	右腳保持著地，腳尖隨腰胯左轉四十五度後落地。
	上肢	右拳隨勢向前衝擊（謂之「捶」）；左臂仍保持掤手不變。
圖號		三〇一

圖三〇二

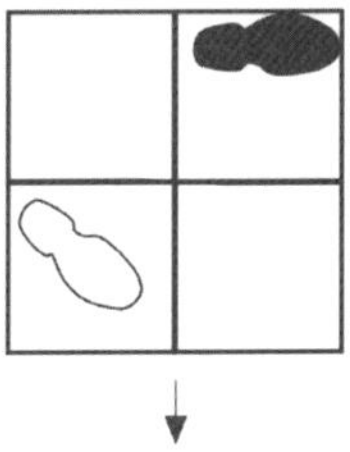

順序		如封似閉之一
對應動作	腰胯	以左胯為軸心，上身保持中正，由腰帶動，略向左沈轉。
	下肢	保持前姿定勢。
	上肢	右拳隨勢鬆開成掌（掌心向左），並略前伸；左腕同時內旋四分之一圈，使左掌心朝上，下落於右肘之後。
圖號		三〇二

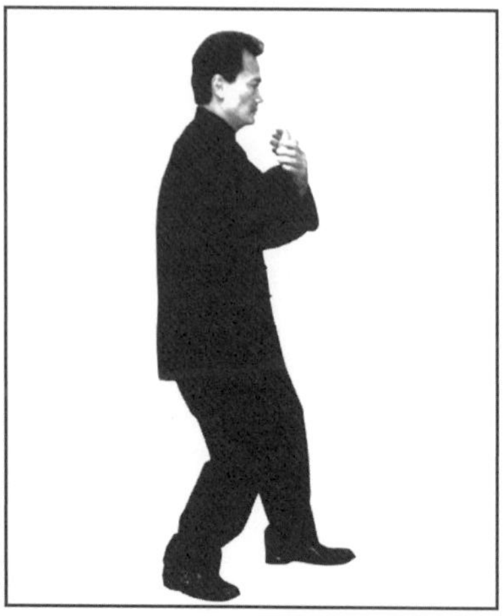

圖三〇三

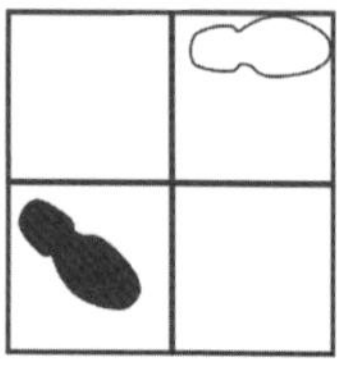

↓

順序		如封似閉之二
對應動作	腰胯	鬆左胯，坐右胯。
	下肢	身體重量逐漸由左腳平送移付右腳，屈膝落實；使左腳成虛。
	上肢	右腕內旋四分之一圈，使掌心朝上，隨小臂向左平移；左掌同時沿右肘至右腕移動，使兩腕相互交疊後，同時落肘回收於胸前（謂之「封」）。
圖號		三〇三

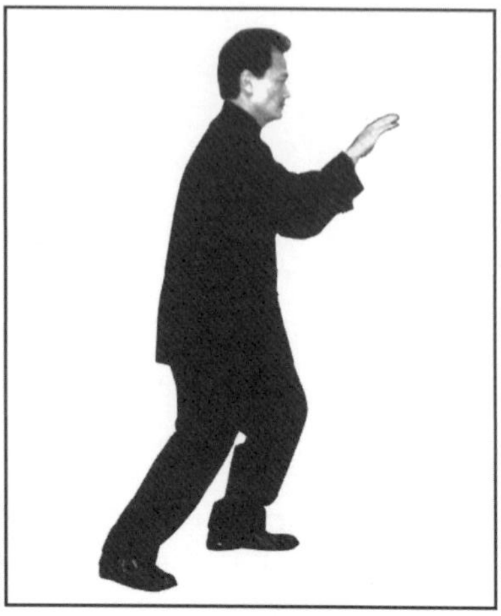

圖三〇四

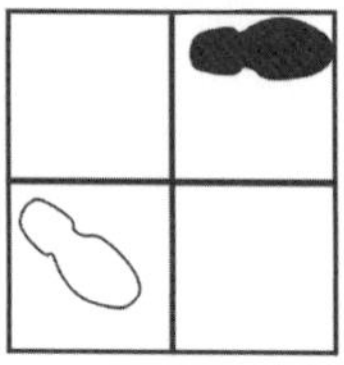

↓

順序		如封似閉之三
對應動作	腰胯	鬆右胯，坐左胯。
	下肢	身體重量逐漸由右腳平送移付左腳，屈膝落實；使右腳成虛。
	上肢	兩腕先左右分開平肩後，復各自外旋二分之一圈，使掌心皆朝前，落肘隨勢向前按去（謂之「閉」）。
圖號		三〇四

轉身十字手

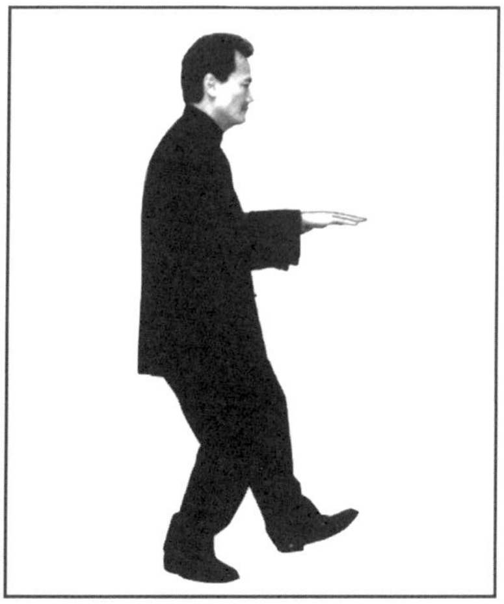

圖三〇五

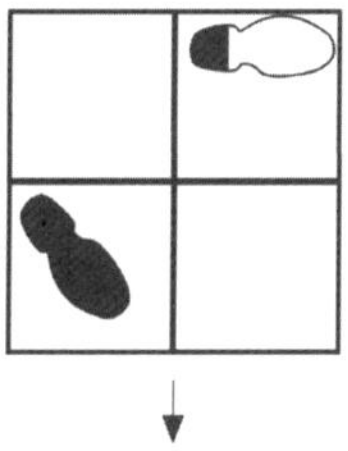

順序	轉身十字手之一
對應動作 腰胯	鬆左胯，坐右胯。
對應動作 下肢	身體重量逐漸由左腳平送移付右腳，屈膝落實；使左腳成虛，腳尖微翹。
對應動作 上肢	兩肘順勢拉回近脅，雙手同時平落至胸前，掌心向下。
圖號	三〇五

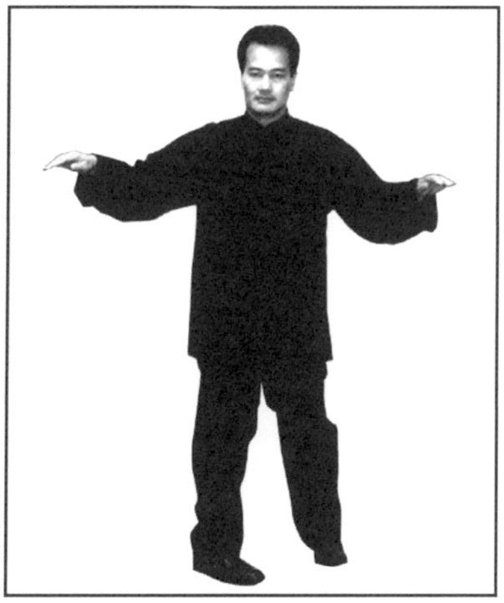

圖三〇六

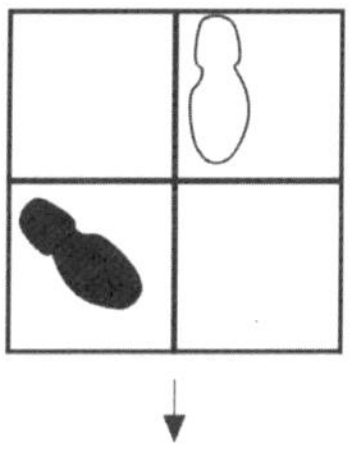

順序	轉身十字手之二
對應動作 腰胯	以右胯爲軸心，上身保持中正，由腰帶動，向右旋轉至面向正右方。
對應動作 下肢	左腳跟保持著地，腳尖隨腰胯右轉九十度後落地。
對應動作 上肢	兩臂隨勢分別逐漸向左右展開（如蛙式游泳之動作）。
圖號	三〇六

圖三〇七

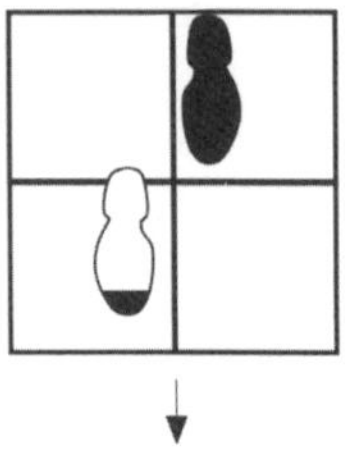

順序	轉身十字手之三
對應動作 腰胯	鬆右胯，坐左胯。
對應動作 下肢	身體重量逐漸由右腳平送移付左腳，屈膝落實；使右腳成虛，腳尖保持點地，腳跟略上提，並內旋四十五度（不落地），使雙腳一前一後成平行狀。
對應動作 上肢	雙手順勢下落，掌心皆向後，交叉於小腹前（右手在內，左手在外），並續提升至胸前（左手在內，右手在外）；提升時，兩腕並各自內旋四分之一圈，以維持掌心向後。
圖號	三〇七

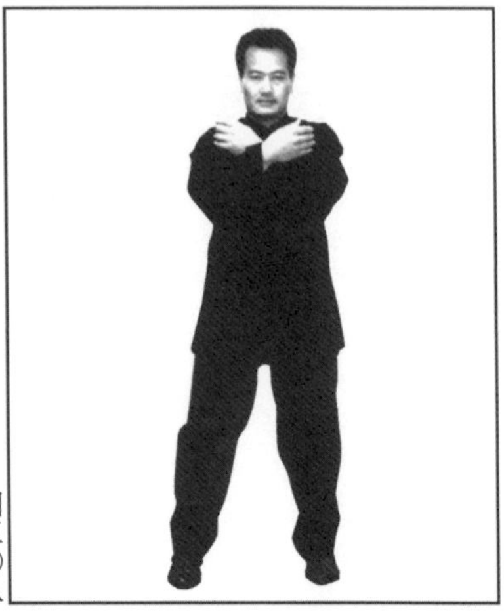

圖三〇八

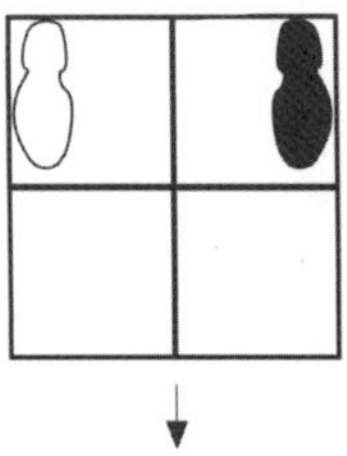

順序	轉身十字手之四
對應動作 腰胯	保持前姿定勢。
對應動作 下肢	右腳向右後側方平移回收（腳尖先點地，再將全腳掌放落），使雙腳平行，距離同肩寬。
對應動作 上肢	保持前姿定勢。
圖號	三〇八

圖三〇九

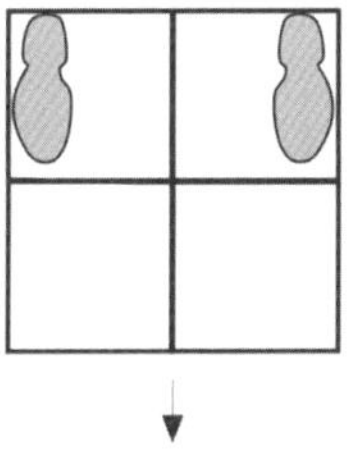

順序	轉身十字手之五
對應動作：腰胯	兩胯微坐。
對應動作：下肢	重心復平正回移至雙腳中間，身體重量平均落於雙腳，不分虛實。
對應動作：上肢	肘部保持不動，兩腕各自外旋四分之一圈，使掌心向下後，即左右分開平肩；雙手小臂並隨勢按落，腕背上翹，掌如漂浮水中狀，至兩大腿外側後，復將腕部鬆落（掌指自然下垂，中指微向前引）。
圖號	三〇九

還原成預備式（拳式結束）

謝昭隆師父于楊氏嫡傳鄭子太極拳的傳承與創新

（福建有緣拳社一期入室弟子劉世和敬撰於福州）

傳統文化的傳承需要有明師（明理、肯教、會教），更離不開明師的創新。楊氏嫡傳鄭子太極拳作為中華傳統文化的一顆璀燦明珠，其弘揚同樣也需要一代又一代的明師不懈地傳承和創新。

鄭子太極拳屬楊氏嫡傳一脈，為民國永嘉（溫州）鄭曼青所創。鄭曼青先生是宋美齡的國畫老師，也是曠代草聖于右任的至交好友，其詩、書、畫、醫、拳樣樣精絕，當時被譽稱為「五絕老人」。其太極拳師承楊澄甫大師，理論造詣甚深，太極功夫卓絕，曾力克美英拳王，輕贏西點武術教官，並應邀在聯合國表演，享譽海內外。抗戰期間，鄭氏應邀任湖南國術館館長，為便於傳授教學，刪減老架複式，擷取楊氏精要，自編三十七式簡易套路。嗣經陳微明老師作序稱道，吳稚暉、于右任等先生正名題辭，定名為「鄭子太極拳」。

謝昭隆恩師是鄭曼青大師得意真傳弟子干嘯洲老師的學生，也是楊氏第六代、鄭子太極拳第三代傳人。恩師於一九八七年拜師干嘯洲師爺，並追隨其整整十年，終日勤學苦練，拳藝不斷精進，功力日漸深厚，於理論和實踐都在傳承中有所創新發展。一九九九年七月在台北成立鄭子太極拳（台灣）有緣拳社，二〇一一年一月發起成立台北市有緣鄭子太極拳協會，推廣鄭子太極拳術及理念，並著《鄭子太極拳示範教材》。二〇〇八年九月恩師將鄭子太極拳正式傳入福建，在廈門舉辦第一期拜師儀式。二〇〇九年一月，又在福州成立鄭子太極拳福建有緣拳社，並先後在莆田、南平、龍岩、漳州、泉州等地設立分社，目前入室弟子近一百三十人，習練者已逾六百多人。

筆者自二〇〇八年始跟從謝昭隆恩師學習鄭子太極拳，經常會發現恩師在教拳過程中，不時會有一些獨到的理念、內容和方法，就像在灑滿陽光的沙灘上，不經意間會有一顆顆熠熠閃光的珍珠。這些理念和內容，既源於鄭曼青太師爺著述又不盡相同，卻與古代太極拳經拳論絲絲吻合，於是很早便萌發了寫一篇文章的衝動。幾次每欲提筆，卻又感到不知從何下手。六年多過去了，隨著自己學習的深入和感悟，漸漸地這些散落的珍珠連成了串串，心中也慢慢地有了個輪廓。去年底向恩師彙報了這些想法，得到了認可和鼓勵。今年正月恩師來閩，就相關問題作了請教，再次得到恩師的指教。本著推廣弘揚鄭子太極拳之宗旨，冒昧就恩師於鄭子太極拳思想理念、內容體系及教學方法的一些傳承和創新向大家作個介紹。由於自己才識薄陋，功力疏淺，定有許多不全不當不確之處，還請各位同好不吝賜教。

壹、關於鄭子太極拳思想理念的傳承與創新

太極拳拳理在太極體系中佔有極為重要的位置，正所謂學拳須先明理。許多人練太極拳之所以徬徨歧路或進益緩慢，一個主要原因就是忽視或缺乏正確的理論指導。太極拳究其文化根源，源於《易經》，主道家一脈，旁及儒、釋、醫、武等；究其科學根源，則與現代物理原理吻合也。拳經說「一層功夫一層體悟」，李雅軒大師曾言「太極拳是聰明人練的拳術」，鄭曼青太師爺也常提到，太極拳不是練出來的，而是悟出來的，足見太極拳理之重要。謝昭隆恩師亦常說「太極拳是思想拳」，並且

非常重視太極拳理的學習和應用，在恩師近三十年習練和教學生涯中，提出了許多富有見地的思想理念，有的是對古代拳經拳論的特別突出和強調，有的是對鄭子太極拳的精要把握和傳承，還有的則是他多年實踐的獨到理解和創新。

一是特別強調拳經拳論

謝昭隆恩師經常教誨，太極拳不同於一般武術，有著深刻的文化和思想內涵。又提到，學習太極拳要有三個條件，「明師、擇理、有恆」三者缺一不可，尤其把拳理放在很重要的位置來強調（詳見拙文《學習楊氏鄭子太極拳心得：明師、擇理、有恆》）。還說，太極拳正不正宗，不在於自己如何標榜，關鍵要看它與古代拳經拳論是否相符合，特別與張三豐、王宗岳拳論是否相一致。鄭子太極拳之所以能以「正宗、易學、實用」而著稱於世，不僅僅是因為其師承很正宗，更重要的還是其拳理、招式和習練方法，與古代拳論無一不相符。在教學過程中，恩師經常強調「一處有一處虛實，處處總此一虛實」，要求任何一個動作，實要實透，虛要虛空，做到隨時能夠起腳而腰胯與上身紋絲不動，隨時能夠虛實轉換接地發勁而人所不察；經常強調「一動無有不動，一靜無有不靜」，要求任何一個動作，體動手動呼吸動，體停手停呼吸停，一動俱動一停俱停；經常強調「太極不動手，動手非太極」，無論行拳、推手、散手，體動手才動，即便是吃飯夾菜、關開門或打麻將，也不能僅僅用手臂去伸縮，而是要試著用身體的進退旋轉帶動手臂去完成相應動作。

謝昭隆恩師經常強調「主宰於腰」，點破拳論裡所提的腰，實際上有三個含義，一則指左右之腰，為現代生理學之腰部；二則指小腹丹田，為人體重心之所在；再則指胯，胯為人體軸心之所在，上承身體圓柱體，下聯接地雙腿腳，起著承上啟下的重要作用。腰胯有左右平移、有前後平移、有上下沉起、有左右旋轉，胯真正鬆開靈活了，上身才能做到真鬆，下身才能做到真沉，沉了才能接地發勁，等等。這些真知灼見，與古代太極拳論都是非常相符的。此外，恩師還完整繼承了鄭曼青太師爺所獨創的鄭子太極拳理念，如經常強調「曼髯三寶」，即「吞天之氣、接地之力、壽人以柔」，要求以此作為習練鄭子太極拳的最高準則；經常強調美人手，要求行拳時五指不張不併腕部豎直，靜心體會兩掌與空氣摩蕩酥麻舒坦之感覺；經常強調陸地游泳，要求練基本功和盤拳架時視空氣如水般之有浮力和阻力，久之全身自然放鬆通體鬆空靈妙之感覺，等等。

二是特別強調力學原理

鄭曼青太師爺在《鄭子太極拳十三篇》專闢一章《勁與物理》，深入闡釋了太極拳發勁與現代物理學之關係，細緻解讀了太極拳推手效用的原理和方法，指出「太極拳雖導源於哲學，且可證乎科學」。從而把歷來神乎其神的太極發勁，明明白白地用現代物理學原理披露大白於天下，這在太極拳發展史上是一個極其偉大的貢獻。本門臺灣師兄劉尚斌博士亦曾撰文《漫談太極拳發勁的物理原理》（詳見魚太極新浪博客），系統梳理和闡述了鄭太師爺所述太極拳發勁的物理學原理。謝昭隆恩師則全面繼承了鄭曼青太師爺的理論，在教學特別是演示太極發勁過程中，從來不藏私和故弄玄虛，而是按照人體力學和物理學的原理，把太極發勁的道理，深入淺出地告訴我們，並指導大家如何如理如法地運用。

恩師指出，太極拳之所以有立身中正、虛實分明、鬆腰坐胯、上鬆下沉、內外三合、一動俱動以及移重心不轉腰胯、轉腰胯不移重心等要求，絕非僅是外觀審美要求，而是太極發勁的必然要求，亦即力學原理的內在要求，唯有如此才能練出太極整勁。恩師還指出，天地大太極，人體小太極。人體大太極，丹田小太極。若小腹稱作中丹田，湧泉則可稱為下丹田，兩者都是太極發勁的起動機，皆有主宰身體動作之功用。特別是小腹內小腸神經細胞異常豐富活躍，相當於人體第二大腦，通過直養丹田之意與氣後，日久功深可以自然反應並迅即帶動下盤（腰、腿、跨）之進、退、顧、盼、定等動作。太極拳之前後（如掤勁、擠勁、按勁、採勁等）、左右（如肘勁、靠勁）、上下（如沉勁）之勁，都是先從腳底湧泉發動起來的，所以拳經有「起於腳，發於腿，主宰於腰，最後形於手指」之言；太極拳的旋轉之勁，如捋勁、挒勁等則由小腹丹田發動而腰、胯及體的。故《太極十三勢歌》有「命意源頭在腰際」、「刻刻留心在腰間，腹內鬆淨氣騰然」之語。

此外，小腹丹田還是整個人體重心所在，體動是因為丹田帶動而動，胯轉是因為丹田內轉而動，拳論裡所說的「手隨腰動」、「步隨身換」，其實質皆是由丹田帶動與主導，其目的都是為保持身體重心之中定與平衡。是故太極拳欲先發勁必先拔根，若重心一動根即被拔，這就是太極拳為什麼強調守中的至深含義，故《張三豐太極拳論》有「如意要向上，即寓下意，若將物掀起而加以挫之之力，斯其根自斷，乃攘之速而無疑」之說。恩師還常說「頭一偏，三十年白練」，為什麼會白練？這與物理學的原理也是完全一致的。

三是特別強調鬆沉柔靈

王宗岳《太極拳論》提到「由著熟而漸悟懂勁，由懂勁而階級神明」，把太極功夫為分著熟、懂勁、神明三個階段。楊氏太極李雅軒大師將習練太極拳分為僵硬、僵柔、鬆沉、輕靈、虛無等五個梯次，並對每個梯次作了詳盡描述。鄭曼青太師爺在《鄭子太極拳十三篇》之「別程式」則把太極拳運動分為天、地、人三階，人階為舒筋活血之運動，地階為開關達節之運動，天階為知覺作用之運動，每階又細分三級，合為三階九級之說。

謝昭隆恩師平時較少提及鄭子太極拳習練進階，但會經常強調「鬆沉柔靈」四個字。二〇一〇年恩師在接受福建體育健康頻道專題訪談時，曾就「鬆沉柔靈」作了比較系統的闡述。恩師指出，鬆沉柔靈不僅是鄭子太極拳的總體要求，也是衡量太極功力的一個尺規。鬆是學習傳統太極拳最重要而且是唯一的門徑，全身從頭至腳每個部位，包括頭、肩、肘、手、胸、背、腰、胯、腹、腿、腳、踝等皆要鬆之，如此氣才能自然下達湧泉。而沉則是鬆的結果，鬆沉了湧泉自然接地，湧泉接地了才能發勁，這是習練鄭子太極拳的第二階段。鬆沉有了一定基礎後，透過基本功、拳架和推手的反覆練習，肢體便會越來越柔軟，是故柔是鬆沉的體現。反過來能柔自然能鬆沉，兩者是相輔相成的。鬆沉柔之後的發展，必然是輕靈這個更高的境界（產生聽勁），到此方能「人不知我，我獨知人，英雄所向無敵」也。

恩師還強調，鬆沉柔靈雖然代表不同功夫層次，但每一階段都有鬆沉柔靈，鬆沉柔靈在不同階段都有不同體現，鬆中有沉，沉中有鬆，鬆中有柔，柔中有靈，相互融合、相互進益。靜心揣摩，不論是王宗岳宗師的三個階段，還是李雅軒老師的五個梯次，或是鄭曼青太師爺的三階九級，或是謝昭隆恩師所提的鬆沉柔靈，其實都是習練太極拳必經的途徑和境界，提法雖各不同，而理則實為一貫也。

四是特別強調隨緣自然

謝昭隆恩師於一九九九年七月在台北創辦鄭子太極拳（台灣）有緣拳社時，就明確拳社發展要從興趣出發，以「明師、擇理、有恆」三者為基礎，除傳承鄭子太極拳術及觀念外，更強調結緣，以期在鍛鍊體魄之外，更能相互砥礪扶持，共同珍惜難得之緣份，所以把拳社命名為「有緣」。恩師特別強調「緣份」兩字，不論是平時言談交流，還是弟子入門拜師，都要詳細闡述有緣之內涵。恩師常說，師徒彼此結識是緣，拜師是緣，學拳是緣，學而中斷是緣，斷而復學亦是緣，一切隨緣便好。又常講道，太極拳講求捨己從人、隨屈就伸、逆來順受、吃虧是福，其實，隨緣就是太極拳最突出的性格。

學拳要隨緣，相信老師就是最好的隨緣，不要做問題先生，不要做貪多先生，不要做速成先生，老師教什麼，就學什麼，老師練什麼，就跟著練什麼，一切自然而然，自然水到渠成。恩師還強調，太極拳是自然大道，人法地，地法天，天法道，道法自然，所以練拳時也要有隨緣自然的心態，心裡清清靜靜，身體鬆鬆柔柔，呼吸自自然然，心態不緊不慢，動作安定徐為，如此才能慢慢步入太極殿堂。恩師常勸導我們，做人做事也要隨緣，平平淡淡，從從容容，不要去管別人的事，不要去管明天的事，也不要去管老天爺的事，山不轉路轉，路不轉人轉，人不轉心轉，隨順自然一切都會好起來的。

五是特別強調厚德載物

謝昭隆恩師曾經談到，遇到傳統太極要有緣份，入門傳統太極要有明師，學習傳統太極要有悟性，成就傳統太極要有德行。為什麼德行是決定太極能否成就的前提？恩師說，這裡面有很深的含義。《易經》言「德不配位，必有災殃」，古人講「唯德能行天下」，清華大學校訓是「自強不息，厚德載物」，都把德放在至高無上的位置。金庸十四部武俠小說裡，除了達摩祖師外，武功最高的不是郭靖、不是蕭峰、不是東方不敗、不是獨孤求敗，而是少林寺那個名不見經傳的無名老僧，蕭遠山、慕容博兩大絕世高手在他面前一籌莫展。無名老僧一語道破機關：「學武必有戾氣，須以佛法化之。佛法越高，慈悲之念越盛，武功絕技才能練得越我。」

佛法者，德也。恩師說，太極拳若有明師指導，入門其實不難，加之肯練有悟性，小成也不難，但若要有大成就和作為，一定要有與之匹配的德行才行，德行越高，心量越大，名利越淡，太極修為才能越深。這就是太極拳與一般運動區別的最為殊勝之處。為此，恩師非常重視以德行為核心的拳社文化的打造，重申「遵法守紀」和師門「九要」、「五戒」為拳社根本準則，又提出堅持走「純拜師、純練拳、純公益、人品至上」的路線，要求每一個入室弟子具備「**五心**」：即

恭敬心，對鄭子太極、老師和師門長輩要謙卑恭敬；

感恩心，對歷代太極宗師、授業恩師、同門師兄弟要心存感恩；

包容心，對不同文化、性格、素養、見解的人要廣為包容；

奉獻心，對拳社要多盡份盡力、對同門要多教多奉獻；

隨緣心，不論學拳練拳，還是為人處事，一切都自然隨緣。

恩師不僅這樣說，而且處處以身作則，不論是教拳練拳，還是為人處世，都以其謙遜儒雅、德高隨緣的人格魅力折服了每一位弟子的心。

貳、關於鄭子太極拳內容體系的傳承及創新

鄭子太極拳有相當完整的系統，主要由基本功、拳架、推手、散手四大部分組成，此外還有一套五十四式楊氏嫡傳太極劍。鄭子太極拳以「正宗、易學、實用」著稱，強調鬆沉柔靈，拳架緊湊連綿，立身中正偏隨，發勁鬆彈脆整，不僅有修心養身之效，更有防身技擊之功，在臺灣、歐美及東南亞等地廣為流傳。

謝昭隆恩師早年在軍從武，退役後緊隨干嘯洲師爺專精修學鄭子太極拳，近三十年來尊師重道、心無旁騖，一門深入，長期熏修，全面深入地繼承了鄭子太極拳的完整體系，於太極基本功、拳架、推手、散手、太極劍等都有著深厚的造詣，更為難能可貴的是，恩師愛拳成癖，謙遜好學，勤思善悟，精進不懈，在鄭子太極拳內容上有許多創新和突破，較大豐富和拓展了鄭子太極拳的內涵和體系。

一是規範基本功習練順序

任何一個武術門派都非常重視基本功的練習，有道是「練拳不練功，到老一場空」。鄭子太極拳基本功有三大基本功、十八個五禽戲及若干個單練動作。這些基本功中，有專門用來練氣的，有專門為拳架打基礎的，有專門為推手奠基石的，也有專門為散手做準備的，其完整性和系統性在大陸其他太極拳中也是少見的。恩師非常強調基本功的規範練習，為便於習練和教學，他在干嘯洲師爺傳承的基礎上，細緻規範了每一個基本功的練習方法，按照要領、呼吸、注意事項及功效四個方面分別予以明晰，條理清楚，一目了然，簡單易學。又重新梳理規範了習練的順序，先是護心樁、熊經、川字樁

三大基本功，爾後是彌陀拜山、月下練精兩個單練動作，再者是十八式精簡五禽戲，最後是散手活步，從而有效避免了教練隨意和無序的問題，確保了教學的良好效果。

二是規範和校編拳架套路

楊氏鄭子太極拳拳架主要有三套，一個是打不完攬雀尾，一個是三十七式鄭子太極拳，還有一個是楊氏罕傳一〇八式精簡雙架。「打不完攬雀尾」是鄭子太極入門拳架，為鄭曼青太師爺所研創，主體動作是攬雀尾，即太極十三勢中掤、捋、擠、按四式之總稱，其原理是將攬雀尾右式與左式，依序按前、後、左、右四個方向，往復循環不斷運行。又因練習時間之長短，可視個人需要從心所欲，故而名之。此拳架看似簡單，卻極易達鬆沉動盪之功與立地生根之效，可以說是鄭子太極拳精華之濃縮。「三十七式鄭子太極拳」是進階拳架，是鄭曼青太師爺為便於教學而自編的一個楊氏簡化套路，全套打下來約需七分鐘。

「楊氏罕傳左右雙邊精簡功架」是功力拳架，據說是楊氏秘傳傳統老架套路，共一〇八式，整套拳架約需十一～十二分鐘，須有相當鬆沉功夫方能習練。謝昭隆恩師是在我們習拳四年後才開始教授的，預備用三年時間磨練這套拳架，由此亦可見其要求之高。恩師曾給我們表演過這個套路，整個拳架如行雲流水，既鬆沉柔靈，又連綿不絕，既剛柔相濟，又快慢相間，既飄浮靈活，又鬆沉接地，隨時可以發勁，真是精彩絕倫，美不勝收，在場者無不歎為觀止，有幸一睹楊氏太極之真容，方知中華武學之奇葩。

恩師於一九九八年自編《鄭子太極拳示範教材》，首創上中下圖解教材，將練拳時身體外形必須隨式變化之部分，區分為上肢、腰胯及下肢三部分，按拳式將對應變化動作以連環圖說的方式闡釋，淺顯明瞭，一目了然，非常便於自學三十七式鄭子太極拳。楊氏罕傳左右雙邊精簡功架，係干嘯洲師爺親傳恩師。為易於教學、習練與推廣，恩師近年經仔細推敲後，認真進行了校編，共分五段一〇八式，整個套路編排更為合理，銜接更為緊密，也更具有觀賞性和展示功力。在習練拳架過程中，恩師還首提「鬆落」理念（即鬆小腹、落虛腳膝蓋），首創功力架打法，為縮短傳統太極成就時間探索了一條有效的新路子。

三是規範創新推手散手

推手和散手在楊氏太極體系中佔有重要位置，畢竟太極拳還是一門武術。鄭子太極拳推手有定步、活步，有單推、雙推，有平圓、立圓，有四正、大捋等，散手也有若干個獨到招式和訓練方法。

謝昭隆恩師強調，拳架、推手、散手三位一體，是互為體用的關係。拳架主要練習鬆沉柔靈，是推手和散手的基本功；推手主要練習聽勁和鬆柔走化，是拳架到散手的必經階梯；而散手則是拳架和推手的綜合運用。拳架是否鬆沉，可以經由推手驗證；反過來，推手又可以糾正拳架的偏差。如果純粹以健身為目的，只練基本功和拳架也就足夠了，但如果想探究太極功夫之神妙，就一定要學習推手和散手。

鄭子太極的推手，恩師非常強調循序漸進，不可急於求成；強調要給別人餵勁，也要常被別人餵勁；強調吃虧是福，反對爭強好勝；強調鬆柔走化，反對蠻力頂撞；要求推手在門內推，擔心若正確觀念未建立，基礎又沒打好，到外面與人亂推，就會被帶偏，導致身體僵化；硬推硬頂，非但無法達到沾黏連隨，反而養成錯誤用力習慣。為便於大家更好學習，恩師針對存在問題，專門研創設計了立圓推手，又把四正推手進行了細化，分解為掤、接、捋、化、按、擠六個動作來教學。

在散手方面，恩師著眼於接發與化發的運用，突出套路單個動作或楊家秘練動作的習練，如仙翁推月、活步熊經、天女散花、袖裡乾坤、羅漢擺腿、化空補空及進步搬攔等，並特別設計了若干活步練習模式，包括基本步法和進階步法，有前、後、左、右，有進、退、顧、盼，配之以掤、捋、擠、按、採、挒、肘、靠八法，忽前忽後，忽左忽右，虛虛實實，忽隱忽現，極具實用價值，為外界所罕見。在太極八法中，恩師還特別強調捋手的重要性，反覆提到鄭曼青太師爺曾言在楊家七年就只學得一個「捋」字，雖是謙語，但含義至深。恩師說明捋手內含接勁、化勁與發勁，果真能捋，則擠、按、採、挒、肘、靠等各法，皆可併隨捋之後接續運用也。

叁、關於鄭子太極拳教學方法的傳承及創新

太極拳不同於外家拳法，不用明勁硬力，而用內勁柔勁，摒後天返先天，棄拙力而柔順，反其道而行之，一般人確實難以理解。其博大精深，確非一般體育運動所能比擬。如果沒有明師指點，委實很難契入其中境界。《太極十三勢歌》提到「入門引路須口授，功夫無息法自修」，也充分說明了明師的重要性。謝昭隆恩師一生以推廣鄭子太極拳為己任，不僅自己功夫精湛，明瞭太極拳拳理，而且在長期的教學實踐中，繼承和積累了豐富的教學經驗，創新提出了許多富有灼見的教學理念和方法，堪為兩岸太極之明師。

一是特別強調專精修學

謝昭隆恩師以身垂範，從三十五歲起，就與干嘯洲師爺朝伴夕隨，整十年如一日，一門深入，長期熏修，終有大成，至今仍孜孜潛修鄭子而心無旁騖，為我們樹立了很好的榜樣。恩師教誨我們，學習傳統太極拳最好是先選擇一個名門正派，選好了就不要輕意改變，沒有十年八年的修學，一開始就想融會百家，只能是欲速則不達。又說，學拳貴在專、精兩個字，這輩子能遇到好的老師，就是你的福份。一旦認準了，一定要尊師重道，相信老師，死心踏地跟著學，如此才能有所成就。恩師還常引用鄭曼青太師爺之言說，太極拳不是苦練出來的，而是積累出來的，就像疊白紙，一天兩天不見多，一年兩年厚度就出來了，所以最重要是要持之以恆，每天都抽出一、二十分鐘的時間，堅持下去了一定會有成就。

二是特別強調教學相長

謝昭隆恩師常講，人有付出才有得到。古人講教學相長是很有道理的，學習太極拳要想進步，一定要捨得多帶師兄弟。之所以恩師能有今天的成就，也是得益於早年經常代師教徒，很多思想和方法，也是在長期教學生涯中不斷萌發出來的。又說，教學中我們會面對各種各樣的人，有的人悟性高些，有些人悟性低些，這些都是提升自己的機會。能看出別人的問題，你進步了；能反思改正自己同樣的問題，獲益就更大了；為了回答別人問題，逼著你去學習去請教，自己水準又提高了；教學中你得因材施教、因時施教，你得有愛心耐心細心，自己德行又精進了；特別是教學中你一心一意付出，大家一定會看在眼裡，你一定會得到大家的認可和尊敬。

所以推廣鄭子太極拳中，恩師採用了層級教學法，自己先培養帶出一批骨幹，從中指定一些德行皆優的教練，透過教練帶學員，透過師兄姐帶師弟妹，一級帶一級，雖然恩師前期每兩三個月才來一次大陸，整個隊伍卻很快就帶出來了。在每次集體教拳中，恩師都是先親自帶領弟子統一習練全套基本功，爾後按進度分為攬雀尾、三十七式、一〇八式三組，指定教練分別帶領習練拳架，最後才是集中習練推手和個別輔導答疑，具有很強的系統性和針對性，受到了習練者的歡迎。

三是特別強調整體推進

太極拳的教學有很多不同的方法。傳統教學方法更注重循序漸進，老師每次只教一兩式，待要領掌握做到位了，才接著教下一個動作，並反覆糾正姿勢。一套拳架，少則半年，多則一年才能學完。現在的教學方法則講究速成，公園裡常常是一人帶領數十人，老師前面練全套，學生依樣跟著畫葫蘆，很少有一手一式的細緻教學。謝昭隆恩師在長期教學實踐中，則總結出了一套既有次第而又圓融的整體推進教學法，在實踐中收到了很好的效果。

在學習次序上，總體按照傳統循序漸進的原則，先練基本功、後練拳架、再練推手、最後練散手；每一部分又分成若干內容逐漸推進。在具體教學中，基本功、拳架、推手、散手又有序交叉修學，互為帶動，整體推進；即由基本功打基礎促進拳架習練，由拳架鬆沉柔靈促進推手水準，由推手鬆柔走化促進拳架修正；在時間安排上，總體按照太極十年不出門的要求，基本功學習若干動作後，便開始學習入門拳架「打不完攬雀尾」，同時不間斷基本功的學習，這個階段約需一至二年的時間；基本功和入門套路有了一定基礎，便開始學習「三十七式鄭子太極拳」和定步平圓、立圓推手，同時不間斷基本功和入門套路的學習，這個階段約需二至三年的時間；已經有了鬆沉接地初步功夫後，便視個人進展情況，安排四正、大捋的學習和部分散手、活步的練習，同時開始教授楊氏「一〇八式罕傳雙架」，這個階段約需二至三年的時間；待功力漸深最後才習練五十四式楊氏嫡傳太極劍。在學習提高上，恩師提出腦力激盪教學法，不定期召集教練和骨幹召開交流分享會，每次確定一個主題（如拳理重點體會、心法要訣實踐、教學觀念技巧、鬆柔化發運用等），引導大家碰撞思想，啟迪心智，相互分享，最後由恩師現場演示和答疑總結，極大地促進了弟子們對拳理的深入理解和拳藝水準的不斷提高。

肆、結語

《論語》云：「人能弘道，非道弘人。」傳統太極拳的傳承和創新，最關鍵的是需要有一批熱愛傳統太極、具有高尚人格魅力和強烈責任使命感的明師。謝昭隆恩師從創立有緣拳社之日起，就把「**推廣鄭子太極**、**弘揚太極文化**」**立為拳社宗旨**，也作為自己下半輩子人生目標。恩師常說：「太極拳是中華傳統文化的重要組成部分，鄭子太極拳源自於大陸，是兩岸共同寶貴的文化資產。作為鄭子太極拳的傳人，有責任也有義務把這麼好的東西，重新在大陸傳播推廣，把快樂和健康帶給大家。」為此，**恩師鄭重給自己約法三章**：「**教拳不藏私**、**傳承不收費**、**對外不比武**」。恩師希望有生之年能以自己的身體力行，為太極文化的傳承綿延盡一份心力，並期待更多有志之士共同致力於太極的傳承與創新，讓傳統太極這朵奇葩能在中華傳統文化的百花園中更加綻放出迷人的異彩。

後記

太極拳累積了中國人數千年的思想與智慧，由簡易的健身動作，漸進演化成今日兼具健身、養身、修身及技擊的拳術，如進一步瞭解其內涵之深與廣後，說「太極拳」是中華文化藝術精粹，亦毫不爲過。

作者有緣幸遇鄭子太極拳大師干嘯洲先生，習拳十餘年來，深覺練太極拳如無「明」師指導，絕不可能登堂入室，練出功夫；但如僅以健身做訴求，也並非難事，只要具備一本觀念正確，淺顯易學的教材，參照練習，久而久之必可達到目的。

作者自民國八十四年起即著手研編本書教材，歷經三年多次的修正，終於完稿付印；眞心的期盼本教材能幫助大家身心健康，長命百歲！

本書一九九九年一月以《鄭子太極拳示範教材》為名，印了二刷，很快用罄，謹此感謝讀者的厚愛。為滿足拳友們學習要求，現以《鄭子太極拳三十七式示範教材》為名，由大展出版社有限公司出版，並增加了「謝昭隆師父於楊氏嫡傳鄭子太極拳的傳承與創新」一文，以茲回饋。

國家圖書館出版品預行編目資料

鄭子太極拳三十七式示範教材 / 謝昭隆撰著.
—2 版，—臺北市，大展，2015 年 [民 104.06]
面；26公分—（鄭子太極系列之一）
ISBN 978-986-346-070-1（平裝）
1. 太極拳
528.972 104005061

鄭子太極拳三十七式示範教材

撰　　著 / 謝 昭 隆
發 行 人 / 蔡 森 明
出 版 者 / 大展出版社有限公司
社　　址 / 臺北市北投區（石牌）致遠一路 2 段 12 巷 1 號
電　　話 /（02）28236031，28236033，28233123
傳　　真 /（02）28272069
郵政劃撥 / 01669551
網　　址 / www.dah-jaan.com.tw
E-mail / service@dah-jann.com.tw
登 記 證 / 局版臺業字第 2171 號
承 印 者 / 傳興印刷有限公司
裝　　訂 / 眾友企業公司
排 版 者 / 菩薩蠻數位文化有限公司
二版一刷 / 2015年（民104）6月
二版二刷 / 2019年（民108）1月
專 售 店：馭風講武堂（中國）
網　　址：shop60129743.tobao.com
聯 絡 人：尹振田
手　　機：13403334440
定價 / 500元

大展好書　好書大展
品嘗好書　冠群可期

大展好書　好書大展
品嘗好書　冠群可期